长短经

CHANGDUANJING

〔唐〕赵　蕤◎著

光明日报出版社

图书在版编目（CIP）数据

长短经 /（唐）赵蕤著 . -- 北京 : 光明日报出版社，2014.6（2024.3 重印）
（光明岛）
ISBN 978-7-5112-6291-2

Ⅰ . ①长… Ⅱ . ①赵… Ⅲ . ①政治—谋略—中国—古代 Ⅳ . ① D691-49

中国版本图书馆 CIP 数据核字（2014）第 069638 号

长短经
CHANGDUANJING

著　　者:〔唐〕赵　蕤

责任编辑：靳鹤琼　　责任校对：王腾达
封面设计：博文斯创　　责任印制：曹　净

出版发行：光明日报出版社
地　　址：北京市西城区永安路 106 号，100050
电　　话：010-67022197（咨询），67078870（发行），67019571（邮购）
传　　真：010-67078227，67078255
网　　址：http://book.gmw.cn
E - mail：lijuan@gmw.cn
法律顾问：北京德恒律师事务所龚柳方律师

印　　刷：北京一鑫印务有限责任公司
装　　订：北京一鑫印务有限责任公司
本书如有破损、缺页、装订错误，请与本社联系调换，电话：010-67019571

开　　本：150mm × 220mm　　印　　张：12
字　　数：200 千字
版　　次：2014 年 6 月第 1 版
印　　次：2024 年 3 月第 4 次印刷
书　　号：ISBN 978-7-5112-6291-2

定　　价：29.80 元

目录

卷一　大政

大　体

臣闻老子曰:“以正理国,以奇用兵,以无事取天下。”荀卿曰:“人主者,以官人为能者也;匹夫者,以自能为能者也。”傅子曰:“士大夫分职而听,诸侯之君分土而守,三公总方而议,则天子拱己而正矣。”

何以明其然耶?当尧之时,舜为司徒,契为司马,禹为司空,后稷为田官,夔为乐正,倕为工师,伯夷为秩宗,皋陶为理官,益掌驱禽。尧不能为一焉,奚以为君?而九子者为臣,其故何也?尧知九赋之事,使九子各授其事。皆胜其任以成九功。尧遂乘成功以王天下。

【译文】

我记得老子说过:“用常规的方法治理国家,用奇变莫测的方法用兵打仗,用无为的方法取得天下。”荀子说:“做人主的应当以知人善任为己任,普通人则以提升自己能力为己任。”傅子说:“士大夫的职责是忠于职守,服从命令;诸侯国君主的职责是分到土地并守住它;朝廷三公的职责是总揽天下大事并参政、议政,这样,天子就可以拱手而使天下大治了。”

怎样证明这个道理呢?在尧的时代,舜当司徒,契当司马,禹当司空,后稷当田官,夔为乐正,倕为工师,伯夷为秩宗,皋陶为理官,益负责驱禽。这些事情,尧哪一样也做不了,而尧却做了君主,另外九人却做了他的臣子,原因何在呢?因为尧知道这九个人都各自有什么才能,然后各尽其才,并且让他们个个都成就了一番事业。尧正是凭借他们成就的功业而统治了天下。

汉高帝曰:“夫运筹策于帏幄之中,决胜于千里之外,吾不如子房;镇国家,抚百姓,给饷馈,不绝粮道,吾不如萧何;连百万之军,战必胜,攻必取,吾不如韩信。三人者,皆人杰也,吾能用之,此吾所以有天下也。”

【译文】

汉高祖说:“在军帐中出谋划策就可以决定千里之外的胜利,我不如张良;

稳定国家，安抚百姓，供应军需、保障军粮源源不断，我不如萧何；统率百万雄师，战必胜，攻必克，我不如韩信。这三个人都是人杰，却都能为我所用，这就是我夺取天下的原因。”

故曰，知人者，王道也；知事者，臣道也；无形者，物之君也；无端者，事之本也。鼓不预五音，而为五音主；有道者不为五官之事，而为理事之主。君守其道，官知其事，有自来矣。先王知其如此也，故用非其有如己有之，通乎君道者也。人主不通主道者则不然：自为之则不能任贤；不能任贤则贤者恶之。此功名之所以伤，国家之所以危。汤武一日而尽有夏商之财，以其地封，而天下莫敢不悦服；以其财赏，而天下皆竞劝。通乎用非其有也。故称设官分职，君之体也；委任责成，君之体也；好谋无倦，君之体也；宽以待众，君之体也；含垢藏疾，君之体也。君有君人之体，其臣畏而爱之，此帝王所以成业也。

【译文】

所以说，知人善任是帝王应具备的素质和修养；善于处理具体事务是臣子应具有的素质；这个道理就是无形的东西正是有形之物的主宰；渺茫遥远不可及的东西正是事物的根本。鼓音不在五音之列，却是五音之主；掌握帝王之道的人不具体去做众官所做的事情，却是具体理事之人的主导。帝王恪守任人之道，百官各司其事，这是有充分根据的。先王通晓这一道理，所以善于利用他人的长处就像自己所有一样，这是深通为君之道的表现。不通晓为君之道的人则不如此：事必躬亲而不重用贤才；不重用贤才，贤才必定厌恶他。这就是君王的事业受到损伤、国家日趋危机的原因。商汤、周武在一日之内便拥有了夏朝、商朝的政权和财产，并将所取得的土地分封给各诸侯，天下人没有不心悦诚服的；将所取得的财产赏赐给臣民百姓，天下的人都竞相拥护商汤、武王做天子。这是由于商汤、周武精通充分利用自己所不具备、他人所具备的长处的缘故。因此，设官分职是为君之本；委任官职，明确职责是为君之本；善于谋划，乐此不疲是为君之本；宽厚待人，深得民心是为君之本；虚怀若谷，含垢藏疾是为君之本。做国君的人如果具备做国君的素质，使臣民对其既敬畏又爱戴，这是做帝王的能够成就大业的基础。

任　长

臣闻料才核能，治世之要。自非圣人，谁能兼兹百行，备贯众理乎？故舜合群司，随才授位；汉述功臣，三杰异称。况非此俦而可备责耶？昔伊尹之兴土工也，强脊者使之负土，眇者使之推，伛者使之涂，各有所宜，而人性齐矣。

【译文】

臣下听说识别人才，考核才能是治理国家的根本。如果不是圣人，哪一个能通晓百行、具备各种知识呢？所以舜集合部属，根据各人才能的不同，授予相应的职位；汉初表彰和排序功臣，对三杰所封的官职和爵位也不一样。更何况还有不能和这些人相比的一般人，怎可以去求全责备呢？以前，伊尹负责土木建设，让背宽壮实的人背土，让瞎子推车，让驼背的人铺路，各人做其所适宜做的事，使每个人的长处得以充分发挥。

管仲曰："升降揖让，进退闲习，臣不如隰朋，请立以为大行；辟土聚粟，尽地之利，臣不如宁戚，请立以为司田；平原广牧，车不结辙，士不旋踵，鼓之而三军之士视死如归，臣不如王子城父，请立以为大司马；决狱折中，不杀不辜，不诬不罪，臣不如宾胥无，请立以为大理；犯君颜色，进谏必忠，不避死亡，不挠富贵，臣不如东郭牙，请立以为大谏。君若欲治国强兵，则五子者存焉；若欲霸王，则夷吾在此。"

【译文】

管仲说："升降、揖让、进退、起居等方面的礼节，我没有隰朋熟悉，请让他做大行吧；开垦土地、聚集粮食，有效地利用土地资源，发展农业，我不如宁戚，请让他做司田吧；在广阔的战场上，能指挥战车驰骋而有序，鼓舞将士勇往直前，战鼓擂响后三军将士视死如归，这方面我没有王子城父厉害，请让他做大司马吧；决疑理案，公正无私，不冤杀无辜，不诬陷好人，这方面我不如宾胥无，请让他做大理吧；敢于冒犯君颜，忠言直谏，不避死亡，不屈服于权贵，这方面我不如东郭牙，请任命他做大谏吧。君王您如果只想治国强兵，任用这五人就足够了；如果要想在诸侯中称霸，则还需要有我管夷吾才行。"

黄石公曰："使智，使勇，使贪，使愚。智者乐立其功，勇者好行其志，贪者决取其利，愚者不爱其死。因其至情而用之，此军之微权也。"《淮南子》曰："天下之物，莫凶于豨毒，然而良医橐而藏之，有所用也。麋之上山也，大章不能跂，及其下也，牧竖能追之，才有修短也。胡人便于马，越人便于舟，异形殊类，易事则悖矣。”魏武诏曰：“进取之士，未必能有行；有行之士，未必能进取。陈平岂笃行，苏秦岂守信耶？而陈平定汉业，苏秦济弱燕，任其长也。”由此观之，使韩信下帏，仲舒当戎，于公驰说，陆贾听讼，必无曩时之勋，而显今日之名也。故任长之道，不可不察。

【译文】

黄石公说：“要会驾驭智、勇、贪、愚等不同类型的人，使智者乐于建功立业，使勇者按其意志行事，矢志不渝，使贪者为取得利益而不顾一切，使愚者不贪生怕死。要根据他们各自的性情分别予以使用，这是用兵的精妙权变之处。”《淮南子》说：“天下没有比貕毒更毒的东西了，但是良医却把它收藏在药袋中，因为它可用来治病。麋鹿上山的时候，大章（传说善走的人）都赶不上它；但当它下山时，连牧羊童都能追上它，这是因为才有所长有所短的缘故。北方的胡人擅长骑马，南方的越人善于操舟，若让越人骑马、胡人操舟，则于事理相背。”魏武帝曾下诏书说：“富于进取精神的人未必都有高尚的德行，具有高尚德行的人未必都有进取的精神。陈平难道是德行高尚之人，苏秦难道是守信的人吗？然而陈平辅佐刘邦安定了汉朝的基业，苏秦帮助弱小的燕国强大了起来。这是因为人的特长得以充分发挥。”由此来看，倘若让韩信著书立说，让董仲舒统兵打仗，让于公（善断狱）游说诸侯，让善辩的陆贾听讼断狱，他们必定不会取得现在显赫功勋而扬名至今日的。所以任长之道，是不能不认真研究的。

品　目

夫天下重器，王者大统，莫不劳聪明于品材，获安逸于任使。故孔子曰：“人有五仪：有庸人、有士人、有君子、有圣、有贤。审此五者，则治道毕矣。”

所谓庸人者，心不存慎终之规，口不吐训格之言，不择贤以托身，不力行以自定，见小暗大而不知所务，从物如流而不知所执。此则庸人也。

所谓士人者，心有所定，计有所守。虽不能尽道术之本，必有率也；虽不能遍百善之美，必有处也。是故智不务多，务审其所知；言不务多，务审其所谓；行不务多，务审其所由。智既知之，言既得之，行既由之，则若性命形骸之不可易也。富贵不足以益，贫贱不足以损。此则士人也。

所谓君子者，言必忠信而心不忌，仁义在身而色不伐，思虑通明而辞不专，笃行信道，自强不息，油然若将可越而终不可及者。此君子也。

所谓贤者，德不逾闲，行中规绳，言足法于天下而不伤其身，道足化于百姓而不伤于本。富则天下无菀财，施则天下不病贫。此则贤者也。

所谓圣者，德合天地，变通无方，穷万事之终始，协庶品之自然，敷其大道，而遂成情性，明并日月，化行若神，下民不知其德，睹者不识其邻。此圣者也。

【译文】

国家社稷的长治久安，王者地位的稳定和延续，无不决定于对人才的鉴识及任用适当。所以，孔子说："人可分为五大类：庸人、士人、君子、圣人和贤人。能鉴别这五类人并分别适当运用的，可谓是真正掌握了治国安邦的统治艺术了。"

所谓庸人是指：心中没有始终如一的准则，嘴里缺乏有教养的语言，既不能择贤明之主赖以托身，又不能凭自身努力以自立，目光短浅，不识大局，不知道自己在干些什么，随波逐流，没有一定的主意。这就是庸人。

所谓士人是指：胸中有志向，行动有规划，虽然不精通智谋之术，但也有自己的看法和认识；虽然不能做到百事皆尽善尽美，但至少有善做之事。智慧并非越多越好，贵在精通；言语也并非多多益善，贵在切中要害；做事也不必贪多，贵在明了做事的原因目的。道理既明，言语得当，行动有因，这样这个人的志向就如同人的性命与形体一样不可更替。处富贵无所增益，处贫贱无所损减。这样的人就是士人。

所谓君子是指：说话诚实守信，不避忌讳，仁义在身而面无夸耀之色，思路清晰，通情达理而语言谦和，行为一贯，坚守信念，自强不息，看起来很容易超过他们，但终究很难企及。这样的人就是君子。

所谓贤人是指：品德不背离礼法，行为符合规矩，语言足以令天下人效法而不会被人们诋毁，其道德思想足可以教化百姓而不损伤道德的根本。使天下富有而又不囤积财货；引导人们去施舍，天下人不因此而忧贫。这样的人就是贤人。

所谓圣人是指：其德足可与天地相合，变化无穷，能够通晓万事万物运行的规律，协和万物，顺应自然。奉行符合道德的统治方法，使万民百姓充分发挥自己的性情和才能，圣明的统治可与日月争辉，推行道化若有神助，百姓不知道他的道德，即使时常见他的人也不知道他就是圣人。这样的人就是圣人。

《钤经》曰："德足以怀远，信足以一异，识足以鉴古，才足以冠世，此则人之英也；法足以成教，行足以修义，仁足以得众，明足以照下，此则人之俊也；身足以为仪表，智足以决嫌疑，操足以厉贪鄙，信足以怀殊俗，此则人之豪也；守节而无挠，处义而不怒，见嫌不苟免，见利不苟得，此则人之杰也。”《家语》曰：“昔者明王必尽知天下良士之名，既知其名，又知其实，然后用天下之爵以尊之，则天下理也。”此之谓矣。

【译文】

《钤经》上说：“如果一个人的德行能够波及和感召远方的百姓，信誉能够统一具有不同见识的人，学识能够借鉴古人的经验，那么，他的才能足以冠绝当世，这样的人足可称为人中之精英；如果一个人的行为准则足以成就教化之功，行为足以修节义，仁爱之举足以博得众人，明亮眼睛足以洞悉下情，这样的人足可称为人中之俊杰；如果一个的言行举止足以为大众的仪表，才智足以决断嫌疑，操行足以警戒贪婪鄙薄之人，诚信足以感召异邦之人，这样的人足可称为人中之豪士；如果一个人恪守节操而不屈服，恒守大义而不愤怒，被人嫌弃而不苟且求免，见到利益而不无原则地夺取，这样的人足可称为人中之杰士。”《孔子家语》上说：“从前英明的君王一定尽知天下良士的名声，既知道他们的名声，又通晓他们的实际才能，然后授予他们相应的爵位以示尊崇，这样天下就能达到大治了。”讲的正是这个道理。

量才

夫人才能参差，大小不同。犹升不可以盛斛，满则弃矣。非其人而使之，安得不殆乎？故伊尹曰：“智通于大道，应变而不穷，辨于世物之情，其言足以调阴阳，正四时，节风雨，如是者举以为三公。故三公之事常在于道。不失四时，通于地利，能通不通，能利不利，如是者举以为九卿。故九卿之事常在于德。通于人事，行犹举绳，通于关梁，实于府库，如是者举以为大夫。故大夫之事常在于仁。忠正强谏，而无有奸诈，去私立公，而言有法度，如是者举以为列士。故列士之事常在于义也。故道德仁义定而天下正。”

【译文】

人的才能参差有别、大小不同。就像用容器盛物品，一升的容量无法盛下一斛容量的东西，满则外溢出来，溢出来的便被丢弃。用人也是这个道理，如果所用的是没有才能的人，怎么会不出现差错呢？因此伊尹说：“如果一个人睿智能知事物运行之规律，应变无穷尽，知晓世情物理，言论足以调和阴阳，端正四时，节制风雨，这样的人足可推举为三公。所以三公所做之事常符合'道'的标准。如果一个人能够不违背四季之变化，通晓土地之利，能化不通畅为通畅，变不顺利为顺利，这样的人足可推举为九卿。所以九卿所做之事常符合'德'的标准。如果一个人精通于人情世故，品行端正，熟悉赋税差粮之事，保证国库充实，这样的人足可推举为大夫。所以大夫所做之事符合'仁'的标准。如果一个人忠诚正直，敢直言进谏，无奸诈之心，大公无私，言有法度，这样的人足可举荐为列士。所以列士所做之事常常符合'义'的标准。所以道德仁义确立了，天下之事便能走向正轨。"

太公曰："多言多语，恶口恶舌，终日言恶，寝卧不绝，为众所憎，为人所疾。此可使要遮闾巷，察奸伺祸。权数好事，夜卧早起，虽剧不悔，此妻子之将也。先语察事，勤而与食，实长希言，财物平均，此十人之将也。忉忉截截，垂意肃肃，不用谏言，数行刑戮，刑必见血，不避亲戚，此百人之将也。讼辩好胜，嫉贼侵凌，斥人以刑，欲整一众，此千人之将也。外貌怍怍，言语时出，知人饥饱，习人剧易，此万人之将也。战战栗栗，日慎一日，近贤进谋，使人知节，言语不慢，忠心诚毕，此十万人之将也。温良实长，用心无两，见贤进之，行法不枉，此百万人之将也。勋勋纷纷，邻国皆闻，出入豪居，百姓所亲，诚信缓大，明于领世，能效成事，又能救败，上知天文，下知地理，四海之内，皆如妻子，此英雄之率，乃天下之主也。"

【译文】

姜太公说："平日多言多语，满口恶言，叨叨不休，行卧不绝，被众人所憎恨，被人们所嫉恨。可使这类人去闾巷间当差，察奸举祸。他们热衷权术，爱管闲事，晚睡早起，劳而无悔，此类人只配做'妻子之将'。胸无城府，预先将要监察之事告知别人，心肠慈软，劝人改过而勉加餐饭。为人忠实厚道，沉默寡言，分配财物平均，这类人可做'十人之将'。对上殷勤备至，恭敬有礼；对下不听劝谏，好用刑罚，刑必见血，六亲不认，这类人可做'百人之将'。在诉讼辩论中争强好胜，对敌人疾恶如仇，喜用重刑治军，整齐部众，这类人可做'千人之将'。外貌谦逊谨慎，语言适时得体，关心部属饥饱，熟悉下属甘苦，这类人可做'万人之将'。谨小慎微，如临深渊，如履薄冰，亲近贤士，善于听从采纳众人计谋，使用人有节制，说话不傲慢，忠心耿耿，这样的人可做'十万人之将'。为人温柔敦厚，一心一意，见到贤者便举荐，依法办事，不徇私情，这样的人可做'百万人之将'。功名显赫，名扬四海，出入于豪宅华屋，百姓却能亲附他，诚实守信，心胸若谷，明悉治世之方法，能成功有效地完成既定的任务，善于力挽狂澜，反败为胜，上知天文，下知地理，厚爱天下的人就像自己的妻儿老小一样，这类人属英雄之辈，可做‘天下人之主’。”

经曰：“智如源泉，行可以为表仪者，人师也；智可以砥砺，行可以为辅警者，人友也；据法守职而不敢为非者，人吏也；当前快意，一呼再诺者，人隶也。故上主以师为佐，中主以友为佐，下主以吏为佐，危亡之主以隶为佐。”欲观其亡，必由其下。故同明者相见，同听者相闻，同志者相从，非贤者莫能用贤。故辅佐左右所欲任使者，存亡之机，得失之要。孙武曰：“主孰有道？将孰有能？吾以此知胜。”之谓矣。

【译文】

经书上说：“智慧如涌出的源泉，行为可为人表率的人，可以做人的老师；智慧能与人切磋砥砺，行为可以为人辅佐、供人警戒的人，可以做人的朋友；遵纪守法，安分守己，不敢胡作非为的人，可做低级的官；能鞍前马后侍奉主人，主人一呼而连忙应答的，只配做人的奴才。因此，一等的君主选择老师辅佐自己；次一等的君主重用朋友辅佐自己；再次一等的君主重用低级官吏辅佐自己；而危亡君主则往往选择奴才辅佐自己。”要观察一国之兴亡，只要看一下君主重用的是哪种人便知道了。因此，明眼人与明眼人，才能相互看得清楚；耳聪者与耳聪者，才会成为知音，志向相同的人才能相互伴随，君主不贤，就不会重用贤能。所以，君主身边的左右辅佐以及他所重用的人，直接关系着国家政权的得失存亡。孙武曾说：“哪个国家的君主讲道义，哪个国家的将帅有才能，据此便可以判断哪个国家能打胜仗了。”说的正是这个道理。

知　人

臣闻主将之法，务览英雄之心。然人未易知，知人未易。汉光武，聪听之主也，谬于庞萌；曹孟德，知人之哲也，弊于张邈。何则？夫物类者，世之所惑乱也。故曰，狙者类智而非智也，愚者类君子而非君子也，戆者类勇而非勇也，亡国之主似智，亡国之臣似忠，幽莠之幼似禾，骊牛之黄似虎，白骨疑象，碔砆类玉，此皆似是而非也。孔子曰：“凡人心险于山川，难知于天。天犹有春秋冬夏旦暮之期，人者厚貌深情。故有貌愿而益，有长若不肖，有顺怀而达，有坚而缦，有缓而钎。”

【译文】

我听说驾驭将帅的方法，就是要懂得英雄们的心思，明悉他们的内心世界。但是人不容易被了解，了解人也不是件容易的事。汉光武帝是一个善于听取并明辨各种意见的明主，但在庞萌身上栽了跟头；曹操算是个知人善任的高手，也曾被张邈所蒙蔽。为什么会发生这样的错误呢？因为世上的事物纷繁复杂，很难分辨清楚。所以说，狡诈之人貌似聪明但实际上未必如此，愚鲁之人貌似君子但实非君子，憨直之人貌似勇敢但实非勇敢，亡国之君貌似足智多谋，亡国之臣貌似忠心耿耿，莠草的幼苗好像庄稼，黑黄相间的牛皮很像虎皮，白骨甚似象牙，赤底白彩的石头酷似美玉，这些都是似是而非的事物以假乱真的例子。孔子说："人心比山川还要险恶，知人比知天还要困难；天尚有春、秋、冬、夏及早、晚等规律可循，人却是外貌淳厚而内心深沉。所以，有的人表面温顺而内心骄横傲慢，有的人貌似长者而实则品行不端，有的人外貌温顺而内心刚直，有的人外似坚强而实则软弱，有的人貌似舒缓而内心实则急躁。"

太公曰："士有严而不肖者，有温良而为盗者，有外貌恭敬中心欺慢者，有精精而无情者，有威威而无成者，有如敢断而不能断者，有恍恍惚惚而反有忠实者，有倭倭佹佹而有效者，有貌勇狠而内怯者，有梦梦而反易人者。无使不至，无使不遂。天下所贱，圣人所贵，凡人莫知，惟有大明，乃见其际。"此士之外貌而不与中情相应者也。

【译文】

姜太公说："士人有看似庄重而其实心怀叵测，有外表温和善良而心中男盗女娼，有外貌恭敬而内心傲慢自大，有外貌似有情而实则无情，有表面威风而其实一事无成，有貌似果断而实际上犹豫不决，有貌似三心二意，游移不定，内心却忠实如一，有表面拖拖拉拉而其实做事高效率，有貌似勇敢而其实内心怯懦，有貌似痴癫而内心明白。总之，各种料想不到的事情都可能发生。普通大众所瞧不起的，圣人反而认为其是宝贝，普通大众所看不出来的，只有圣明的人才会看清其真相。"这就是人的外貌与内心不相符的情形。

知此士者而有术焉。微察问之，以观其辞；穷之以辞，以观其变；与之间谋，以观其诚；明白显问，以观其德；远使以财，以观其廉；试之以色，以观其贞；告之以难，以观其勇；醉之以酒，以观其态。

《庄子》曰："远使之而观其忠；近使之而观其敬；烦使之而观其能；卒然问焉而观其智；急与之期而观其信；难之以处而观其色。"《吕氏春秋》曰："通，则观其所礼；贵，则观其所进；富，则观其所养；听，则观其所行；近，则观其所好；习，则观其所言；穷，则观其所不爱；贱，则观其所不为；喜之，以验其守；乐之，以验其僻；怒之，以验其节；哀之，以验其仁；苦之，以验其志。"

【译文】

真正识别这类外貌与内心不符之人还是有方法的。详细察问，听其所言；穷究其辞，观察他的应变能力；略施计谋，试探他是否诚实；公开地广泛地询问，看他在百姓中是否有德行威望；让他到偏远的地方管理钱财，考验他是否廉洁；用美色去引诱他，考验他是否贞节；将他置于危难之地，观察他是否勇敢；将他灌醉，观察他是否酒后失态。

《庄子》曾说："让人去远方赴任，以观察他是否忠诚；让人在眼前供职，以观察他是否恭敬；让人做繁杂棘手之事，以观察他的才能；突然向他提出问题，以观察他是否机智；仓促约定会面时间，以观察他是否守信；将他置于众人之中，以观察他的气度和神色。"《吕氏春秋》曾说："当人通达时要看他是否骄矜失礼；显贵时要看他举荐是否得人；富有时要看他对门客及下人的态度；不仅要听人的言辞，更要看人的行动；与他接近则观察他的喜好；与他交游则观察他的言行；不得志时，要观察他不喜欢做什么事情；贫贱时，要观察他不屑于做哪些事；喜悦时，要检验他是否坚持操守；玩乐时，要检验他有没有怪癖的习惯；愤怒时，要检验他的自我节制能力；哀伤时，要检验他是否有仁人之心；困苦时，要检视他的志向是否坚定。"

经曰："任宠之人，观其不骄奢；疏废之人，观其不背越；荣显之人，观其不矜夸；隐约之人，观其不慑惧；少者，观其恭敬好学而能悌；壮者，观其廉洁务行而胜其私；老者，观其思慎，强其所不足而不逾；父子之间，观其慈孝；兄弟之间，观其和友；乡党之间，观其信义；君臣之间，观其忠惠。"此之谓观诚。

【译文】

《经》书上说："受宠信的人，要观察他是否因此而骄奢淫逸；被罢黜的人，要观察他是否因此而叛逆越轨；荣耀显赫的人，要观察他是否因此而骄矜夸耀；沉沦不显的人，要观察他是否因此而有所畏惧；年轻人，要检视他是否恭敬好学又对兄弟友爱谦让；壮年人，要检视他是否廉洁实干，大公无私；老年人，要观察他是否思虑慎重，即使遇到贫困的威胁也不超越礼法；父子之间，要观察他们是否父慈子孝；兄弟之间，要观察他们是否和睦友爱；乡邻之间，要观察他们是否互守信义；君臣之间，要观察他们是否仁爱忠诚。”以上所讲的识别人的方法叫“观诚”。

《人物志》曰：“骨植而柔者，谓之宏毅；宏毅也者，仁之质也。气清而朗者，谓之文理；文理也者，礼之本也。体端而实者，谓之贞固；贞固者也，信之基也。筋劲而精者，谓之勇敢；勇敢也者，义之决也。色平而畅者，谓之通微；通微也者，智之原也。五质恒性，故谓之五常。故曰直而不刚则木，劲而不精则力，固而不端则愚，气而不清则越，畅而不平则荡。然则，平陂之质在于神，明暗之实在于精，勇怯之势在于筋，强弱之植在于骨，躁静之决在于气，惨怿之情在于色，衰正之形在于仪，态度之动在于容，缓急之状在于言。若质素平淡，中睿外朗，筋劲植固，声清色怿，仪崇容直，则纯粹之德也。

“夫人有气，气也者，谓诚在其中必见诸外。故心气粗厉者，其声沈散；心气详慎者，其声和节；心气鄙戾者，其声粗犷；心气宽柔者，其声温润。信气中易，义气时舒，和气简略，勇气壮立。”此之谓听气。

又有察色。察色，谓心气内蓄，皆可以色取之。夫诚智必有难尽之色，诚仁必有可尊之色，诚勇必有难慑之色，诚忠必有可观之色，诚洁必有难污之色，诚贞必有可信之色。质色浩然固以安，伪色曼然乱以烦，此之谓察色。

【译文】

《人物志》说：“内骨刚毅而外表柔顺的，称为宏毅；宏毅是仁的本质体现。气质清新而爽朗的，称为文理；文理是礼的本质体现。形体端正而坚实的，称为贞固；贞固是守信用的基础。筋力强劲而精纯的，称为勇敢；勇敢是行使义举的根源。气色平和而畅达的，称为通微；通微是智慧的本原。以上五种类型都具有不可变更的特性，所以称为五常。因此说，只有正直而柔顺就显得木然；强劲而不精纯则徒费功力；固执而不端正则显得愚钝；辞气不清朗则越发无成；畅达而不平和则失之放荡。然而，平与不平的本质取决于是否有神气，明智或愚昧取决于精气的清爽或浑浊，勇敢或怯懦取决于筋脉是否强劲，坚强或懦弱取决于骨质的粗细，浮躁或宁静取决于气的旺盛或平和，心情的惨或悦表现在人的气色上，形貌的衰败或正肃表现在人的仪表上，态度的变化表现在人的容颜上，缓急的情状表现在人的语速快慢上。倘若气质素雅平淡，内心聪慧，神情开朗，筋健骨强，声音清爽，颜色和悦，仪容端方，这正是道德纯粹的体现。

"人都有精气，精气如果有，那么就必然会呈现出来。因此，心气粗糙暴躁的人，发出的声音就沉重而散漫；心气安详谨慎的人，发出的声音就平和而有节制；心气鄙薄乖戾的人，发出的声音就粗犷；心气宽广柔顺的人，发出的声音就温和圆润。讲信义的人心气柔和平易，讲义气的人心气稳定舒展，和气安详的人心气简易随和，有勇气的人心气雄壮奇绝。"这种识别人的方法叫听气。

还有一种识别人的方法叫察色。所谓察色，就是说人的内在心气可以从其气色上观察出来。智慧的人必然有难以言说、无法穷尽的气色，仁慈的人必然有值得尊重的气色，勇敢的人必然有不可威慑的气色，忠诚的人必然有令人赞赏的气色，高洁的人必然有难以玷污的气色，坚贞的人必然有让人信赖的气色。表现一个人的本质的气色是浩然博大的，且具有稳定性；一个人伪装的气色是蔓然纷乱的，且让人焦躁不安。这种识别人的方法叫察色。

又有考志。考志者，谓方与之言以察其志。其气宽以柔，其色检而不谄，其礼先人，其言后人，每自见其所不足者，是益人也。若好临人以色，高人以气，胜人以言，防其所不足，而废其所不能者，是损人也。其貌直而不侮，其言正而不私，不饰其美，不隐其恶，不防其过者，是质人也。若其貌曲媚，其言谀巧，饰其见物，务其小证，以故自说者，是无质人也。喜怒以物而色不作，烦乱以事而志不惑，深导以利而心不移，临慑以威而气不卑者，是平心固守人也。若喜怒以物而心变易，乱之以事而志不治，示之以利而心迁动，慑之以威而气恇惧者，是鄙心而假气人也。设之以物而数决，惊之以卒而屡应，不文而慧者，是有智思之人。若难设以物，难说以言，守一而不知变，固执而不知改，是愚佷人也。若屏言而勿顾，自私而不护，非是而强之，是诬嫉人也。此之谓考志。

【译文】

还有一种识别人的方法叫"考志"。所谓考志，就是与考察对象交谈，以考察他的志向。如果某人语气宽厚柔和，神色收敛而不馋谄，先于人施礼，而后发言，常常是主动向别人说自己的缺点和不足，这类人是对人有益处的人。如果某人说话盛气凌人，言语上总是想压人一筹，想方设法隐藏自己的不足，又不知道虚心弥补，这类人是于人有损的人。如果某人外貌刚直而不轻慢，说话正直而不徇私，不粉饰自己的美德，不隐瞒自己的错误，也不掩盖自己的过失，这类人是质朴之人。如果某人外貌委婉媚人，说话阿谀乖巧，为显示自己而对其所做的事情多加粉饰，这类人是非质朴之人，而是虚伪之人。如果某人不因外物而喜怒于色，不因繁杂事情而心惑意乱，不因厚利而改变初衷，不因面临淫威而低声下气，这类人是正直且情操高尚之人。如果某人因对外物的喜怒而改变初衷，因繁杂事情的困扰而心生烦乱，见到蝇头小利便心迷意迁，一遇到威逼利诱就惊恐不安，这类人是心灵卑鄙且意志脆弱之人。如果某人面对着种种障碍而能果断地处理事情，面对着突然的变故而能有无穷的应变能力，语言虽不文雅，但却充满了智慧，这类人是富于才思之人。如果以物象作比喻也难以启发他的思智，用语言阐述也不能使他明白道理，他总是固守成规而不知变通，固执己见而不知改正，这样的人是愚鲁固执之人。如果某人花言巧语而无所顾忌，自私自利而心中没有他人，明知是错还要强词夺理，这类人是诬罔忌妒之人。这种识别人的方法叫"考志"。

又有测隐。测隐者，若小施而好得，小让而大争，言愿以为质，伪爱以为忠，尊其行以收其名，此隐于仁贤。若问而不对，详而不穷，貌示有余，假道自从，困之以物，穷则托深，此隐于艺文也。若高言以为廉，矫厉以为勇，内恐外夸，亟而称说，以诈气临人，此隐于廉勇也。若自事君亲而好以告人，饰其见物而不诚于内，发名以君亲，因名以私身，此隐于忠孝也。此谓测隐矣。

【译文】

还有种识别人的方法叫"测隐"。所谓测隐，如某人施小惠而图大利，为整体利益而放弃局部利益，言谈举止一副真诚老实的样子，伪装仁爱以示忠贞，伪装行为高洁以赢得好名声，这类人就是把自己的真面目隐藏于仁贤的外衣里；虽无法回答别人的问题，却佯装心中有数，不屑回答，当遇到简单问题时，夸夸其谈，表现出学问有余、道义在身的样子，当被问题所困时，则托言高深，这类人就是把自己的真面目隐藏于艺文的外衣里；如果某人言谈间故作清高装作廉洁，故作勇敢装作厉害，内心恐惧而外表故作镇定，急于取悦于人，吹牛说假话在大众面前装英雄，这类人就是把自己的真实面目隐藏于廉洁勇敢的外衣里；如果某人喜欢将侍奉君主和父母双亲作为向人炫耀的资本，内心并无诚意，却借侍奉君主或双亲为自己博得美名，这类人就是把自己的真面目隐藏于忠孝的外衣里。这种识别人的方法叫"测隐"。

夫人言行不类，终始相悖，外内不合，而立假节以感视听者，曰毁志者也。若饮食以亲，货赂以交，损利以合，得其权誉而隐于物者，曰贪鄙者也。若小知而不大解，小能而不大成，规小物而不知大伦。曰华诞者也。

又有揆德。揆德者，其有言忠行夷，秉志无私，施不求反，情忠而察，貌拙而安者，曰仁心者也。有事变而能治效，穷而能达，措身立功而能遂，曰有知者也。有富贵恭俭而能威严，有礼而不骄，曰有德者也。有隐约而不慑，安乐而不奢，勋劳而不变，喜怒而有度，曰有守者也。有恭敬以事君，恩爱以事亲，情乖而不叛，力竭而无违，曰忠孝者也。此之谓揆德。

【译文】

如果一个人言行相背，前后不一，表里不一，弄虚作假，迷惑视听，这类人就叫作毁志之人。如果一个人以酒肉交朋友，靠贿赂拉关系，或损人或利人则以是否迎合自己为标准，醉心于权势和名誉，为物欲所蒙蔽，这类人叫作贪鄙之人。如果某个人只有小聪明而没有大学问，只有小才能但却不成大事，为了小利益而忘掉了人伦大理，这样的人叫作华诞之人。

还有种识别人的方法叫揆德。所谓揆德者是，如果某人言语忠诚，行为坦荡，意志坚定，不徇私利，做好事而不图回报，内心忠厚而明察，外貌朴实而安详，这类人是宅心仁厚之人。如果某人能够临机制变，出穷困之境而入康庄大道，投身功名又能如愿，这类人叫作有智慧之人。如果某人身居显赫之位，富于财货，却恭敬勤俭而不失威严，且礼貌待人，好不骄横，这类人叫作有德之人。如果某人清贫简陋却不畏权势，安乐富裕却不穷尽豪奢，功勋卓著而初衷不改，喜怒之情都有节制，这类人叫作有操守之人。如果某人能恭恭敬敬地侍奉君主，厚待敬重地孝敬父母，即使君主乖戾也不改忠心，孝敬父母竭尽全力，始终不渝，这类人叫作忠孝之人。这些就是所谓的“揆德”。

夫圣贤之所美，莫美乎聪明；聪明之所贵，莫贵乎知人。知人识智，则众材得其序，而庶绩之业兴矣。是故仲尼训六蔽，以戒偏材之失。思狂狷以通拘抗之材。疾悾悾而无信，以明为似之难保。察其所安，观其所由，以知居止之行。率此道也，人焉廋哉？人焉廋哉？

【译文】

圣贤最赞赏的莫过于聪明，聪明的最可贵之处在于知人。只有能够洞察人的全貌，通晓人的长处，才能使人才各得其所，各尽其才，由此而来的各项事业才会兴旺发达。所以孔子在教导弟子时曾以“六弊”告诫有专长的人才可能发生的相应的失误，想使狂妄急躁的性格与呆滞的性格相融合。他讨厌迂腐无能或不讲信用的人，并指出虚伪的东西是无法信赖的，终究会被识破的。观察人们希望得到什么，醉心于什么，并观察他们赖以得到的方式和途径，以了解他们的行为举止。如果采用了以上所述的方法，人又怎能伪装、掩饰住自己的本来面目呢？

论　士

臣闻黄石公曰：“昔太平之时，诸侯二师，方伯三师，天子六师。”世乱则叛逆生，王泽竭则盟誓相罚。德同无以相加，乃揽英雄之心。故曰：“得人则兴，失士则崩。”何以明之？昔齐桓公见小臣稷，一日三往而不得见，从者止之，桓公曰：“士之傲爵禄者，固轻其主；其主傲霸王者，亦轻其士。纵夫子傲爵禄，吾庸敢傲霸王乎？”五往而后得见。

《书》曰：“能自得师者王。”何以明之？齐宣王见颜斶曰：“斶前。”斶亦曰：“王前。”宣王作色曰：“王者贵乎？士者贵乎？”对曰：“昔秦攻齐，令曰：‘有敢去柳下季垄五百步而樵采者，罪死不赦。’令曰：‘有能得齐王头者，封万户侯，赐金千镒。’由是言之，生王之头，曾不如死士之垄。”宣王竟师之。

【译文】

我听黄石公说过：“从前天下太平时，诸侯有军队两个师，方伯有军队三个师，天子有军队六个师。”天下大乱则叛乱纷起，王恩枯竭，诸侯不朝，而是相互盟誓，相互攻伐。诸侯间声望相差无几，军事实力旗鼓相当，于是便纷纷招揽天下英雄。所以说：“得到了人才的国家就兴旺昌盛，失去了人才的一方便崩溃衰败。”何以证明呢？以前齐桓公去拜访一个叫稷的小臣，一天去了三次都未能见到，随从便劝他不要再去了，齐桓公却说：“不以爵禄为意的士人，自然就轻视他的君主；轻视霸王之业的君主，自然也就轻视有才能的士人。纵然这位先生轻视爵禄，我岂敢轻视霸王之业呢？”最终齐桓公去了五次，才拜访到稷。

《尚书》上说：“能得到贤人并主动拜其为师之人便能称霸天下。”何以证明呢？齐宣王召见颜斶时说：“颜斶，到我前面来！”颜斶也说：“大王，你到我前面来！”齐宣王勃然作色道：“是君主尊贵呢，还是士人尊贵？”颜斶便回答说：“从前秦国攻打齐国时，曾下令说：‘谁敢在柳下季坟墓五百步内打柴，死罪不赦。’又下令说：‘谁能得到齐王的首级，便封万户侯，并赐黄金千镒。’

由此看来，活着的大王的人头还不如已死的一个士人的坟墓。”齐宣王听后，最终拜颜斶为师。

谚曰：“浴不必江海，要之去垢；马不必骐骥，要之善走；士不必贤也，要之知道；女不必贵种，要之贞好。”何以明之？淳于髡谓齐宣王曰：“古者好马，王亦好马；古者好味，王亦好味；古者好色，王亦好色；古者好士，王独不好。”王曰：“国无士耳，有则寡人亦悦之。”髡曰：“古有骅骝骐骥，今之无有，王选于众，王好马矣；古有豹象之胎，今之无有，王选于众，王好味矣；古有毛嫱、西施，今之无有，王选于众，王好色矣；王必待尧舜禹汤之士，而后好之，则尧舜禹汤之士，亦不好王矣。”

【译文】

谚语说：“洗浴不一定要到海洋中去，只要能洗掉污垢即可；骑马也没必要非骐骥不可，只要它善跑就行；士人也无须要求他们多么贤德，只要懂得治国之道就行；女子也不必苛求她们都是大家闺秀，只要贞洁漂亮即可。”何以证明呢？淳于髡曾对齐宣王说：“以前的君王喜欢马，大王您也喜欢马；以前的君王爱好美味，大王您也爱好美味；以前的君王好美色，大王您也好美色；以前的君王喜欢贤士，大王您却不喜欢。”齐宣王说：“这是因为国中没有贤士啊，如果有，我也会喜欢他们的。”淳于髡便说道：“以前有骅骝、骐骥这样的名马，现在却没有了，而大王却能从众多的马中挑选好马，说明大王是真心喜欢马；以前有豹胎、象胎这样的美味，现在却没有了，而大王却能从众多菜中挑选出美味，说明大王确实是喜欢美味；以前有毛嫱、西施这样的美人，现在也没有了，而大王却能从众多女子中挑选出喜欢的美女，说明大王的确是喜欢美色；如果大王您非要等尧舜禹汤时代的贤士主动会聚到您身边，然后您再喜欢他们，那么，尧舜禹汤时代的贤士未必喜欢大王您呢！”

语曰：“琼艘瑶楫，无涉川之用；金弧玉弦，无激矢之能。”是以介絜而无政事者，非拨乱之器；儒雅而乏治理者，非翼亮之士。何以明之？魏无知见陈平于汉王，汉王用之，绛、灌等谗平曰：“平盗嫂受金。”汉王让魏无知，无知曰：“臣之所言者，能也；陛下所闻者，行也。今有尾生、孝已之行，而无益于胜负之数，陛下假用之乎？今楚汉相距，臣进奇谋之士，顾其计诚足以利国家耳。盗嫂受金，又安足疑哉！”汉王曰：“善。”

【译文】

古语说:“琼玉制成的船和桨是没有渡江济河功用的;金玉制成的弓和弦是没有射箭功能的。”所以说,那些独特高洁却没有政治才干的人,绝非拨乱治国的人才;那些温文儒雅但缺乏治军理国才干的人,更算不上辅佐帝业的贤士。何以证明这个道理呢?魏无知将陈平推荐给汉王刘邦,刘邦便重用了陈平。周勃和灌婴等便诋毁陈平说:“陈平早年与其嫂子私通,且在军中收受贿赂。”汉王因此便责备魏无知,无知却说:“我所推荐的是陈平的才能;陛下听别人议论的却是陈平的品行。现在就算有守信如尾生、行孝如孝已这样的人跟随陛下,也是对战争胜负没有一点用处的,陛下能任用这样的人吗?现在是楚汉相争,我之所以举荐陈平,是考虑到他的才能计策确实有助于陛下的帝王之业。即便他与嫂子私通、接受贿赂,又何必大惊小怪呢?”汉王说:“讲得对。”

黄石公曰:“有清白之士者,不可以爵禄得;守节之士,不可以威刑胁。致清白之士,修其礼;致守节之士,修其道。”何以明之?郭隗说燕昭王曰:“帝者与师处,王者与友处,霸者与臣处,亡国者与厮役处。诎指而事之,北面受学,则百己者至;先趋而后是,先问而后默,则什己者至;人趋己趋,则若己者至;凭几据杖,眄视指使,则厮役之人至;恣睢奋击,呴藉叱咄,则徒隶之人至矣。”此乃古之服道致士者也。

【译文】

黄石公说:“清正廉洁之士,是不能用高官厚禄打动的;坚守节操之士,是不能用刑罚威胁的。招揽清正廉洁之士,必须以礼相待;招揽坚守节操之士,必须待之以道。”何以证明呢?郭隗曾游说燕昭王说:“称帝者须尊士如师,称王者须尊士如友,称霸者须待士如臣,待士如奴仆者必是亡国之君。如果能屈身侍奉贤士,北面而拜,尊为老师,那么比自己强百倍的贤士自然会到来;如果能主动迎接别人,虚心向别人求教,然后洗耳恭听,那么比自己强十倍的贤士就会到来;别人主动前来,自己也才去迎接,那只能招来才能与自己相仿的人;倘若傲慢无礼,凭几而坐,颐指气使,那么只能招来差役一类的人;倘若放纵暴戾,斥责叫骂,那就只能得到可供使唤的奴隶了。”以上谈的都是古代如何以道招揽贤士的例子。

黄石公曰:“礼者,士之所归;赏者,士之所死。招其所归,示其所死,则所求者至矣。”何以明之?魏文侯太子击礼田子方,而子方不为礼,太子不悦，谓子方曰："不识贫贱者骄人乎？富贵者骄人乎？"子方曰："贫贱者骄人耳，富贵者安敢骄人！人主骄人而亡其国，大夫骄人而亡其家，贫贱者若不得意，纳履而去，安往而不得贫贱乎？"

宋燕相齐，见逐罢归，谓诸大夫曰："有能与我赴诸侯乎？"皆执杖排班，默而不对。燕曰："悲乎！何士大夫易得而难用也。"陈饶曰："非士大夫易得而难用，君不能用也；君不能用，则有不平之心。是失之于己而责诸人也。"燕曰："其说云何？"对曰："三升之稷，不足于士，而君雁鹜有余粟，是君之过一也；果园梨栗，后宫妇女以相提挃，而士不曾得一尝，是君之过二也；绫纨绮縠，美丽于堂，从风而弊，士曾不得以为缘，是君之过三也。夫财者，君之所轻；死者，士之所重。君不能行君之所轻，而欲使士致其所重，譬犹铅刀畜之，干将用之，不亦难乎？"宋燕曰："是燕之过也。"

【译文】

黄石公说："礼，能够使士人接踵而至；赏，能够使士人视死如归。将"礼"和"赏"明明白白地摆出来，那么你所需要的人才就会到来。"何以证明呢？魏文侯的太子击向田子方行礼，然而田子方却不还礼，太子不高兴，便对田子方说："不知道是贫贱之人可以骄慢无礼呢，还是高贵之人可以骄慢无礼？"子方答道："贫贱之人可以骄慢无礼，富贵之人怎敢骄慢无礼！倘若做君主的骄慢无礼便会亡国，做大夫的骄慢无礼便会亡家，贫贱之人倘若不得意，穿起鞋子便走，往哪里去还能找不着贫贱呢？"

宋燕在齐国任相，后被免职而归，对诸位大夫说："有谁愿和我一起去见诸侯？"诸大夫皆执杖而立，沉默不答。宋燕便说道："真令人伤心呀，为什么士大夫易得而难用呢？"陈饶回答说："并非士大夫易得而难用，而是您不善于使用；你不善于使用他们，他们心中便会有不平之怨。这是您自己的过失，反而要责备他们。"宋燕问："你这话是什么意思？"陈饶对答说："三升黄米来养士是远远不够的，而您的鸭鹅却有食用不尽的粟米，这是您的第一个过错；果园的梨栗，后宫妇女又吃又拿，而士大夫却不得尝上一口，这是您的第二个过错；您殿堂上用绫罗绸缎作装饰，都被风吹烂了，而士大夫却无法得到一件，这是您的第三个过错。财物是您所轻视的东西；性命是士大夫最为看重的东西。您却不能将自己所轻视的财物来赏赐士人，反而希望士大夫向您贡献出他们最为看重的性命，这就好像收藏了一把铅刀，却希望将它当作'干将'一样的宝刀来用，这岂不是太难了吗？"宋燕听后如梦初醒，说："是我的过错呀。"

语曰："夫人同明者相见，同听者相闻，德合则未见而相亲，声同则处异而相应。"韩子曰："趣舍同则相是，趣舍异则相非。"何以明之？楚襄王问宋玉曰："先生其有遗行欤？何士人众庶不誉之甚？"宋玉曰："夫鸟有凤而鱼有鲸。凤凰上击九万里，翱翔乎窈冥之上；夫蕃篱之鷃，岂能与料天地之高哉？鲸鱼朝发于昆仑之墟，暮宿于孟津；夫尺泽之鲵，岂能与量江海之大哉？故非独鸟有凤而鱼有鲸，士亦有之。夫圣人瑰琦意行，超然独处。夫世俗之民又安知臣之所为哉？"

【译文】

古语说："眼睛一样明亮的人才能看见同样大小的东西；耳朵一样聪敏的人才能听见同样大小的声音；德行相合的人，虽未曾相见，也会彼此感到亲切；声音相同的人，即使身处异地，也会彼此呼应。"韩子说："志趣相投的人就会互相肯定，志趣不同的人就会互相非难。"何以证明这一道理呢？楚襄王曾问宋玉说："先生难道有什么不端正的行为吗？为什么士人们都不说你的好话呢？"宋玉回答说："鸟中有凤凰，鱼中有鲸鱼。凤凰能搏击直上九万里云霄，翱翔于窈冥的晴空之中；篱笆间的鷃雀怎能知道天地的宽广和崇高呢？鲸鱼早晨从昆仑山脚出发，晚上便能到达孟津；几尺深泥泽中的鲵鱼，怎么能体量江海的博大呢？并非鸟中有凤，鱼中有鲸，士人中也有像凤、鲸这样的非凡之辈。圣人有非凡的想法和行为，超然独立，凡夫俗子又怎么会理解我的作为呢？"

语曰："知人未易，人未易知。"何以明之？汗明说春申君，春申君悦之。汗明欲谈，春申君曰："仆已知先生意矣。"汗明曰："未审君之圣孰与尧。"春申君曰："臣何足以当尧。"汗明曰："然则君料臣孰与舜。"春申君曰："先生即舜也。"汗明曰："不然。臣请为君终言之。君之贤不如尧，臣之能不及舜。夫以贤舜事圣尧，三年而后乃相知也。今君一时而知臣，是君圣于尧而臣贤于舜也。"

【译文】

古语说："了解人不容易，人不容易被了解。"何以证明这个道理呢？汗明去游说春申君，春申君非常高兴。汗明刚要谈自己的想法，春申君便说："我已经明白先生的意思了。"汗明说："我不知道您和尧相比谁更聪明？"春申君说："我怎么敢和尧相提并论呢？"汗明说："那么，您看我与舜相比怎么样？"春申君说："先生你就是舜。"汗明说："不是这样的。请允许我把话为您说清楚。您的圣贤不如尧，我的才能也比不上舜。像舜这样贤能的人侍奉以圣明著称的尧，经过三年，他们才互相了解。而今您却在极短的时间里便了解了我，这说明您比尧更圣明，我比舜还要贤能。”

《记》曰：“夫骥惟伯乐独知之，若时无伯乐之知，即不容其为良马也。士亦然矣。”何以明之？孔子厄于陈、蔡，颜回曰：“夫子之德至大，天下莫能容。然夫子推而行之，世不我用，有国者之丑也。夫子何病焉？”《榖梁传》曰：“子既生，不免乎水火，母之罪也；羁冠成童，不就师傅，父之罪也；就师学问无方，心志不通，身之罪也；心志既通，而名誉不闻，友之罪也；名誉既闻，有司不举，有司之罪也；有司举之，王者不用，王者之过也。”

【译文】

《礼记》上说：“骐骥这样的千里马只有伯乐能够发现它，如果当时没有伯乐这样的相马能力，它也就不会被世人当作千里马来看待。人才也是如此。”何以证明这个道理呢？孔子曾在陈、蔡受困，其学生颜回说：“先生您的德行太伟大了，以至于天下没有相容之地。但您依然努力推广并实践它，却不能被世人所采纳，这是各国当权者的耻辱。先生您有什么过错呢？”《榖梁传》上记载：“孩子出生后，不能避免水火之灾，这是母亲的罪过；孩子进入童年后，还不拜师学艺，这是做父亲的罪过；拜师就学后，求教不得法，心志不通，这是自身的过错；心志已通，而名誉却不为人知，这是朋友的罪过；名誉虽大，而有关部门却不予举荐，这是有关部门的过错；有关部门向君王予以举荐，而做君王的却弃之不用，这是君王的过错。”

论曰：“行远道者，假于车马，济江海者，因于舟楫。故贤士之立功成名，因于资而假物者。”何以明之？公输子能因人主之材木，以构宫室台榭，而不能自为专屋狭庐，材不足也。欧冶能因国君之铜铁，以为金炉大钟，而不能自为壶鼎盘盂，无其用也。君子能因人主之政朝，以和百姓、润众庶，而不能自饶其家，势不便也。故舜耕于历山，恩不及州里；太公屠牛于朝歌，利不及于妻子。及其用也，恩流八荒，德溢四海。故舜假之尧，太公因之周文。君子能修身以假道，不能枉道而假财。

【译文】

《论语》说：“走远路的人，须借助于车马；渡江海的人，须借助于舟船。因此，贤士想要立功成名，就必须依靠自身的素质，并借助外在的力量。”何以证明这个道理呢？鲁班可以借助君主的木材为君主建构宫室台榭，却无法为自己建座狭小的房屋，这是因为建筑材料不够。欧冶能够利用国君的铜铁铸造金炉大钟，却不能为自己铸造几个壶鼎盘盂，这是因为没有可资利用的材料。贤士能够通过君主的朝政，使百姓和睦，对众生施恩，却不能让自家富裕起来，这是形势不允许的缘故。所以舜在历山躬耕时，其恩泽不曾普及州里；姜太公在朝歌宰牛时，并不能让妻子儿女受益。等他们被重用后，其恩泽才能惠及八荒，德行才能溢满四海。所以舜只能借助尧，才能才得以发挥，太公只有通过周文王，才能才发挥出来。贤士只能借道来修炼自身，而不能图谋私利背弃了道。

语曰："夫有国之主，不可谓举国无深谋之臣，阖朝无智策之士，在听察所考精与不精，审与不审耳。"何以明之？在昔汉祖，听聪之主也。纳陈恢之谋，则下南阳；不用娄敬之计，则困平城。广武君者，策谋之士也。韩信纳其计，则燕、齐举；陈余不用其谋，则泜水败。由此观之，不可谓事济者有计策之士，覆败者无深谋之臣。虞公不用宫之奇之谋，灭于晋；仇由不听赤章之言，亡于智氏；蹇叔之哭，不能济崤渑之覆；赵括之母，不能救长平之败。此皆人主之听，不精不审耳。天下之国，莫不有忠臣谋士也。黄石公曰："罗其英雄，则敌国穷。"夫英雄者，国家之干；士民者，国家之半。得其干，收其半，则政行而无怨。知人则哲，唯帝难之，慎哉。

【译文】

《论语》中说："作为一国之君，千万不要说举国上下竟没有一名深谋远虑的大臣，满朝文武，竟无一名智慧超群善于筹划之士。关键在于国君对人才的听闻考察是否精当，是否仔细而已。"何以说明这个道理呢？先前的汉高祖是一位善于纳谏的名主，他采纳了陈恢的计谋，便一举攻下了南阳；没采纳娄敬的计谋，便被匈奴困在了平城。广武君是位足智多谋之士，韩信采纳了他的计策，便一举攻下了燕、齐；陈余不采用他的谋略，结果兵败泜水。由此而观，千万不要说事情成功了是由于手下有计策之士，招致了失败是由于手下没有深谋远虑之臣。虞国的国君不采用宫之奇的谋略，结果被晋国所灭；仇由不听赤章的谏言，最终被智氏所灭；蹇叔哭着谏言，却不能挽救崤渑之战的惨败；赵括之母也无法挽救赵军在长平的全军覆亡。这些都是由于当权者不能精密周到地听取意见所致。天下任何国家，都一定有忠臣谋士。黄石公说："将敌国的英雄豪杰都网罗在自己周围，那么敌国便会陷入困境。"所谓英雄豪杰，他们是国家的栋梁；士民占国家力量的一半。能够得到国家的栋梁和士民的拥戴，那么国家政令就能通行无阻，百姓也就毫无怨言。能够识别人才，才能称得上是圣哲，对帝王来说，这是最难做的事情，千万要谨慎啊！

卷二　德行

臣　行

夫人臣萌牙未动，形兆未见，昭然独见存亡之机，得失之要，豫禁乎未然之前，使主超然立乎显荣之处，如此者，圣臣也。虚心尽意，日进善道，勉主以礼义，谕主以长策，将顺其美，匡救其恶，如此者，大臣也。夙兴夜寐，进贤不懈，数称往古之行事，以厉主意，如此者，忠臣也。明察成败，早防而救之，塞其间，绝其源，转祸以为福，君终已无忧，如此者，智臣也。依文奉法，任官职事，不受赠遗，食饮节俭，如此者，贞臣也。国家昏乱，所为不谀，敢犯主之严颜，面言主之过失，如此者，直臣也。是谓“六正”。

【译文】

作为人臣，倘若在事情尚未萌芽，形迹尚未显现出来时，就能够在众人之先，清楚地发现事物存亡得失的机理，并能及时采取相应的措施，防患于未然，进而使其君主超然独立于显荣之处。能做到这个地步的人臣，可称之为“圣臣”。能谦虚谨慎，尽心尽意，经常向主上提出好的建议，劝勉主上恪守礼仪，晓谕主上眼光长远，称颂顺应主上的美德美政，纠正主上的恶德恶政，能做到这个地步的人臣，可称之为“大臣”。能早起晚睡，日夜操劳，不断向主上举贤荐能，经常引证历史正反两方面的经验来激励教育主上，进而使主上保持清醒的头脑，能做到这个地步的人臣，可称之为“忠臣”。能洞察事情发展的成败之势，并及时采取补救措施，堵塞漏洞，断绝祸源，转祸为福，使主上最终无忧虑，能做到这个地步的人臣，可称之为“智臣”。能遵纪守法，谨守职事，不受贿赂，饮食节俭，能做到这个地步的人臣，可称之为“贞臣”。当国君昏庸，国家离乱之时，能够不阿谀逢迎，敢于犯颜直谏，当面指陈君主过失的人臣，可称之为“直臣”。这六种类型的人臣即是所谓的“六正”。

安官贪禄，不务公事，与世沉浮，左右观望，如此者，具臣也。主所言皆曰善，主所为皆曰可，隐而求主之所好而进之，以快主之耳目，偷合苟容，与主为乐，不顾后害，如此者，谀臣也。中实险诐，外貌小谨，巧言令色，又心疾贤，所欲进则明其美，隐其恶；所欲退则彰其过，匿其美，使主赏罚不当，号令不行，如此者，奸臣也。智足以饰非，辩足以行说，内离骨肉之亲，外妒乱于朝廷，如此者，谗臣也。专权擅势，以轻为重，私门成党，以富其家，擅矫主命，以自显贵，如此者，贼臣也。谄主以佞邪，坠主于不义，朋党比周，以蔽主明，使白黑无别，是非无闻，使主恶布于境内，闻于四邻，如此者，亡国之臣也。是谓“六邪”。

【译文】

安于官位，贪取俸禄，却不为公事操心，遇事随波逐流，左右观望，毫无主见，这样的臣僚，可称为“具臣”。只要是主上所说的，便一味加以赞美；只要是主上所做的，便一味加以肯定。暗中却揣摩主上的喜好，然后向主上进献，以取悦主上视听，溜须拍马，奉承主上，且和主上一起吃喝玩乐，却不顾将造成的祸害，这样的臣僚，可称为“谀臣”。内怀险诈之心，外貌谨慎乖顺，能说会道，面泛媚色，嫉贤妒能，对自己所要举荐之人，只宣扬其优点而不谈其缺点；对自己想要排挤之人，只宣扬其缺点而不谈其优点，使主上赏罚不当，号令不行，这样的臣僚，可称为“奸臣”。其才智足可文过饰非，其巧辩足能说动主上，对内可分离骨肉之亲，对外能使满朝文武互相猜忌，以致造成混乱，这样的臣僚，可称为“谗臣”。专擅国柄朝政，颠倒黑白，结党营私，损公肥私，假传圣旨，以贵自显，目中无人，这样的臣僚，可称为“贼臣”。用佞邪之言奉承主上，使君主陷于不义之地，结纳朋党，蒙蔽国君，颠倒黑白，是非无闻，将君主的恶名布于境内，传遍四邻，这样的臣僚，可称为“亡国之臣”。这六种类型的人臣即是所谓的“六邪”。

子贡曰：“陈灵公君臣宣淫于朝，泄冶谏而杀之。是与比干同也。可谓仁乎？”子曰：“比干于纣，亲则叔父，官则少师，忠款之心，在于存宗庙而已，故以必死争之，冀身死之后，而纣悔悟，其本情在乎仁也。泄冶位为下大夫，无骨肉之亲，怀宠不去，以区区之一身，欲正一国之淫昏，死而无益，可谓怀矣。《诗》云：‘民自多僻，无自立辟。’其泄冶之谓乎？”

或曰：叔孙通阿二世意，可乎？司马迁曰：“夫量主而进，前哲所韪。叔孙生希世度务制礼，进退与时变化，卒为汉家儒宗。古之君子，直而不挺，曲而不挠，大直若拙，道同逶迤，盖谓是也。”

【译文】

子贡向孔子问道："陈灵公君臣公然在朝廷淫乱，泄冶因进谏而招致杀身之祸。泄冶的事迹与比干相同，他的行为能说是仁吗？"孔子回答说："比干和纣王的关系，从血亲方面说，他是纣王的叔父；从官职方面说，他是纣王的少师，一颗忠心，是为了保存社稷宗庙而已，所以他决心以死向纣王进谏，希望能用自己的一死使纣王悔悟，他这样做的情愫就是出于仁。泄冶只是下大夫这样的小官，与君王也无骨肉之亲，却希望得到陈灵公的宠爱而不肯离去，他以区区之身，想纠正整个国家淫乱的风气，虽说是为君而捐躯，结果却无益于国，对国君可谓衷心！《诗经》上说：'民自多僻，无自立辟。'说的不正是泄冶这种人吗？"

有人问：叔孙通对秦二世颇多阿谀谄媚的言行，这样做应该吗？司马迁说："根据不同的君主而采取不同的谏言态度，这是前代哲人所认同的。叔孙先生迎合世事，揣度时务，制定礼法，进退变化，与时俱进，最终成了汉朝的一代儒宗。古代的所谓君子，正直而不固执，貌似弯曲而不屈服，'大直若屈，道同逶迤'，说的大概就是这个意思。"

或曰："然则窦武、陈蕃，与宦者同朝廷争衡，终为所诛，为非乎？"范晔曰："桓、灵之世，若陈蕃之徒，咸能树立风声，抗论惛俗，驱驰岨嶮之中，而与腐夫争衡，终取灭亡者，彼非不能洁情志，违埃雾也。悯夫世士，以离俗为高，而人伦莫相恤也。以遁世为非义，故屡退而不去；以仁心为己任，虽道远而弥厉。及遭值际会，协策窦武，可谓万代一时也。功虽不终，然其信义足以携持世心矣。"

【译文】

有人问："既然如此，那么像窦武、陈蕃这样的人，在朝廷中与宦官争衡，最终被宦官所杀害，难道也不值得肯定吗？"范晔回答说："东汉桓帝、灵帝两朝，像陈蕃这样的人，都能树立风尚，与昏政乱俗相抗衡，在坎坷险阻中前行，与宦官做斗争，而最终招致死亡，其原因，并非他们被时雾尘埃遮蔽了眼睛，不能够洁身自好，明哲保身。而是因为他们悲悯士人，以退隐避世为清高，导致人伦冷漠，互不关心。陈蕃等人把消极避世当作不义之举，所以虽多次遭贬斥但决不肯离去；将恢复仁心作为己任，虽然道路漫长，斗志却更加激昂。待峰回路转，重新出任后，陈蕃便出谋划策，协助窦武，想要铲除阉患，真可谓万代难逢的好机会，虽然最终没有取得成功，但他们的信义之举足可以激励世人，使世人心灵得到慰藉。"

或曰："臧洪死张超之难，可谓义乎？"范晔曰："雍丘之围，臧洪之感愤，壮矣！相其徒跣且号，束甲请举，诚足怜也。夫豪雄之所趣舍，其与守义之心异乎？若乃缔谋连衡，怀诈算以相尚者，盖惟势利所在而已。况偏城既危，曹、袁方穆，洪徒指外敌之衡，以纾倒悬之会。忿悁之师，兵家所忌。可谓怀哭秦之节，存荆则未闻。"

【译文】

有人问："臧洪死于张超之难，能够称得上是义举吗？"范晔回答说："曹军围困雍丘，张超身处险境，臧洪急于救朋友出危难的激愤之情难以言表，看他顿足呼号，束甲请战的举动，确实令人赞叹。豪杰霸主的趋避原则，恐怕与守义之心不同吧？他们之间是缔谋连衡，还是以诡诈算计相加，都依据形势于己的利害而变化罢了。况且，当时张超的偏城已危在旦夕，曹操与袁绍正值和睦友好之际，在如此境况下，臧洪却幻想借助已与敌人连横的袁绍之力，解张超被困之危。并且忿悁之师，是兵家大忌。臧洪虽然怀有申包胥哭秦廷之节义，却无法收到保存楚国的实效。"

或曰："季布，壮士。而反摧刚为柔，髡钳逃匿，为是乎？"司马迁曰："以项羽之气，而季布以勇显于楚，身屡典军搴旗者数矣，可谓壮士。然至被刑戮，为人奴而不死，何其下也！彼必自负其材，故受辱而不羞，欲有所用其未足也，故终为汉名将。贤者诚重其死，夫婢妾贱人，感慨而自杀者，非勇也，其计尽无复之耳。"

或曰："宗悫之贱也，见轻庾业，及其贵也，请业为长史，何如？"裴子野曰："夫贫而无戚，贱而无闷，恬夫天素，宏此大猷，曾、原之德也；降志辱身，俛眉折脊，忍屈庸曹之下，贵骋群雄之上，韩、黥之志也。卑身之事则同，居卑之情已异。若宗元干无怍于草具，有韩、黥之度矣，终弃早恶，长者哉。"

【译文】

有人问："季布是一位壮士，却能做到化刚为柔，削发为奴，东躲西藏，这样的行为也值得肯定吗？"司马迁说："以项羽惊天动地的气概，而季布却能以自己特有的英雄气概扬名楚军，且屡次率军夺旗斩将，真不愧为壮士。后来项羽兵败，季布也为汉王所通缉，为避免刑戮，削发为奴，以免一死，这是多么的卑下！他一定是自认有非凡的才能，所以虽遭受侮辱，但并不以此为耻，其目的在于寻找施展自己尚未发挥的才能的机会，所以最终成为汉代名将。贤者确实将死节看得很重，但这样的死，并不像婢妾贱人因一时激愤而自杀的死法，这样的自杀，并不是勇敢的体现，而是计穷力竭，无路可走的体现。”

有人问：“宗悫微贱之时，曾被庾业瞧不起，到后来贵为一州太守，却请庾业做自己的长史，该如何评价这样的做法呢？”裴子野说：“贫贱时，面无戚容，心无忧闷，恬静自得，安之若素，如此宽广的胸襟，有曾参、原宪一类的德行；降志得身，俯眉折腰，贱能忍心屈居于平庸之辈的手下。贵则能驰骋于群雄之上，能屈能伸，是韩信、黥布一类的志向。此两类人居卑贱之位时的行事相同，情感却有所不同。像宗悫被待以粗茶淡饭而面无愠色，颇具韩信、黥布那样的度量，而且不计旧账，确实有长者之风啊！”

世称郦寄卖交，以其绐吕禄也，于理何如？班固曰：“夫卖交者，谓见利忘义也。若寄，父为功臣而执劫，虽摧吕禄，以安社稷，义存君亲可也。”

或曰：“靳允违亲守城，可谓忠乎？”徐众曰：“靳允于曹公，未成君臣。母，至亲也，于义应去。昔王陵母为项羽所拘，母以高祖必得天下，因自杀以固陵志。明心无所系，然后可得事人，尽其死节。卫公子开方仕齐，十年不归。管仲以其不怀其亲，安能爱君，不可以为相。是以求忠臣必于孝子之门。允宜先救至亲。徐庶母为曹公所得，刘备遣庶归。欲为天下者，恕人子之情，公又宜遣允也。”

【译文】

世人都说郦寄卖友，因为他欺骗了吕禄，应该如何评价呢？班固说：“所谓出卖朋友，是指那种见利忘义的行为。而郦寄的父亲身为功臣，且被周勃劫持，虽然诛灭了诸吕，却安定了汉家江山，从保存国君和亲人这两方面来讲，郦寄之举都是值得称道的。”

有人问：“靳允不救至亲而死守城池，算得上是忠吗？”徐众说：“靳允与曹操当时并非君臣关系；而母亲则是其至亲，从义的角度来说，靳允应弃城而救母。从前王陵的母亲被项羽抓了起来，王母认为刘邦肯定能得天下，因此自杀以增强王陵侍奉汉王的决心。这说明，只有内心了无牵挂，才能全身心地投入自己的事业，为人主效死尽节。卫公子开方在齐国做官，十年不回家探望父母。管仲认为这种人连自己的至亲都不怀心上，怎么会诚心地爱其国君呢？这种人不适合做宰相。所以说，若要寻求忠臣，就必须在孝子中寻求。由此看来，靳允理应先营救其母。徐庶的母亲被曹操抓起来，刘备当即便让徐庶赴曹营探母。如果要想得天下，就必须体谅母子亲情，所以曹操也应该让靳允先救其母。”

魏文帝问王朗等曰："昔子产治郑，人不能欺；子贱治单父，人不忍欺；西门豹治邺，人不敢欺。三子之才，于君德孰优？"对曰："君任德，则臣感义而不忍欺；君任察，则臣畏觉而不能欺；君任刑，则臣畏罪而不敢欺。任德感义，与夫导德齐礼，有耻且格，等趋者也；任察畏罪，与夫导政齐刑，免而无耻，同归者也。优劣之悬，在于权衡，非徒钧铢之觉也。"

【译文】

魏文帝问王朗等人道："先前子产治理郑国时，人们都不能够欺骗他；子贱治理单父时，人们都不忍心欺骗他；西门豹治理邺时，人们都不敢欺骗他。这三个人的才能，以做君王的品德来衡量，哪一个更好呢？"王朗等回答说："君王如果实行德政，那么他的臣下因感受其主的仁义之举而不忍心欺骗他；君王若能够明察秋毫，那么他的臣下因害怕被察觉而不能欺骗他；君王若能严刑峻法，那么他的臣下因害怕获罪而不敢欺骗他。实行德政，用仁义之举相互感化，对百姓导之以德，齐之以礼，让百姓有廉耻之心，从而达到自我约束，二者的实效是一样的。君王依靠明察秋毫，使人们谨慎小心，如履薄冰，如此做法与导之以政、齐之以刑的效果是一样的，百姓虽免于罪过，但并没有廉耻之心。任德与任刑之间的悬殊之大，就像秤锤与所称物体的区别，绝非钧铢、斤两之间的差别。"

或曰："季文子、公孙宏，此二人皆折节俭素，而毁誉不同，何也？"范晔称："夫人利仁者，或借仁以从利；体义者，不期体以合义。季文子妾不衣帛，鲁人以为美谈；公孙宏身服布被，汲黯讥其多诈。事实未殊而毁誉别者，何也？将体之与利之异乎？故前志云：'仁者安仁，智者利仁，畏罪者强仁。'校其仁者，功无以殊；核其为仁，不得不异。安仁者，性善者也；利仁者，力行者也；强仁者，不得已者也。三仁相比，则安者优矣。"

【译文】

有人问："季文子、公孙宏二人都能委屈自己，生活俭朴，然而却毁誉不同，原因何在呢？"范晔说："认为仁爱之举能获取利益的人，常常借仁爱的名义去获取个人私利；而真正体会到义之精髓的人，从不去考虑何谓义举，而时刻所做的事情都合乎义的要求。季文子的妾不穿帛做的衣服，被鲁国人当作美谈；公孙宏身穿布衣，汲黯却讥讽他故装朴素，是伪诈之举。同样的事实却毁誉有别，这是为什么呢？难道是以朴素为体与以朴素为利的区别吗？《汉书》的《志》上曾载：'真正具有仁爱之心的人，以实行仁爱之举为安；狡猾之人却是通过仁爱之举谋求私利；畏惧获罪之人，则是勉强实行仁爱之举。’考察他们的仁爱之举，其效果没有差别；但若细察以上仁爱之举的本质，却是各不相同。以仁爱之举为安的人，是本性善良而自觉行仁；欲通过实行仁爱之举而获利的人，只是努力行仁；勉强实行仁爱之举的人，则是被迫为之。三种仁举相比，以仁为安的人，无疑是最优秀的。”

或曰：“长平之事，白起坑赵卒四十万，可为奇将乎？”何晏曰：“白起之降赵卒，诈而坑其四十万，岂徒酷暴之谓乎？后亦难以重得志矣。向使众人预知降之必死，则张虚拳，犹可畏也，况于四十万被坚执锐哉？天下见降秦之将，头颅依山，归秦之众，骸积成丘，则后日之战，死当死耳，何众肯服，何城可下乎？是为虽能裁四十万之命，而适足以强天下之战；欲以要一朝之功，而乃更坚诸侯之守。故兵进而自伐其势，军胜而还丧其计。何者？设使赵众复合，马服更生，则后日之战，必非前日之对也；况今皆使天下为后日乎？其所以终不敢复加兵于邯郸者，非但忧平原之补缝，患诸侯之救至也。徒讳之而不言耳。且长平之事，秦人十五以上，皆荷戟而向赵矣。夫以秦之强，而十五已上，死伤过半，此为破赵之功小，伤秦之败大也。又何称奇哉？”

【译文】

有人问：“长平之战，秦将白起坑杀四十万赵军，可以称得上是位奇将吗？”何晏说：“白起最初答应赵军投降后没事，结果赵军投降后，白起却背信弃义，坑杀赵军四十万，这难道单单是残酷狂暴所能形容的吗？恐怕以后很难再得志了。倘若众人已知即便投降，也必死无疑，那么即使是赤手空拳，其势也相当恐怖，更何况是披坚执锐的四十万将士呢？倘若天下人看到投降秦军的将领，被砍下的头颅堆积如山；归降秦军的士兵，被杀后骸骨成丘，那么日后若再和秦军交战，必抱定必死之决心，哪肯有人再投降呢？哪还会有城池被轻易攻下呢？白起的这一做法，虽然坑杀了赵军四十万，但却增强了天下守疆抗秦的战斗力；白起为邀取一时的战功，却更加坚定了诸侯保家卫国决心。所以说，军队虽然表面上占领了别国的土地，无形中却削弱了自己的军事实力和本应有利的军事态势；虽然打了场胜仗，却败坏了秦国吞并六国的大计。为什么这样说呢？倘若赵军重新聚合，马服君赵奢重生，那么以后与秦国再发生战争，就绝非往日之战可比了；况且秦军今日的做法，已经让六国抗秦的决心更加坚定了呢！长平之战后，秦军之所以不再敢再次攻打邯郸，并非仅仅因为秦国害怕平原君的救国活动，而是害怕其他诸侯国援兵的到来。只是白起对此讳莫如深，不敢直言罢了。况且长平之战，凡十五以上的秦人，都荷枪赴赵国参战了。以秦这样的强国，十五以上的人已死伤大半。由此来看，长平之战破赵军的功劳很小，而秦国大伤元气的败举却很大。白起又怎么能称得上是奇将呢？”

或曰：“乐毅不屠二城，遂丧洪业，为非乎？”夏侯玄曰：“观乐生与燕惠王书，其殆乎知机合道，以礼终始者欤？夫欲极道德之量，务以天下为心者，岂其局迹当时、止于兼并而已哉？夫兼并者，非乐生之所屑；强燕而废道，又非乐生之所求。不屑苟利，不求小成，斯意兼天下者也。举齐之事，所以运其机而动四海也。围城而害不加于百姓，此仁心著于遐迩矣；迈令德以率列国，则几于汤、武之事矣。乐生方恢大纲，以纵二城；收人明信，以待其弊；将使即墨、莒人，顾仇其上；开宏广之路，以待田单之徒；长容善之风，以伸齐士之志。昭之东海，属之华裔，我泽如春，人应如草，思戴燕主，仰风声，二城必从，则王业隆矣。虽淹留于两邑，乃致速于天下也。不幸之变，势所不图，败于垂成，时变所然。若乃逼之以兵，劫之以威，侈杀伤之残，以示四海之人，虽二城几于可拔，则霸王之事，逝其远矣。乐生岂不知拔二城之速了哉？顾城拔而业乖也；岂不虑不速之致变哉？顾业速与变同也。由是观之，乐生之不屠二城，未可量也。”

【译文】

有人问：“乐毅不一举攻下莒、即墨二城，却使霸图宏业功败垂成，这难道不是重大失策吗？”夏侯玄说：“阅读了乐毅致燕惠王的书信，就会觉得乐毅大体上可称为明晓事理、遵守道义、始终不越礼规的人吧？想充分利用道德的力量，心怀天下百姓的人，其作为难道应单单局限于一时一事的得失，或者单单局限于攻伐兼并吗？以攻伐兼并为目的，并非乐毅所屑于做的；燕国的强大用废弃道义的代价来换取，也绝非乐毅所追求的。真正的兼并天下之举是不屑于蝇营狗苟的小利，是不着意追求局部的成功。攻打齐国这件事，仅仅是乐毅运用他的智谋以威震四海罢了。围困齐城而不加害于城中百姓，让自己的仁爱之心闻名遐迩；让自己的美德广布列国，则其事迹可与商汤周武相媲美。乐毅气度恢宏，放纵莒和即墨二城，围而不攻；取明信于百姓，然后让齐兵做出错事；让即墨和莒二城的百姓对齐王产生怨恨情绪；并为田单等人的归降留下宏广之路；同时，他还对齐国降将大兴宽容和善之风，以伸张齐国士人自尊自重的情怀；以此来感召东海之滨，属连华夏之裔，使燕王的恩泽如和煦的春风，人们响应燕王就像渴盼春风沐浴的小草，人们思念拥戴燕王就像仰慕风声，如此，二城必定自动放下武器，归顺燕国，王业也将随之兴隆。这样即使在即墨和莒两座城池耗费了时间，但就整体上而言，却加快了感召天下的速度。不幸的是燕王中了齐反间之计，临阵换将帅，形势发生突变，结果功败垂成，这是偶然的事变所致。如果对二城加兵逞威，以残酷的杀戮来昭示四海百姓，二城即使可能攻拔，那么霸王之业也便随之付诸东流。乐毅难道不知道自己有能力迅速攻下二城吗？他只是担心攻下城池的同时也伤害了王霸事业。乐毅难道不通晓不速战速决、延误时机易生变故的道理吗？他只是担心加快攻战速度，也同样容易发生意想不到的变故。这样看来，乐毅不攻打二城，其深远的战略意义，是难以估量的。”

或曰：“商鞅起徒步，干孝公，挟三术之略，吞六国之纵，使秦业帝，可为霸者之佐乎？”刘向曰：“夫商君，内急耕战之业，外重战伐之赏，不阿贵宠，不偏疏远，虽《书》云‘无偏无党’，《诗》云‘周道如砥，其直如矢’，《司马法》之厉戎士，周后稷之劝农业，无以易此。此所以并诸侯也。故荀卿曰：‘四世有胜，非幸也，数也。’夫霸君若齐桓、晋文者，桓不倍柯之盟，文不负原之期，而诸侯信之，此管仲、咎犯之谋也。今商君倍公子卬之旧恩，弃交魏之明信，诈取三军之众，故诸侯畏其强而莫亲信也。藉使孝公遇齐桓、晋文，得诸侯之统，将合诸侯之君，驱天下之兵以伐秦，秦则亡矣。天下无桓、文之君，故秦得以兼诸侯也。卫鞅始自以为知王霸之德，原其事，不伦也。昔周、召公施美政，其死也，后世思之。‘蔽芾甘棠’之诗是。尝舍于树下，不忍伐其树，况害于身乎？管仲夺伯氏骈邑三百户，无怨言。今卫鞅内刻刀锯之刑，外深鈇钺之诛，身死车裂，其去霸者之佐亦远矣。然孝公杀之，亦非也。可辅而用，使卫鞅施宽平之法，加之以恩，申之以信，庶几霸者之佐乎？”

【译文】

有人问：“商鞅只身入秦去游说秦孝公，他准备了帝术、王术、霸术三种方法和吞并六国的纵横策略，最终使秦国成就了帝王之业，他算得上是辅佐称霸的人才吗？”刘向说：“商鞅这个人，对内注重农耕战备之事，对外重视战功的赏罚，他不阿谀权贵，也不歧视被疏远的人。《尚书》上说‘无偏无党’，《诗经》上说‘周道如砥，其直如矢’，《司马法》中所讲的激励将士，周人先祖后稷的劝勉农业，都未必能比得上商鞅的所作所为。这就是秦国之所以能兼并诸侯的关键所在。所以荀子说：‘秦国四世强盛，并非偶然，而是由命数和规律决定的。’春秋的霸主，就像齐桓公、晋文公一样坚守诺言，如齐桓公不违背在柯会盟的诺言，晋文公不负与原邑百姓立下的退避三舍的约定，这些是管仲和咎犯进献的谋略。而商鞅却背弃了公子卬的旧恩，又不守与魏国结好的盟约，而是通过欺诈手段袭破魏国三军，以至于六国诸侯都害怕秦国强大的军事实力，内心并不与秦国亲近。倘若秦孝公遇上像齐桓公、晋文公那样的霸主，能够号令山东诸侯，集结六国的军队，讨伐秦国，秦国恐怕早就灭亡了。只是当时天下没有像齐桓公、晋文公这样的国君，才使得秦国得以兼并山东六国。商鞅自以为通晓王霸之德，但若考察他的所作所为，其实并非那么一回事。从前，周公、召公实施善政，即使他们已死，人们仍然思念他们。《诗经》中‘蔽芾甘棠’的诗句讲的就是这个道理。曾在树下纳凉过的人们，当然不忍心砍伐它，更何况曾是朋友，怎么忍心去伤害他的身体呢？管仲曾把伯氏骈三百户封邑夺了过来，伯氏骈却无怨言。而商鞅对内实行严刑苛法，对外实行吞并攻战，最后竟落得车裂身亡的下场，所以他离做霸王的良佐这样的称号还相差很远呢。然而，秦孝公杀商鞅也是一个错误。对商鞅这样的人，还可以有引导性、选择性地加以使用，使他施行宽容平和的法规，再配合以恩德，发扬信义。这样，商鞅就差不多可称为霸王的良佐了吧？”

诸葛亮以马谡败于街亭，杀之。后蒋琬谓亮曰：“昔楚杀得臣，然后文公喜，可知也。天下未定，而戮智计之士，岂不惜哉？”亮流涕曰：“孙武所以能制胜者，用法明也。是以杨干乱法，魏绛戮之。四海分裂，兵交方始，若复废法，何用讨贼耶？”习凿齿曰：“诸葛亮之不能兼上国也，岂不宜哉？夫晋人视林父之后济，故废法而收功；楚成暗得臣之益己，故杀之以重败。今蜀僻陋一方，才少上国，而杀其俊杰，退收驽下之用；明法胜才，不师三败之道，将以成业，不亦难乎？”

【译文】

三国时，诸葛亮因马谡失守街亭，将他斩首。后来蒋琬对诸葛亮说：“从前楚国杀得臣（因与晋国打仗，兵败被楚所杀），晋文公听说后面露喜色，由此可见，楚杀得臣是一个错误。现在天下未定，而你却杀了马谡这样有智谋之人，岂不可惜吗？”诸葛亮含泪回答说：“孙武用兵，之所以能克敌制胜，关键在于军法严明。因此，从前杨干乱法后，被魏绛毫不留情地杀了。现在四海分裂，战争刚刚开始，倘若废除军法，还怎么能去征讨逆贼呢？”习凿齿说：“诸葛亮最终不能兼并曹魏这样的大国，这个结局不是正与他的行事相照应吗？春秋时晋侯看到林父没有及时渡河后，并没有因一时的兵败而杀他，后来林父果然立了大功；楚王不明白得臣对自己的作用，所以杀了他后便又一次招致了失败。如今，蜀汉偏居西南一隅，人才本来就比曹魏少，居然不惜将俊杰之士杀掉了，反而任用那些庸碌之辈，将严明的军法置于任用人才的原则之上，却不去认真总结北伐多次失败的教训，想成就统一大业，这不是太难了吗？”

代以周勃功大，霍光何如？对曰：勃本高帝大臣，众所归向，居太尉位，拥兵百万。既有陈平、王陵之力，又有朱虚诸王之援，郦寄游说，以谲诸吕，因众之心，易以济事。若霍光者，以仓卒之际，受寄托之任，辅弼幼主，天下晏然。遇燕王绾之乱，诛除凶逆，以靖王室。废昌邑，立孝宣，任汉家之重，隆中兴之祚，参声伊、周，为汉贤相。推验事效，优劣明矣。

后汉陈蕃上疏荐徐稚、袁闳、韦著三人。帝问蕃曰：“三人谁为先后？”蕃曰：“闳生公族，闻道渐训；著长于三辅，礼义之俗，所谓不扶自直，不镂自雕；至于稚者，爰自江南卑薄之域，而角立杰出，宜当为先。”

【译文】

历代认为周勃的功劳大。霍光比起他来怎么样呢？回答说：周勃本就是汉高祖的大臣，众望所归，后又身居太尉要职，拥有百万兵权。既得到了陈平、王陵等重臣的帮助，又有朱虚侯诸王的援助，还有郦寄游说诸吕，搞阴谋诡计，且周勃诛灭诸吕顺应民心，因而易于成事。霍光的情形则不同了，他是在仓促之际，受汉光武帝托孤之任，辅佐幼主汉昭帝，确实使天下安然无事。后来燕王刘绾叛乱，霍光便铲除逆贼，安定了汉室。后又废除昌邑王，迎立汉宣帝。霍光掌管着汉朝的重权，促使汉朝中道兴隆，其功名可与伊尹、周公相媲美，堪称汉代的贤相。考察判断周勃和霍光的事迹，其优劣是很明显的。

后汉的太尉陈蕃上疏皇帝，举荐徐稚、袁闳、韦著三人。皇帝便问陈蕃：“他们三个人孰先孰后呢？”陈蕃回答说：“袁闳出身于大族之家，家庭教育好，可谓耳濡目染；韦著成长于三辅地区，深入礼义的熏陶，正所谓‘不扶自直，不镂自雕’；至于徐稚，生长于不讲礼义的江南卑薄地区，却能够卓尔不群，应当是三人中最优秀的。”

或曰：“谢安石为相，可与何人为比？”虞南曰：“昔顾雍封侯之日，而家人不知，前代称其质重，莫以为偶。夫以东晋衰微，疆场日骇。况永固，六夷英主，亲率百万；苻融俊才名相，执锐先驱，厉虎狼之爪牙，骋长蛇之锋锷，先筑宾馆，以待晋君。强弱而论，鸿毛太山不足为喻，文靖深拒桓冲之援，不喜谢玄之书，则胜败之数，固已存于胸中矣。夫斯人也，岂以区区万户之封，动其方寸者欤？若论其度量，近古已来，未见其匹。”

隋炀帝在东宫，尝谓贺若弼曰：“杨素、韩擒虎、史万岁三人，俱称良将，其间优劣何如？”对曰：“杨素是猛将，非谋将；韩擒虎是斗将，非领将；史万岁是骑将，非大将。”太子曰：“善。”

【译文】

有人问：“谢安这样的丞相，历史上谁可与他相比呢？”虞世南说：“从前顾雍受封为侯时，连自己的家人都不知晓，前代人称赞其质朴稳重，无人能及。谢安做宰相的时代，正值东晋国势混乱衰败，战争形势尤为严峻之时。并且前秦王苻坚是六夷英主，亲自统率百万大军南下；苻融更是俊才名相，率部为其先驱，披坚执锐，厉如虎狼爪牙，锐似长蛇矛锋刀，还预先修建好宾馆，准备安顿被俘虏的东晋国君。若就东晋和前秦的强弱而论，用鸿毛和泰山来做比喻也不过分。大敌当前，谢安却镇定自若，先是拒绝了镇守荆州的桓冲的援兵，后接到谢玄从前线送来的大破秦军的捷报，仍不动声色，由此可见，胜败之数早就了然于胸了。像谢安这样的人，区区万户侯的封赏，怎能够使他自乱方寸呢？若就谢安的度量而论，自古以来，尚未有人能够与他相匹敌。”

隋炀帝在东宫当太子时，曾问贺若弼说：“杨素、韩擒虎、史万岁三人，都堪称良将，他们三人谁优谁劣呢？”贺若弼回答说：“杨素是猛将，不是有谋略之将；韩擒虎是斗将，不是善于带兵之将；史万岁是骑将，并非是善于网罗英雄、知人善任的大将。”隋炀帝说：“你讲得很好。”

故自六正至于问将，皆人臣得失之效也。古语曰：“禹以夏王，桀以夏亡；汤以殷王，纣以殷亡。”阖庐以吴战胜，无敌于天下，而夫差以见擒于越；穆公以秦显名尊号，而二世以劫于望夷。其所以君王者同，而功迹不等者，所任异也。是以成王处襁褓而朝诸侯，周公用事也；赵武灵王年五十而饿死于沙丘，任李兑也。故魏有公子无忌，削地复得；赵任蔺相如，秦兵不敢出；楚有申包胥，而昭王反位；齐有田单而襄王得国。因斯而谈，夫有国者，不能陶冶世俗，甄综人物，论邪正之得失，撮霸王之余议，有能立功成名者，未之前闻。

【译文】

以上所讲的从“六正”到“问将”,都是做臣子的得失的典型例子。古语说:“大禹能使夏朝兴旺,而桀却使夏朝灭亡;成汤能使殷商兴旺,而纣却使殷商灭亡。”阖庐能使吴国战无不胜,无敌于天下,而夫差却被越王所擒,致使吴国灭亡;秦穆公能使秦国名震于世,做了诸侯的霸主,而秦二世却被劫杀于望夷宫,致使秦朝灭亡。他们同是君王,而功绩却是天壤之别,关键在于他们所重用的臣子各不相同。因此,周成王尚处襁褓之中而诸侯来依归朝拜,是因为周公辅佐的缘故;赵武灵王五十岁时却饿死在沙丘,是因为他任用了李兑。魏国因为有公子无忌,所以能重新收复已失去的土地;赵国因为任用蔺相如为相,所以秦国便不出兵攻赵;楚国因为有申包胥,所以昭王才得以复位;齐国因为有田单,所以齐襄王才得以复国。据此看来,身为一国之君,倘若不能领导国家移风易俗,甄别选拔人才,辨别臣子邪正的利弊得失,通晓称霸称王的要领,便能够立功成名的,历史上还没有这样的先例。

德 表

孔子曰:“性相近也,习相远也。”言嗜欲之本同,而迁染之涂异也。夫刻意则行不肆,牵物则其志流。是以圣人导人理性,裁抑流宕,慎其所与,节其所偏。故《传》曰:“审好恶,理情性,而王道毕矣。”治性之道,必审己之所有余,而强其所不足。盖聪明疏通者,戒于太察;寡闻少见者,戒于壅蔽;勇猛刚强者,戒于太暴;仁爱温良者,戒于无断;湛静安舒者,戒于后时;广心浩大者,戒于遗忘。

《人物志》曰:“厉直刚毅,材在矫正,失在激讦;柔顺安恕,美在宽容,失在少决;雄悍桀健,任在胆烈,失在多忌;精良畏慎,善在恭谨,失在多疑;强楷坚劲,用在桢干,失在专固;论辩理绎,能在释结,失在流宕;普博周洽,崇在覆裕,失在溷浊;清介廉洁,节在俭固,失在拘局;休动磊砢,业在攀跻,失在疏越;沉静机密,精在元微,失在迟懦;朴露径尽,质在中诚,失在不微;多智韬情,权在谲略,失在依违。此拘亢之材,非中庸之德也。”

【译文】

孔子说:“性相近也,习相远也。”意思是说,人们先天的嗜好、欲望从本性上来说是相同的,却因后天的教习陶染而造成了千差万别。如果对自己要求严格,行为就不会放肆不轨;如果被物欲所牵引,志向就会丧失殆尽。因此,圣人用理性来教导人,抑制人的放荡,慎重人的交往,节制人的偏差。所以

《传》说："审察好恶，调理情性，王者之道尽在其中了。"修身养性的道理和方法，关键要认真分析自己的长处，弥补自己的不足。总的原则是：聪明爽朗之人，要注意防止钻牛角尖；寡闻乏识之人，要力戒把无知当作高明；勇猛刚强之人，要力戒急躁粗暴；仁爱温和之人，要力戒优柔寡断；心性沉静之人，要力戒不求上进；心胸宽广之人，要力戒粗心大意。

《人物志》说："严厉刚毅之人，优点是匡邪扶正，不足是言辞过激；柔顺安恕之人，优点是宽容大度，不足是优柔寡断；雄悍倔强之人，优点是侠肝义胆，不足是不忌情面；精细慎微之人，优点是谦虚谨慎，不足是多虑多疑；刚强坚毅之人，可做栋梁之才，缺点是刚愎自用；能言善辩之人，优点是善于释疑，缺点是夸夸其谈；圆通周到之人，优点是精于应酬，缺点是交往失之滥杂；清正廉洁之人，优点是艰苦朴素、坚守节操，缺点是拘泥小节、不善变通；光明磊落之人，优点是能够攀登上进，缺点是好高骛远；沉静缜细之人，优点是思虑精微，缺点是行动迟缓、顾虑过多；质朴无华之人，优点是诚实忠恳，不足是不够细致机密；富于智慧、胸怀韬略之人，优点是足智多谋，缺点是心眼太活、主意多变。以上所讲的都是有突出才能，却又有严重不足、失之偏颇之人。"

《文子》曰："凡人之道，心欲小，志欲大，智欲圆，行欲方，能欲多，事欲少。"所谓心小者，虑患未生，戒祸慎微，不敢纵其欲也。志大者，兼包万国，一齐殊俗，是非辐辏，中为之毂也。智圆者，终始无端，方流四远，深泉而不竭也。行方者，直立而不挠，素白而不污，穷不易操，达不肆志也。能多者，文武备具，动静中仪也。事少者，执约以治广，处静以待躁也。夫天道极即反，盈则损。故聪明广智，守以愚；多闻博辩，守以俭；武力毅勇，守以畏；富贵广大，守以狭；德施天下，守以让。此五者，先王所以守天下也。《传》曰："无始乱，无怙富，无恃宠，无违同，无傲礼，无骄能，无复怒，无谋非德，无犯非义。"此九言，古人所以立身也。

【译文】

《文子》说："总括人才的美德，应当是'心欲小，志欲大，智欲圆，行欲方，能欲多，事欲少'。"所谓"心小"，就是指性格应谨慎周密，防患于未然，力戒祸端，不放纵内心的欲望。所谓"志大"，就是说立志应宏大，要有兼并万国，统一风俗，万方辐辏，以我为中心的志向。所谓"智圆"，就是说智慧丰富，如圆环般，循环往复，如深泉般，流播远方，永不枯竭。所谓"行方"，就是说行为刚直端方，不屈不挠，清正廉洁，虽处困境而不失节操，虽居高位亦不放肆。

所谓“能多”，就是说要文武兼备，行为举止合乎礼仪。所谓“事少”，就是说处事为政要深得要领，以简驭繁，以静待躁。自然界的规律是：物极必反，盈满则亏。所以，精明多智之人，要用愚鲁的方式来固守；博学明辨之人，要用收敛简约的方法来固守；强健刚勇之人，要以畏惧的方式来固守；富贵显赫之人，要以减削节制的方法来固守；德施天下之人，要以谦让的方式来固守。以上五点，是从前贤明的君主用以守天下的法宝。《传》说：“不要首先制造混乱，不要以富贵而自恃，不要以受宠而胡作非为，不要别出心裁，不要傲慢无礼，不要恃才自傲，不要经常发怒，不要谋求不符合道德之事，不要做不仁义之事。”这九句话，是古人赖以立身的准则。

《玉钤经》曰：“夫以明示者浅，有过不自知者弊，迷而不反者流，以言取怨者祸，令与心乖者废，后令缪前者毁，怒而无威者犯，好众辱人者殃，戮辱所任者危，慢其所敬者凶，貌合心离者孤，亲佞远忠者亡，信谗弃贤者惛，私人以官者浮，女谒公行者乱，群下外恩者沦，凌下取胜者侵，名不胜实者耗，自厚薄人者弃，薄施厚望者不报，贵而忘贱者不久用，人不得其正者殆，为人择官者失，决于不仁者险，阴谋外泄者败，厚敛薄施者凋。”此自理之大体也。故傅子曰：“立德之本，莫尚乎正心。”心正而后身正，身正而后左右正，左右正而后朝廷正，朝廷正而后国家正，国家正而后天下正。故天下不正，修之家；家不正，修之朝廷；朝廷不正，修之左右；左右不正，修之身；身不正，修之心。所修弥近，所济弥远，禹、汤罪己，其兴也勃焉，正心之谓也。

【译文】

《玉钤经》上说：“喜好向人显示本事的人，是浅薄的；自己有过错却不能发现的人就会自我蒙蔽；居身迷途而不知悔改的人，就会随波逐流；因言辞不当而招人怨恨的人容易招致灾祸；违背人心的法令就会行不通；前后相悖的法令犹如一纸空文，是毫无意义的；经常发怒却又无威望的人，容易被人瞧不起；好在大庭广众下侮辱别人的人，就容易遭祸殃；肆意戮辱手下的人，便会容易招致危险；慢待本应受到敬重的人，将会凶多吉少；与人相处而貌合神离的人，终将孤立无援；亲小人远忠贤的人，必然走向灭亡；信谗言弃贤人之人，是昏庸糊涂的人；用私人感情赏人官职之人，就会显得轻率浅浮；让女人干预公务，容易出现混乱；部下如果接受了外人的恩赐，斗志就会涣散；欺凌弱小而取得了胜利，是侵略行为；名不副实的，就会亏损多耗；对自己宽厚而对别人刻薄的人，终将为人所弃；吝啬刻薄而又希望得到丰厚好处的人，必然不会有好结果；富贵而忘了贫贱的人，好景就不会太长；如果用人不当，将面临危险；为别人选择举荐官员，非明智之举；让不仁之人为重大问题作决策，将充满危险；计谋外泄，必定失败；厚敛薄施之人，必然走向灭亡。”以上这些都是自我调理的大道理。所以傅子说：“树立道德的根本，莫过于正心。”心正而后才能身正，身正而后身边的人才能正，身边的人正而后朝廷才能正，朝廷正而后国家才能正，国家正而后天下才能正。因此，倘若天下不正，则首先要治理国家；国家不正，首先要治理朝廷；朝廷不正，首先要治理身边的人；身边的人不正，要加强自身修养；自身不正，就要从修心做起，实现心正。所以所修越近，其力量的传达范围就越是广远。夏禹和商汤正是因为经常反躬自责，所以夏、商才得以昌盛兴旺，这就是正心的缘故。

卷三 权变

是 非

夫损益殊涂，质文异政。或尚权以经纬，或敦道以镇俗。是故前志垂教，今皆可以理违。何以明之？《大雅》云："既明且哲，以保其身。"《易》曰："天地之大德曰生。"《语》曰："士见危致命。"又曰："君子有杀身以成仁，无求生以害仁。"

【译文】

"损"和"益"是两种相异的方法，"质"和"文"是两种不同的治国方略。有的人崇尚以权力谋略治理国家，有的人推崇用道德教化安定世俗。所以，凡前人的教导或经验，今天均能找出正好相反的根据，予以辩驳。如何证明这一点呢？《大雅》中说："聪明又懂得哲理能够保全自己的身体。"《易经》上说："天地间的大德叫作珍惜生命。"而《论语》却说："士人见到危险便要豁出去生命去挽救。"又说："君子有勇于牺牲生命来成全仁的道理的，却没有因贪生怕死而害怕了仁的道理的。"

《管子》曰："疑今者察之古，不知来者视之往。"古语曰："与死人同病者，不可生也；与亡国同行者，不可存也。"《吕氏春秋》曰："夫人以食死者，欲禁天下之食，悖矣；有以乘舟死者，欲禁天下之船，悖矣；有以用兵丧其国者，欲偃天下之兵，悖矣。"杜恕曰："夫奸臣贼子，自古及今，未尝不有。百岁一人，是为继踵；千里一人，是为比肩。而举以为戒，是犹一噎而禁人食也，噎者虽少，饿者必多。"

【译文】

《管子》说："对今天的事情有疑惑的，可以去考察古代；不知道将来会是怎样的，可以去看看以前是怎样的，便知道了。"古语说："与病死之人得了同样病的人，是不能活命的；与亡国之君施行同样的治国方略，注定是要灭亡的。"而《吕氏春秋》上却说："看到有人因吃东西噎死了，便要禁止全天下人吃东西，这种做法是相当荒谬的；看到有人因乘船溺亡了，便想禁止全天下人乘船，这种做法也是相当荒谬的；看到有的国家因战争丧国了，便想在全天下杜绝战争，这种做法是相当荒谬的。”杜恕也说过同样道理的话：“奸臣贼子，从古到今，历代都有。百年出一人，便觉着像前脚接后脚那样不断；方圆千里出一人，便觉着像肩并肩一样稠密。倘若以此为戒来选拔人才，便会缩手缩脚，就犹如一人噎死而禁止众人吃东西。这样做，噎死的人虽然少了，但饿死的人就多了。”

孔子曰：“恶讦恶以为直。”《管子》曰：“恶隐恶以为仁者。”魏曹羲曰：“夫代人所谓掩恶扬善者，君子之大义；保明同好者，朋友之至交。斯言之作，盖闾阎之白谈。所以收爱憎之相谤，非笃正之至理，折中之公议也。世士不料其数而系其言，故善恶不分，以覆过为宏也；朋友忽义，以雷同为美也。善恶不分，乱实由之；朋友雷同，败必从焉。谈论以当实为情，不以过难为贵；相知以等分为交，不以雷同为固。是以达者存其义，不察于文；识其心，不求于言。”

【译文】

孔子说：“憎恶那些以揭发他人恶迹来标榜自己正直的人。”而《管子》却说：“憎恨那些以隐瞒他人的恶迹为仁爱之举的人。”曹羲也论证过同样的道理，他说：“世人所说的替人隐恶扬善，是君子的大义之举；保护与自己志同道合的人，是朋友之间最深挚敦厚的情谊。这种说法，不过是街头巷尾的浅薄之谈罢了。其目的是为了防止彼此憎恶的双方互相诽谤，并非是笃实正确之真理，折中公平之公义。世人却不明辨其中的道理，反而被这些欺骗性的语言所迷惑，以至于善恶不分，将掩盖过失当作崇高；将义节弃之不顾，反而将相互认同当作美德。善恶不分，是导致混乱的根源；朋友间毫无原则地相互认同，必然会导致失败。相互间的谈论应建立在实事求是的基础上，而不应相互苛求、相互非难；朋友相知，要以平等的态度和真实的情感相交往，不要认为相互认同就能巩固友情。因此，聪明豁达的人只要大义一致，并不在文辞上多计较；只要心灵相通，并非苛求于语言是否一致。”

《越绝书》曰：“炫女不贞，炫士不信。”《汉书》曰：“大行不细谨，大礼不让辞。”

黄石公曰：“务广地者荒，务广德者强。有其有者安，贪人有者残。残灭之政,虽成必败。”司马错曰:“欲富国者,务广其地;欲强兵者,务富其人;欲王者,务博其德。三资者备,而后王业随之。”

《传》曰:“心苟无瑕,何恤乎无家?”语曰:“礼义之不僭,何恤乎人言。”语曰:“积毁销金,积谗磨骨,众羽溺舟,群轻折轴。”

【译文】

《越绝书》中说:“炫耀姿色的女人是不贞洁的女人,自我夸耀的士人是不守信的士人。”而《汉书》上却说:“做大事者不必拘泥于小节,行大礼者无须拘泥于谦让。”

黄石公说:“贪图土地太广大,就会因种不过来而造成土地荒废;追求仁德广施天下,就会使国家日益强盛。拥有自己应该拥有的东西,生活就会安定;贪图本属他人拥有的东西,就会发生残暴的行为。残暴的政治,虽能得逞一时,但终将招致失败。”而司马错却说:“要想使国家富强,务必要拓展土地;要想使军队强大,务必使人民富有;要想称王于天下,务必要博施恩德。这三件事情做好了,称王大业随之就会实现。”

《左传》中说:“倘若心灵纯洁无瑕,何必担心没有归宿呢?”《论语》也说:“倘若自己的言行符合礼义规范,又何必害怕流言蜚语呢?”古语却说:“毁谤不实之言多了,金子也会被熔化;谗言积累多了,人的骨头也会被磨损;羽毛数量多了,船也会被压沉;重量轻的东西积累多了,同样能将车轴压断。”

孔子曰:“君子不器,圣人智周万物。”列子曰:“天地无全功,圣人无全能,万物无全用。故天职生覆,地职载形,圣职教化。”

孔子曰:“君子坦荡荡,小人长戚戚。”孔子曰:“晋重耳之有霸心也,生于曹卫;越勾践之有霸心也,生于会稽。故居下而无忧者,则思不远;覆身而常逸者,则志不广。”

韩子曰:“古之人,目短于自见,故以镜观面;智疑于自知,故以道正己。”老子曰:“反听之谓聪,内视之谓明,自胜之谓强。”

【译文】

孔子说:“君子不像一件固定的器物只有一种用途,圣人的智慧可以通晓世界万物的道理。”列子却说:“天地不是万能的,圣人也并非无所不能,万物也不是什么问题都能解决。因此,天的职责是哺育众生,地的职责是承载万物,圣人的职责是教化万民。”

孔子说:“君子坦荡荡,小人长戚戚。”同时他又说:“晋公子重耳的称霸之心，产生在他流亡曹、卫时受人歧视的时候；越王勾践的称霸之心，产生于他在会稽被吴王夫差打败受辱、卧薪尝胆的时候。所以，身居下位却无忧患之感的人，其思虑就不可能长远；身处厄运却得过且过的人，其志向就不可能宽广。”

韩子说：“古代的人因为无法看到自己的容貌，便借助镜子来观照其相貌；感到自己的智慧还不能正确认识自己的时候，便时常用道来反省、修正自己。”而老子却说：“不听而晓叫作聪，能够自我观照叫作明，自己战胜自己、提升自己才可以称得上是强大。”

唐且曰：“专诸怀锥刀而天下皆谓之勇，西施被短褐而天下称美。”慎子曰：“毛嫱、西施，天下之至姣也，衣之以皮具，则见者皆走；易之以元緆，则行者皆止。由是观之，则元緆色之助也，姣者辞之，则色厌矣。”

项梁曰：“先起者制服于人，后起者受制于人。”《军志》曰：“先人有夺人之心。”史佚有言曰：“无始祸。”又曰：“始祸者死。”语曰：“不为祸始，不为福先。”

【译文】

唐且说：“专诸胸藏短刀，受人之托去行刺君王，所有人都赞许他勇敢；西施身穿短布衣，所有人仍称赞她美丽。”而慎子却说：“毛嫱和西施，是天下最美之人，假如让她们穿上难看的兽皮衣服，人们见到她们也会被吓跑；假如让她们穿上漂亮的纱衣，过路人都会停下来欣赏。据此来看，漂亮的衣服能够衬托出她们的美色，美女倘若离开漂亮的衣服，她们的姿色就会大减。”

项梁说：“先下手的人可以制服他人，后下手则会被别人制服。”《军志》里也说：“先动手能够夺取人心。”而史佚却说：“不要首先发难，首先发难必死无疑”。古语也说：“不要做第一个发难之人，也不要做第一个抢夺福利之人。”

慎子曰：“夫贤而屈于不肖者，权轻也；不肖而服于贤者，位尊也。尧为匹夫，不能使其邻家，及至南面而王，则令行禁止。由此观之，贤不足以服物，而势位足以屈贤矣。”贾子曰：“自古至今，与民为仇者，有迟有速耳，而民必胜之矣。故纣自谓天王也，而桀自谓天父也，已灭之后，民亦骂之也。以此观之，则位不足以为尊，而号不足以为荣矣。”

汉景帝时，辕固与黄生争论于上前。黄生曰：“汤、武非受命，乃杀也。”

固曰:“不然。夫桀、纣荒乱,天下之心,皆归汤、武。汤、武与天下之心而诛桀、纣。桀、纣之人,弗为使而归汤、武,汤、武不得已而立,非受命而何?”黄生曰:“冠虽敝,必加于首;履虽新,必贯于足。何者?上下之分也。今桀、纣虽失道,然君上也;汤、武虽圣,臣下也。夫君有失行,臣不正言匡过,以尊天子,反因过而诛之,代立南面,非杀而何?”

【译文】

慎子说:“贤人之所以屈从于庸人之下,是因为贤人的权力太小;庸人之所以服从于贤人,是因为贤人的地位尊贵。当尧还是一介平民时,连他的邻居都指使不动,但当他称王后,却能做到令必行,禁必止。据此来看,贤人的品质不足以使人们服从,而权势和地位却能让贤人屈服。”而贾谊却说:“从古到今,凡是与民为仇的暴君,或早或晚,都要被人民所战胜。所以,尽管纣自称为‘天王’,桀自号为‘天父’,但他们灭亡后,照样被人民唾骂。由此看来,权势和地位不一定是最尊贵的,头衔和名号也未必是最光荣的。”

汉景帝时,辕固和黄生曾在其面前争论。黄生说:“商汤、周武称王都不是受天命,而是通过杀害夏桀和商纣而篡夺王位的。”辕固说:“不是这样的。桀、纣荒淫无道,社会动荡,才使民心归于商汤和周武,商汤、周武正是顺应民心而讨伐桀、纣。桀、纣的子民反戈而击,归附了商汤和周武,商汤、周武不得已才称王的,这不是受天命又是什么呢?”黄生说:“帽子虽然破旧,但它毕竟是戴在头上的东西;鞋子虽然很新,但它也却只能穿在脚上;为什么这样说呢?因为世上万物皆有上下之分。夏桀、商纣虽然无道,但毕竟是一国之君,商汤、周武,虽然圣明,但毕竟是臣子。君王有了失误,做臣子的却不向君王进谏、帮助君王匡正错误,以表示对天子的尊崇,反而因君王有过失,便兴兵讨伐他,并取而代之,自立为王,这不是弑君篡位行为又是什么?”

太公曰:“明罚则人畏慑,人畏慑则变故出;明赏则不足,不足则怨长。故明王之理人,不知所好,不知所恶。”文子曰:“罚无度则戮而无威,赏无度则费而无恩。”故诸葛亮曰:“威之以法,法行则知恩;限之以爵,爵加则知荣。”

文子曰:“人之化上,不从其言,从其行也。故人君好勇,而国家多难;人君好色,而国家昏乱。”秦王曰:“吾闻楚之铁剑利而倡优拙。夫铁剑利则士勇,倡优拙则思虑远。以远思虑御勇士,吾恐楚之图秦也。”

墨子曰:“虽有贤君,不爱无功之臣;虽有慈父,不爱无益之子。”曹子建曰:“舍罪责功者,明君之举也;矜愚爱能者,慈父之恩也。”《三略》曰:“含气之类，皆愿得申其志。是以明君贤臣，屈己申人。”

【译文】

太公说：“严明刑罚，就会使人心生畏惧，人心生畏惧就容易发生变故；奖赏分明，就会使人心生贪念，人心生贪念就容易产生怨恨情绪。所以贤明的君王治理天下，往往使人看不出他的好恶。”而文子却说：“滥施刑罚，没有尺度，即便杀戮再多，也不会有威慑作用；滥施奖赏，没有分寸，即便破费再多，也不能使人感恩戴德。”所以诸葛亮说：“要树立法律的权威，法令才能得以推行，人们才会知恩；要严格控制滥封爵位，得到爵位之人才能感到荣耀。”

文子说：“人民对待君王的教化，不是听他怎么说，而是看他如何做。所以，国君倘若好勇，国家则多灾多难；国君倘若好色，国家则昏乱腐化。”而秦王却说：“我听说楚国的铁剑锐利无比，但倡优却很笨拙。铁剑锐利无比就说明其士卒英勇；倡优笨拙则体现其国君思虑远大。以思虑远大的国君指挥英勇的士卒，我担心楚国将会图谋我们秦国了。”

墨子说：“即使贤明的君王，也不喜欢无功的大臣；即使慈祥的父亲，也不喜爱无益于家庭的儿子。”曹子建却说：“宽恕有罪过的人，严格要求有功劳的人，才是圣明之君的做法。怜悯愚笨的儿子，疼爱有才能的儿子，才是慈祥之父应有的恩德。”《三略》说：“胸怀大志之人，都希望得到发挥自己志向的机会。因此，明君贤臣，都能委屈自己，将伸展志向的机会让给别人。”

《传》曰：“人心不同，其犹面也。”曹子建曰：“人各有好尚，兰芷荪蕙之芳，众人所好，而海畔有逐臭之夫；‘咸池’六英之发，众人所乐，而墨子有非之之论，岂可同哉？”语曰：“以心度心，间不容针。”孔子曰：“其恕乎！己所不欲，勿施于人。”

管子曰：“仓廪实知礼节，衣食足知荣辱。”古语曰：“贵不与骄期而骄自至，富不与侈期而侈自来。”

语曰：“忠无不报。”《左传》曰：“乱代则谗胜直。”

【译文】

《左传》说：“人心各不相同，就如人的面目千差万别。”曹子建也说：“人各有所好。像兰、芷、荪、蕙等花草的芬芳，人人都喜欢，而海边的鱼腥味却是渔夫的最爱。咸池、六英等名曲，人人都爱听，而墨子却有‘非乐’的论说。人心哪有什么相同的呢？”而古语却说：“将心比心，其间的差别还不及针尖那样大。”孔子也说：“‘恕’是什么意思呢？就是凡是自己不喜欢的东西，就不要强加给别人。”

管子说：“物质丰富，人们才可能去讲文明；丰衣足食后，人们才懂得荣誉和耻辱。”古语却说：“人一旦尊贵后，骄傲的情绪便会油然而生；人一旦富有了，奢侈的行为就会不请自来。”

古语说：“忠诚的人没有得不到应有报答的。”而《左传》却说：“世道衰乱时，谗邪要胜过忠直。”

韩子曰：“凡人之大体，取舍同则相是，取舍异则相非也。”《易》曰：“同声相应，同气相求，水流湿，火就燥，云从龙，风从虎。”《易》曰：“二女同居，其志不同。”语曰：“一栖不两雄，一泉无二蛟。”又曰：“凡人情以同相妒。故曰，同美相妒，同贵相害，同利相忌。”

韩子曰：“释法术而以心理，尧、舜不能正一国；去规矩而以意度，奚仲不能成一轮。使中主守法术，拙匠执规矩，则万不失矣。”《淮南子》曰：“夫矢之所以射远贯坚者，弓弩力也；其所以中的剖微者，人心也。赏善罚暴者，政令也；其所以行者，精诚也。故弩虽强，不能独中；令虽明，不能独行。”杜恕曰：“世有乱人，而无乱法。若使法可专任，则唐、虞不须稷、契之佐，殷、周无贵伊、吕之辅矣。”

【译文】

韩子说：“大体说来，人的取舍相同，就能相互认可；取舍有别，就会相互非难。”《易经》也说：“同声相应，同气相求，水流向潮湿的洼地，火跑向干燥的地方，云随着龙涌动，风则伴着虎咆哮。”而《易经》上又说：“两个女子生活在一起，彼此的志向却不相同。”古语也说：“一个巢穴容不下两只雄性动物，一眼泉也容不了两条蛟龙。”还说：“同类间相互妒忌是人之常情。所以说，具有相同美色的人就会相互妒忌，具有同样尊贵的人就会彼此谋害，具有同等利益的人难免相互忌恨。”

韩子说：“如果不用法术而单靠心理的感化去治理国家，即便是尧、舜在世也不可能将国家治理好；如果不用圆规和直尺而单靠感觉经验去揣度，即便是奚仲这样的造车能手也造不出一个车轮。倘若让中等水平的君主运用法术去治理国家，让笨拙的工匠运用圆规和直尺去制造齿轮，都能做到万无一失，取得成功。”而《淮南子》却说：“箭头之所以能飞得遥远，并击穿坚硬的物体，是因为它借助了弓弩的力量；它之所以能射中靶子并使之四分五裂，凭借的是人心的作用。赏善罚暴，要凭借政令的力量；但政令能得到真正的贯彻执行，则在于执行人的精诚。所以说弓弩虽然强大有力，若没有人去拉弓，也不能射中目标；政令虽然严明，若没人去执行，也不能起到作用。”杜恕也说：“世上只有乱人，但无乱法。如果单靠法律就能执行，那么唐尧和虞舜就不需要稷、契了，殷朝和周朝也不需要伊尹、吕望这样的贤才去辅佐了。”

虑不先定，不可以应卒；兵不先办，不可以应敌。《左传》曰：“豫备不虞，古之善政。”《左传》曰：“士蒍谓晋侯曰：‘臣闻之，无丧而戚，忧必仇之；无戎而城，仇必保焉。’”《春秋外传》曰：“周景王将铸钱，单穆公曰：‘不可。古者天灾降戾，于是乎量资币，权轻重，以振救人。夫备预，有未至而设之，有至而后救之，是不相入也。可先而不备，谓之怠；可后而先之，谓之召灾。周固羸国也，天未厌祸焉，而又离人以佐灾，无乃不可乎？’”

《左传》曰：“古人有言，一日纵敌，数代之患也。”晋、楚遇于鄢，范文子不欲战，曰：“吾先君之亟战也有故。秦、狄、齐、楚皆强，不尽力，子孙将弱。今三强服矣，敌，楚而已。惟圣人能内外无患。自非圣人，外宁必有内忧，盍释楚以为外惧乎？”

【译文】

事先不做充分准备，就不可能应付突然事件；军队如果不预先训练，就不能对付入侵的敌人。《左传》上说：“事先做好应付突发事件的准备，是古代良好的为政传统。”《左传》里还有意思相反的话：“士蒍对晋侯说：‘我听说没有丧事而悲伤，真正忧愁的事情一定就会随即到来；没有兵患却修筑城防，则会为内部的敌人提供据守的场所。’”《春秋外传》记载：“周景王打算铸造钱币，单穆公说：‘不要这样做。在古代，天灾降临时，政府才依据灾情增加货币，权衡轻重，救助灾民。所谓预防不测，有备无患有两种类型：一种是事情虽未发生，就事先做好了准备；一种是灾情降临后再投入救灾。这两种类型各有各的作用，不可混为一谈。本该预先准备而不做准备的，叫作怠惰；本应事情发生后再做救济的反而事先去做准备，叫作招灾。周国本来就是弱国，天灾又没有穷尽，现在又要使百姓离心而加重灾情，这恐怕是不应该的吧？’”

《左传》上说：“古人有言，一旦放走了敌人，便会造成数代人的祸患。”晋国和楚国两军在鄢陵遭遇，范文子不想与楚军作战，于是说：“我们的先君频繁发动战争是有缘由的，当时的秦、狄、齐、楚都很强大，如果晋国不全力征战，子孙后代就会被削弱殆尽。如今三大强国（齐、秦、狄）都已臣服于晋国，现在的敌人也只有楚国一个了。只有圣人才能做到内外皆无祸患。而我们并非圣人，倘若外部安宁，内部就必将产生忧患，因此，为什么不放掉楚国，让它成为晋国的外部威胁呢？"

《三略》曰："无使仁者主财，为其多恩施而附于下。"陶朱公中男杀人，囚于楚。朱公欲使其少子，装黄金千镒，往视之。其长男固请，乃使行。楚杀其弟。朱公曰："吾固知必杀其弟。是长与我俱见苦为生之难，故重其财。如少弟生见我富，乘坚驱良，逐狡兔，岂知财所从来，固轻弃之。今长者果杀其弟，事理然也。无足悲。"

语曰："禄薄者不可与入乱，赏轻者不可与入难。"慎子曰："先王见不受禄者不臣，禄不厚者，不与入难。"田单将攻狄，见鲁仲子，仲子曰："将军攻狄，弗能下也。何者？昔将军之在即墨，坐而织蒉，立而杖插，为士卒倡，此所以破燕。今将军东有掖邑之奉，西有蒉上之娱，黄金横带，而驰乎淄、渑之间，有生之乐，无死之心，所以不胜也。"后果然。

语曰："贫贱之交不可忘，糟糠之妻不下堂。"语曰："交接广而信衰于友，爵禄厚而忠衰于君。"

【译文】

《三略》中说："不要让仁义的人管理财物，因为这样的人会过多对下属施以恩惠，下属便会拥戴他。"但却有相反的事例。陶朱公的二儿子杀了人，被囚禁在楚国。陶朱公打算让他的小儿子携带千镒黄金到楚国去探视。但是陶朱公的长子却坚决要去，陶朱公只好答应，便改派长子前往。结果长子无功而返，其弟还让楚国给杀死了。陶朱公得知这一结果后说："我早就意料到他的弟弟会死在他长兄的手中。这是因为长子随我创业，经历过生活的艰难，所以很重视钱财。而他的小弟出生时，我已经非常富有了，他自小乘坐的便是豪华车辆，骑的是良马，干的是郊游射猎之事，根本不知道钱财来之不易，所以他不看重钱财，也舍得扔钱。如今长子果然杀了他的弟弟，这是人情事理的必然结果，不值得悲伤呀。"

古语说："不能让俸禄微薄的人到发生暴乱之处去办事，也不能让受赏轻的人去完成艰巨的任务。"慎子也说："古代帝王见到不肯接受俸禄的人，便不起用他做臣子，受俸禄不丰厚的，也不让他处理烦琐之事。"但历史上却有相反的例子。田单将要攻打狄国，便去拜见鲁仲子，鲁仲子说："将军这次攻打狄国，是很难胜利的。为什么这样说呢？从前，将军驻守即墨，坐下来便和士卒一块编草筐，站起来就与士卒一同种田，处处以身作则。这是将军之所以能够大破燕军的原因。如今将军东有掖邑丰厚的税收，西有蒉上的娱乐，黄金腰带横挂，在淄、渑之间驰骋，只知道享受人间的快乐，并没有死战的决心，所以很难取胜。”后来事情，果如鲁仲子所言。

古语说：“贫贱之交不可忘，糟糠之妻不下堂。”古语又说：“交往广泛了，就会失信于朋友；爵禄丰厚了，对君王的忠心也将逐渐衰退。”

《春秋后语》曰：楚春申君使孙子为宰。客有说春申君曰：“汤以亳，武王以鄗，皆不过百里，以有天下。今孙子，贤人也，而君藉之百里之势，臣窃为君危之。”春申君曰：“善。”于是使人谢孙子。孙子去之赵。赵以为上卿。客又说春申君曰：“昔伊尹去夏入殷，殷王而夏亡；管仲去鲁入齐，鲁弱而齐强。夫贤者之所在，其君未尝不尊，其国未尝不荣也。今孙子，贤人也，君何为辞之？”春申君又曰：“善。”复使人请孙子。

【译文】

《春秋后语》记载：楚国的春申君任命孙子当邑宰，门客中有人劝春申君说：“商汤在亳，周武王在鄗，方圆都不足百里，但最后他们都得到了天下。如今这位孙子是一位贤明之士，而您却将方圆百里之地交给他管理，我以为您这样做会很危险的。”春申君说：“您说得很有道理。”于是派人辞退了孙子。孙子离开楚国去了赵国，且被赵国封为上卿。又有门客对春申君说：“从前伊尹离开了夏桀到成汤那里去，成汤重用伊尹，最终夺取了天下，夏朝则随之灭亡。管仲离开鲁国到齐国去，鲁国由此衰落，齐国却由此变强。可见贤人所在之地，这个地方的国君便会受到尊贵，国家也就因此而辉煌。如今的孙子便是位贤人，您为什么辞退他呢？”春申君又说：“您说得很有道理。”于是又派人将孙子请了回来。

韩宣王谓摎留曰：“吾两欲用公仲、公叔，其可乎？”对曰：“不可。晋用六卿而国分，简公用田成、阚止而简公弑，魏两用犀首、张仪，而西河之外亡。今王两用之，其多力者，内树其党；其寡力者，又藉于外权。群臣或内树其党，以擅主命；或外为势交，以裂其地，则王之国危矣。”又曰：“公孙衍为魏将，与其相田儒不善。季文子为衍说魏王曰：‘王独不见夫服牛骖骥乎？不可百步。今王以衍为可使将，固用之也，而听相之计，是服牛骖骥之道，牛马俱死而不成其功，则王之国伤矣，愿王察之。’”

傅子曰：“天地至神，不能同道而生万物；圣人至明，不能一检而治百姓。故以异致同者，天地之道也；因物制宜者，圣人之治也。既得其道，虽有相害之物，不伤乎治体矣。水火之性，相灭也。善用之者，陈鼎釜乎其间，爨之煮之，而能两尽其用，不相害也。天下之物，为水火者多矣，何忧乎相害？何患乎不尽其用耶？《易》曰：‘天地睽而其事同也，男女睽而其志通也，五物睽而其事类也。’”

【译文】

韩宣王问掺留说：“我想同时重用公仲和公叔两人，这样可以吗？”掺留回答说：“不可以。从前，晋国由于同时重用六卿（韩、赵、魏、范、中行、智氏），最后致使国家分裂；齐简公同时重用田成子和阚止，结果被田氏所杀；魏国同时重用犀首和张仪，结果河西之地丧失殆尽。现在大王打算同时重用两人，那么势力大的就会在朝内培植私党；势力小的则会借助于敌国势力。群臣或在朝内结成私党，专擅君主之命；或借助外国势力，分裂国土，如此一来，大王的国家就危险了。”掺留还说：“公孙衍为魏国将军时，与魏相田儒关系不和。季文子为公孙衍向魏王说情：‘难道大王没有见过让牛驾辕又配以三匹马的车吗？这样的车难行百步。如今大王以公孙衍做将军，就应该放手重用他，而您却又听从宰相田儒的计策，这与让牛和马同拉一辆车有什么两样呢？其结果势必是牛马俱死，不能充分发挥他们各自的功用，大王的国家也势必遭受损伤，请大王您明察。’”

而傅子却说：“天和地是最富于神通的，但它们却不能用相同的规律生育万物；圣人是最聪明的，但他们也不能用同样的方法去治理天下百姓。所以，殊途同归是天地化育万物的普遍规律；因地制宜是圣人治理天下的共同原则。只要通晓了这一道理，即使是性质上相互侵害的事物在一起，也是不会影响大体的。比如，水和火在本质上是互不相容的，但善于用火和水的人，将锅放在火和水之间，用火来烧水煮饭，可谓是两尽其用，彼此并不相侵害。天下的事物，像水火这样在性质上不相融合的，可谓是多之又多，但只要善于使用它们，又何必为事物间的相互侵害而担心呢？又何必为它们不能各尽其用而忧虑呢？《易经》上说：‘天地不同，可是它们的事功是相同的；男女有别，但他们的情志是相通的；万物相异，但它们的作用是无法相互替代的。’”

陈登为吕布说曹公曰：“养吕布，譬如养虎，常须饱其肉，不饱则噬人。”曹公曰：“不似卿言。譬如养鹰，饥则为人用，饱则扬去。”

刘备来奔曹公，以为豫州牧。或谓曹公曰：“备有雄志，今不早图，后必为患。”曹公以问郭嘉，嘉曰：“有是。然公提剑起义兵，为百姓除暴，推诚仗信，以召俊杰，犹惧其未来也。今备有英雄之名，以穷归己而害之，以害贤为名，则智士将自疑，回心择主，公谁与定天下者？夫除一人之患，以沮四海之望，安危之机，不可不察。”曹公曰：“善。”

傅子称：郭嘉言于太祖曰：“备有雄志而甚得众心，关羽、张飞，皆万人之敌也，为之死用。以嘉观之，其谋未可测也。古人有言曰：‘一日纵敌，数世之患。’宜早为之所。”曹公方招怀英雄，以明大信，未得从嘉谋。

【译文】

陈登为吕布劝曹操说：“养吕布就好比养老虎，必须让它吃饱肉，否则它是会吃人的。”曹操却说：“并不像你所说的那样。我倒觉得养吕布就像养老鹰一样，饥饿时才能听人使唤，吃饱了，它就会飞走的。”

刘备来投奔曹操，被任命为豫州牧。有人对曹操说：“刘备胸怀大志，现在不及早除掉他，将来必为后患。”曹操就此事向郭嘉请教，郭嘉说：“确实是这样。但是您手提宝剑倡举义兵，为百姓除暴，就要推崇诚意，凭借信义，并以此招揽英雄豪杰，仍担心贤士不来归附。刘备素有英雄之名，今天因无路可走而来投奔，倘若我们把他杀了，就会落个残害贤才的名声，智慧之士也会因此而疑心重重，回心转意，另择明主，那么您将依靠谁来平定天下呢？除一人之患，却让四海贤士失望，这期间的得失安危，不可不认真考虑。”曹操说：“你讲得很有道理。”

而傅子却说：郭嘉曾谏言曹操道：“刘备胸怀大志且深得众心。关羽、张飞都是可敌万人的大将，甘愿为刘备效力。依我看来，刘备的图谋深不可测。古人有言：‘一日纵敌，数世之患。’应该早将他除掉。”当时曹操正在招揽天下英才，为了让天下人相信他最讲信义，便没有采纳郭嘉的计谋。

《家语》曰：“子路问孔子曰：‘请释古之道，而行由之意，可乎？’子曰：‘不可也。昔东夷慕诸夏之礼，有女而寡，为内私婿，终身不嫁。不嫁则不嫁矣，然非贞节之义矣。仓吾娆取妻而美，让与其兄。让则让矣，非礼让之让也。今子欲舍古之道而行子之意，庸知子意以非为是乎？’”语曰：“变古乱常，不死则亡。”《书》云：“事弗师古，以克永代，匪说攸闻。”

赵武灵王欲胡服，公子成不悦。灵王曰：“夫服者所以便用，礼者所以便事。圣人观乡而顺宜，因事而制礼，所以利其人而厚其国。夫翦发文身，错臂左衽，瓯越之人也。黑齿雕题，鳀冠秫缝，大戎之国也。故礼服莫同，而其便一也。乡异而用变，事异而礼易。是以圣人谋可以利其国，不一其用；谋可以便其礼，不法其故。儒者一师而俗异，中国同礼而离教，况于山谷之便乎？故去就之变，智者不能一；远迩之服，贤圣莫能同。穷乡多异俗，曲学多殊辩。今叔父之言，俗也；吾之所言，以制俗也。叔父恶变服之名，以忘效事之实，非寡人之所望也。”公子成遂胡服。

移风易俗，莫善于乐。孟子曰：“天道因则大，化则细。因也者，因人之情也。”

【译文】

《孔子家语》中记载：“子路问孔子说：‘若放弃古代的伦理道德，按照自己的意愿来行事，可以吗？’孔子回答说：‘不可以。从前，东方的少数部族十分仰慕华夏的礼仪制度，有的女子成了寡妇后，就偷偷地为她招个女婿，终身不让改嫁。不嫁人归不嫁人，但是这种做法已经不符合贞节的本质含义了。仓吾娆娶了个非常漂亮的妻子，却把她让给了他的哥哥。让归让，但这里的让已经不是礼让所体现的真实意义了。如今你想放弃古代的伦理道德而按照自己的意愿来行事，谁知道你是不是以非为是呢？’”古语还说：“变古乱常，不死则亡。”《尚书》说：“做事不师法古人，而要使国家世代相传，从来没有听说过这样的事情。”

然而，也有相反的例子。赵武灵王打算改穿北方胡族的服装，以方便骑马征战，其叔父公子成很不高兴。灵王说：“衣服穿戴的目的在于生活方便，制定礼仪法规的目的在于做事方便。圣人总是入乡随俗，因地制宜，目的正是为了给人民提供方便，使国家富裕强大。短发文身，错臂左衽，这是瓯越人的风俗。染黑牙齿，文刺前额，头戴粗劣缝制的鱼皮帽子，这是犬戎之国的风俗。所以说礼仪服装虽不相同，但方便使用的目的却是一样的。地方不一样，所使用的东西自然也就不同；事情在变化，礼仪自然也就要随之变易。所以，圣人的主张追求的是有利于国家，而不去统一达到其追求的方法；追求是如何让礼仪方便人民，而并非一定要效法古礼。儒家虽然师承一样，但各地风俗却各不相同；华夏诸国虽然礼法相同，但教化的方法迥然有异，更何况我们是为了在崇山峻岭中行走的方便呢？所以，去就的变化，即便是智者亦不能强求；远近服饰之别，即便是圣贤也不能同一。穷乡僻壤，风俗多异，乡曲间的学问多是不同凡响，充满争辩。今天叔父所谈的是旧有的风俗，而我所说的则是要改变这种旧有的风俗。叔父厌恶改变服装的样式，却忽视了改穿胡服后所带来的便利，您的这种做法不是我所希望的。”公子成便改穿了胡服。

移风易俗，没有比音乐更好的了。而孟子却说：“天地自然的法则是：遵循传统则强大，变化传统则弱小。所谓‘因’，就是要遵循人的情志。”

李寻曰："夫以喜怒赏诛，而不顾时禁，虽有尧、舜之心，犹不能致和平。善言古者，必有效于今；善言天者，必有徵于人。设上农夫欲令冬田，虽肉袒深耕，汗出种之，犹不生者，非人心不至，天时不得也。《易》曰：'时止则止，时行则行，动静不失于时，其道光明。'《书》曰：'敬授人时。'故古之王者，尊天地，重阴阳，敬四时月令，顺之以善政，则和气可以立致，犹枹鼓之相应也。"

太公谓武王曰："天无益于兵。不胜而众将所居者九，曰：法令不行而任侵诛，无德厚而用日月之数，不顺敌之强弱而幸于天，无智虑而候氛气，少勇力而望天福，不知地形而归过于时，敌人怯弱，不敢击而信龟策，士卒不勇而法鬼神，设伏不巧而任背向之道。凡天地鬼神，视之不见，听之不闻，不可以决胜败，故明将不法。"司马迁曰："阴阳之家使人拘而多忌。"范晔曰："阴阳之道，其弊也巫。"

【译文】

李寻说："倘若只凭自己的喜怒之情去奖赏或惩罚，而毫不顾及当时的禁忌，即使有尧、舜一样的智慧和仁心，也不能使天下太平。善于谈论历史的人，必定对现实有所裨益；善于谈论天道的人，必定对人事有所启迪。倘若让一位高明的农夫在严冬耕种田地，即便赤臂深耕，汗流浃背，撒播种子，也不会长出庄稼，这并非是人没尽心力，而是因为违背了天时。《易经》上说：'天时要求停止就停止，天时要求行动就行动，或动或静，不失天时，道路就会光明。'《尚书》上也说：'因为崇敬天道，所以上天才赐予我们四时节令。'古代的君王尊重天地，重视阴阳，敬重四时月令，再加上施善政于百姓，所以才能实现和气兴旺的景象，就像鼓槌和鼓音一样相呼应。"还有相反的例子：姜太公曾对周武王说："上天不会对用兵打仗有多大帮助。打了败仗，将领指挥的失误主要有九种情形：法令难以执行，却肆意诛戮；不以厚德待人，却迷信阴阳之术；不根据敌人的强弱，而寄希望于天命；没有智谋远虑，而坐等有利的气象条件；不去鼓励将士的勇气，而冀希于上天降福；不了解地形，吃了败仗却埋怨天时；敌人怯懦，却轻信龟策占卜，不敢果断出击；士卒不勇敢，而祈求得到鬼神的保佑；设伏不巧妙，伏击圈误设在敌人不经过的地方。任何天地鬼神都是看不见、听不着的，更是不能决定胜败的，所以明智的将领是不师法天地鬼神的。"司马迁也说："阴阳家让人瞻前顾后而多有忌讳。"范晔说："阴阳之道，其弊端是其中巫术的成分颇多。"

翼奉曰："治道之要，在知下之邪正。人诚向正，虽愚为用；若其怀邪，智益为害。"夫人主莫不爱己也；莫知爱己者，不足爱也。故桓子曰："捕猛兽者，不令美人举手；钓巨鱼者，不使稚子轻预。"非不亲也，力不堪也。奈何万乘之主，而不择人哉？故曰，夫犬之为猛，有非则鸣吠，而不遑于夙夜，此自效之至也。昔宋人有沽酒者，酒酸而不售，何也？以有猛犬之故。夫犬知爱其主，而不能为其主虑酒酸之患者，智不足也。

语曰："巧诈不如拙诚。"晋惠帝为太子，和峤谏武帝曰："季世多伪，而太子尚信，非四海之主，忧不了陛下家事。"武帝不从。后惠帝果败。

【译文】

翼奉说："治理天下的关键在于能够知晓臣下的奸邪和正直。人诚实正派，即便愚笨些也可重用；倘若人心术不正，越是聪明，危害越大。"与此相反的观点是：凡是人主没有不爱自己的，不懂得爱己之人是不值得别人去爱他的。所以桓子说："捕获猛兽的事，不可以让美人去做；钓大鱼的事，也不能让小孩子去做。"并非不信任他们，而是他们的力量确实不能做这些事情。为什么做国君的不善于择人而用呢？所以说，狗之所以厉害，是因为稍有是非，它便鸣吠不已，无论白天还是夜晚，它对主人可谓是忠心耿耿。从前，宋国有家卖酒的，酒放得都发酸了，还是卖不出去，为什么呢？原来他家养了一条猛犬。猛犬只知道爱它的主人，但不能替主人排解酒酸滞销的忧患，因为它的智力是有限的。

古语说："乖巧诡诈的人不如笨拙诚实的人。"相反的事例是：晋惠帝被立为太子时，和峤向武帝谏言说："末世人情多虚伪狡诈，而太子却过于诚实守信，并非是当天下之主的材料，恐怕难以继承陛下的帝王大业。"晋武帝却不听和峤的建议。后来晋惠帝果然失败了。

《左传》曰：孔子叹子产曰："言以足志，文以足言，不言谁知其志？言之无文，行而不远。晋为伯，郑入陈，非文辞不为功。慎辞也哉。"《论语》曰："诵诗三百，授之以政，不达；使于四方，不能专对，虽多，亦奚以为？"

汉文帝登虎圈，美啬夫口辩，拜为上林令。张释之前曰："陛下以绛侯周勃，何如人也？"上曰："长者。"又问曰："东阳侯张相如，何如人也？"上复曰："长者。"释之曰："此两人言事，曾不能出口，岂效此啬夫，喋喋利口捷给哉！且秦以任刀笔之吏，争以亟疾苛察相高。然其弊，徒文具耳，亡恻隐之实，以故不闻其过，陵迟至于二世，天下土崩。今陛下以啬夫口辞而超迁之，臣恐天下随风而靡，争口辩，无其实，且下之化上，疾于影响，举错之间，不可不审。”帝乃止。

【译文】

《左传》上记载：孔子曾赞叹郑子产道：“他的语言充分地表达他的志向，他的文采充分地体现了他的想法。没有语言的表达，别人怎么能知晓他的志向呢？有语言表达却无文采，也不会传播久远。晋国是诸侯的霸主，郑国到晋国去谈事，非子产这样的文辞强辩者难以成事。如何讲好话，必须谨慎对待啊！”《论语》上说：“熟读诗三百篇，授他以政事，不能完成；派他出使各国，又不能灵活运用诗经中的句子对答，即便是读诗再多，又有何用呢？”

相反的例子是：汉文帝到虎圈去看虎，对啬夫的口才尤为欣赏，于是便提拔他做上林令。张释之上前说：“陛下认为绛侯周勃怎么样呢？”文帝回答：“有长者之风。”张释之又问：“东阳侯张相如怎么样呢？”文帝又回答说：“有长者之风。”张释之说：“这两位长者谈事情时，常结结巴巴，难以出口，哪像啬夫般能说会道喋喋不休呢！况且秦朝因重用刀笔之吏，竞相比赛看谁对官吏亟疾苛察，然而其弊病是流于空头文章，却没有真正关心国家命运的恻隐之心。因此，帝王就不能听到指责其过失的谏言，以致秦朝只延续到了秦二世，天下便土崩瓦解了。如今陛下单凭啬夫的口齿伶俐，就破格提拔他，我担心天下会随风而从，争口辩而无其实，况且由陛下开风气之先，影响甚速，所以陛下的一举一动，都须考虑慎重。”于是文帝便打消了升迁啬夫的念头。

太史公曰：“《春秋》推见至隐，《易》本隐以之显。《大雅》言王公大人，而德逮黎庶，《小雅》讥己之得失，其流及上。所言虽殊，其合德一也。相如虽虚辞滥说，然其要归，引之节俭，此与诗之讽谏何异？”

扬雄以为，赋者，将以讽也。必推类而言，极丽靡之辞，闳侈钜衍，竞于使人不能加也，既乃归之于正。然览者已过矣。往时武帝好神仙，相如上《大人赋》，欲以讽帝，帝反缥缥有凌云之志。由是言之，赋劝而不止，明矣。又颇类俳优，非法度所存。贤人君子，诗赋之正也。

【译文】

太史公说：“《春秋》笔法是将明显的事理推向隐晦，而《周易》则把隐晦的事理加以阐释使其明显。《大雅》所讲的是王公大人之德，旨在以德教化百姓，《小雅》则先讥讽自己的得失，然后再波及上层统治者的得失。它们谈论问题的方法虽各不相同，但都合乎仁德的宗旨。司马相如的赋虽然文采浮华、铺排夸张，但其目的在于引导节俭，这与《诗经》的讽谏意义有何区别呢？”

而扬雄则认为，赋的作用在于讽谏君王，就务必要用推类铺排的语言，极尽丽靡的辞藻，铺陈繁复的形式，宏大的气势，令人叹为观止，无可附加，而后才言归正题。但这对读者来说则嫌过分，无法实现作赋的真正目的。从前，汉武帝喜欢神仙之事，司马相如便作《大人赋》，本想以此讽谏武帝，但汉武帝读了赋以后，反而飘飘然如有凌云之志。由此而言，赋所起的作用是劝勉鼓励，而非制止，这是无可争辩的事实。赋很像俳优，没有法度可存。贤人君子的言论，才是诗赋的本质。

《淮南子》曰：“东海之鱼名鲽，比目而行；北方有兽，名曰娄，更食，更候；南方有鸟，名曰鹣，比翼而飞。夫鸟兽鱼鲽，犹知假力，而况万乘之主乎？独不知假天下之英雄俊士，与之为伍，岂不痛哉！”狐卷子曰：“父贤不过尧而丹朱放；兄贤不过周公而管、蔡诛；臣贤不过汤、武而桀、纣伐。况君之欲治，亦须从身始，人何可恃乎？”

【译文】

《淮南子》中说：“东海有种鱼叫鲽，总是双双结伴而行。北方有种兽叫作娄，总是轮流进食守窝。南方有种鸟叫鹣，总是比翼而飞。鸟、兽、鱼、鲽等动物，尚知道相互辅助，更何况一国之君呢？如果帝王不懂得借助天下英雄豪杰的力量，与其共图大业，岂不令人痛心！”而狐卷子却说：“做父亲没有比尧更贤明的了，然而其子丹朱却被流放；做兄长没有比周公更贤明的了，然而其弟管叔、蔡叔却被诛杀；做大臣没有比商汤和周武更贤明的了，然而他们却诛伐了君王桀和纣。何况君王若想治理天下，必须事必躬亲，哪个人能靠得住呢？”

孔子曰：“不患无位，患己不立。”孔子厄于陈、蔡，子路愠见曰：“昔闻诸夫子，积善者，天报以福。今夫子积义怀仁久矣，奚居之穷也？”子曰：“由，未之识也，吾语汝。汝以仁者为必信耶？则伯夷、叔齐为不饿首阳；汝以智者为必用耶？则王子比干不见剖心；汝以忠者为必报耶？则关龙逢不见刑；汝以谏者为必听耶？则伍子胥不见杀。夫遇不遇者，时也；贤不肖者，才也。君子博学深谋而不遇时者众矣，何独丘哉？”

【译文】

孔子说："别担心没有一定的职位，要担心的是自己缺乏安身立命的本领。"孔子被困于陈、蔡，学生子路面带怒色，见到孔子说："从前我听您说过，积善之人，上天必定会降福于他。而如今您积义举怀仁心好久了，为什么会落得如此境地呢？"孔子说："子由（子路名由）啊，这你就不明白了，让我来告诉你吧。你以为仁者必然会受到信任吗？倘若如此，伯夷和叔齐就不会饿死在首阳山了。你以为智者必然会受到重用吗？倘若如此，王子比干就不会被剖心了。你以为忠者必然会得到好报吗？倘若如此，关龙逢就不会招致刑罚之苦了。你以为谏者直言必然会被听从吗？倘若如此，伍子胥就不会被吴王所杀了。知遇与否，是由天时决定的；贤与不肖，是由个人才能决定的。君子博学深谋而不被重用的多了去了，何止我孔丘一人呢？"

神农形悴，唐尧瘦臞，舜黎黑，禹胼胝，伊尹负鼎而干汤，吕望鼓刀而入周，墨翟无黔突，孔子无暖席。非以贪禄位，将欲起天下之利，除万人之害。

李斯以书对秦二世云："中子曰：'有天下而不恣睢，命之曰以天下桎。'若尧禹然，故谓之'桎'也。夫以人徇己，则己贵而人贱；以己徇人，则己贱而人贵。故徇人者贱，而所徇者贵。自古及今，未有不然。夫尧、禹以身徇天下，谓之'桎'者，不亦宜乎？"

【译文】

神农面容憔悴，唐尧清瘦不堪，虞舜皮肤黝黑，夏禹手脚长满厚茧，伊尹背着锅鼎去辅佐商汤，吕望手持牛刀拜见周文王，墨翟家的烟囱从不冒烟，孔子连席子都没有暖热过。他们这些人没过一天安稳的日子，并非贪图禄位，而是为了兴天下之利，除天下之害。

李斯在上书秦二世时提出的观点："中子说：'拥有天下却不肆意妄为，这可称为以天下为'桎梏'。像唐尧、大禹那样的人，就是以天下为'桎梏'。让别人来顺从自己，是显得自己尊贵而别人低贱；自己顺从别人，则是因自己低贱而别人尊贵。所以说顺从别人的人是低贱之人，令别人顺从的人是尊贵之人。自古以来都是这样的。唐尧、大禹拿自身去顺从于天下，就是以天下为'桎梏'，这种说法不是恰如其分吗？"

《论语》曰："举逸人，天下之人归心焉。"魏文侯受艺于子夏，敬段干木，过其庐，未尝不式。于是秦欲伐魏，或曰："魏君贤，国人称仁，上下和洽，未可图也。"秦王乃止。由此得誉于诸侯。

韩子曰："夫马似鹿，此马直千金。今有千金之马，而无一金之鹿者，何也？马为人用而鹿不为人用。今处士不为人用，鹿类也。所以太公至齐而斩华士，孔子为司寇而诛少正卯。"

赵主父使李疵视中山可攻否。还报曰："可攻也。其君好见严穴之士、布衣之人。"主父曰："如子之言，是贤君也，安可攻？"李疵曰："不然。夫上尊严穴之士，则战士殆；上尊学者，则农夫惰。农夫惰则国贫，战士殆则兵弱。兵弱于外，国贫于内，不亡何待？"主父曰："善。"遂灭中山。

《汉书》曰："陈平云：'吾多阴谋，道家所禁。吾世即废亡。已矣，终不能复起，以吾多阴祸也。'其后玄孙坐酎金失侯。"后汉范晔论耿弇曰："三代为将，道家所忌，而耿氏累世以功名自终。将其用兵，欲以杀止杀乎？何其独能崇也！"

【译文】

《论语》说："举用那些隐逸超拔之人，天下人就心悦归服了。"魏文侯曾受业于子夏，还很敬重段干木，每次当他经过段干木的庐舍时，没有一次不下车扶轼而行。秦国想要讨伐魏国，有人劝秦王说："魏国国君很贤明，国民都称颂他仁德，上下关系和睦融洽，不可图谋魏国。"于是，秦王取消了伐魏的主意。魏文侯也因此在诸侯中赢得了好名声。

韩非子说："马若长得像鹿，其价值可达千金。如今有值千金的马，却无值一金的鹿，原因何在呢？这是因为马能够为人所用，而鹿却不能。今天所谓的隐逸超拔之人不能为君王所用，这就像不能为人们所用的鹿一样。所以，太公一到齐地，便斩了那些不肯同太公合作的夸夸其谈之士，孔子做司寇后也因此杀了少正卯。"

赵主父让李疵去考察中山国是否可以攻伐，李疵回来后报告说："可以攻伐。中山国的国君喜欢接见住在岩穴中的隐士和平民百姓。"主父说："依你所讲，中山国的国君正是位贤君，怎么可以攻伐呢？"李疵答道："不是这样。做君王的倘若尊重那些岩穴中的隐士，那么战士就会失之勇敢；君王若尊崇学者，那么农夫便会懒惰。农夫懒惰则国家贫，战士不勇敢则军队的战斗力就会减弱。兵弱于外，国贫于内，怎能不亡国呢？"赵主父说："你讲得很有道理。"于是很快就灭了中山国。

《汉书》记载："陈平曾说：'我有许多阴谋，都是道家禁止使用的。这些阴谋自我起就将破废衰亡。我的后人也没有重新崛起的希望了，因为我所积累的阴祸太多了。'后来，他的玄孙因坐酎金一案被除去了侯爵。"《后汉书》中范晔论耿弇说："祖孙三代都是将军，为道家所忌讳，但耿弇家却累世功名，善始善终。难道是耿家用兵打仗，以杀戮制止了杀戮吗？凭什么他的家族能够累世享受尊荣呢？”

《易》曰：“崇高莫大于富贵。”又曰：“圣人之大宝曰位。”孙子为书谢春申君曰：“鄙谚曰‘厉人怜王’。此不恭之言也。虽然，古无虚谚，不可不审察也。此为劫杀死亡之主言也。夫人主年少而矜材，无法术以知奸，则大臣主断图私，以禁诛于己也。故杀贤长而立幼弱，废正嫡而立不义。《春秋》戒之曰：楚王子围聘于郑，未出境，闻王病，反问病，遂以冠缨绞王杀之，因自立也。齐崔杼之妻美，庄公通之。崔杼率其党而攻庄公，庄公走出，逾于外墙。射中其股，遂杀之而立其弟。近代李兑用赵，饿主父于沙丘，百日而杀之。淖齿用齐，擢闵王之筋，悬于庙梁，宿昔而死。夫厉虽肿胞之疾，上比前代，未至绞缨、射股也；下比近代，未至擢筋、饿死也。夫劫杀死亡之主，心之忧劳，形之困苦，必甚于厉矣，由此观之，厉虽怜王，可也。”

【译文】

《周易》说：“崇高莫大于富贵。”又说：“圣人最大的法宝就是权位。”而孙子却上书春申君说：“有句谚语说：‘得癞疮的人都可怜做君王的人。’这虽然是颇不恭敬的话，但自古以来，就没有胡编乱造的谚语，需要仔细认真地考察的。这句谚语所针对的当是那些被人劫杀的亡国之君。人主年少，自负其才，没有方法和权术辨识奸人，这时大臣就会独揽大权，图谋私利，以防备自己遭受诛杀。因此他们常常杀害贤长而另立幼主，废掉正嫡而另立不义。《春秋》曾以此劝诫说：楚王子围将要到郑国访问，还没有走出国境，就听说楚王得病了，便返宫探病，趁机用帽子上的带子将楚王勒死，自立为国君。齐国崔杼的妻子很漂亮，齐庄公与她私通。崔杼便率领其部下攻打齐庄公，庄公翻墙逃跑，却被箭射中了大腿，崔杼便借机杀了齐庄公，另立庄公的弟弟为王。近代李兑在赵国当政，把赵武灵王逼在沙丘，百日以后，赵武灵王便被饿死了。淖齿在齐国当政，将齐闵王的筋抽掉，悬在庙梁上，过了一宿便死去了。厉病虽然是癞疮肿包，如果和前代死亡之君相比，还不至于像被帽带勒死、箭矢穿股而死那样悲惨；与近代死亡之君相比，还不至于像抽筋、饿死那样残酷。所以说，那些被劫杀死亡的君主，其内心的忧劳，形体的困苦，比得了癞病痛苦多了。由此来看，得癞疮的人都可怜做君王的人的谚语是有道理的。”

《易》曰：“备物致用，立成器以为天下利者，莫大于圣人。”《庄子》曰：“圣人不死,大盗不止。虽重圣人而治天下,则是重利盗跖也。为之斗斛以量之,则并与斗斛而窃之;为之权衡以称之,则并与权衡而窃之;为之符玺以信之,则并与符玺而窃之;为之仁义以教之,则并与仁义而窃之。何以知其然耶?彼窃钩者诛,窃国者为诸侯。诸侯之门,而仁义存焉,则是非窃仁义圣智耶?故逐于大道,揭诸侯,窃仁义,并斗斛、权衡、符玺之利,虽有轩冕之赏弗能劝;斧钺之威弗能禁。此重利盗跖,而使不可禁者,是乃圣人之过也。故曰:国之利器,不可以示人。彼圣人者,天下之利器也,非所以明天下也。"

【译文】

《周易》中说:"储备物资以方便人民使用,制成器物为天下人谋利,圣人的功劳可谓是最大的了。"而庄子却说:"如果圣人不死,大盗也就不会停止。虽然是重视圣人才能治理天下,实际上也给盗跖带来重大利益。制造斗斛以便盛量,就连斗斛一起盗走;制造权衡来称量,就连权衡一起偷走;制造符玺以明信用,就连符玺一同盗去;制定仁义规范来教化人民,就连仁义规范也一同盗去。如何知道是这样的呢?偷窃帘钩的人被诛杀,而那些窃国大盗却成了诸侯。只要做了诸侯,仁义道德也就有了,这难道不是盗窃了仁义圣智吗?所以人人都争着去做大盗,抢着当诸侯,窃取仁义,以及斗斛、权衡、符玺这些小利益。即使高官厚禄的赏赐、斧钺的威胁也不能阻止他们。这些为盗跖带来重大利益,而又难以禁止的行为,确实是圣人的罪过呀。所以说,国家的利器,不能随意示人。而圣人无疑就是天下的利器,不可将他们明示于天下。"

《论语》曰:"君子固穷,小人穷,斯滥矣。"《易》曰:"穷则变,通则久。是以自天佑之,吉无不利。"太史公曰:"鄙人有言:'何知仁义?已飨其利者为有德。'故伯夷丑周,饿死首阳山,而文武不以其故贬王。跖、跻暴戾,其徒诵义无穷。由此观之,'窃钩者诛,窃国者为诸侯。诸侯之门,仁义存焉'。非虚言也。今拘学或抱咫尺之义,久孤于代,岂若卑论侪俗,与代沈浮而取荣名哉?"

东平王苍曰:"为善最乐。"语曰:"时不与善,己独由之,故曰,非妖则妄。"

【译文】

《论语》说:"君子即使身处困境也能坚守自己的品行,小人如果身处困境就会胡作非为。”而《易经》却说：“穷则思变，变则能通达，通达便能保持长久。因此，上天会自然保佑他们，就不会不吉利了。”太史公说：“平民百姓有句话说：‘如何知晓是否符合仁义？自己能得到利益便是有德。’所以，伯夷因反对武王伐纣，就不吃周朝的粮食，而饿死在首阳山，周文王和周武王的声誉也并没有因此而被贬低。跖和蹻残忍暴戾，但他们侠义的行为被其门徒世代传颂。据此来看，‘偷窃帘钩的人被诛杀，而那些窃国大盗却成了诸侯。只要做了诸侯，仁义道德也就有了’。这些话并非无端的虚言。如今有些人拘泥于既成的学问，固守着书本上的仁义教条，长久独立于世，怎么比得上卑论随俗、与世浮沉而求取功名利禄呢？”

东平王苍说：“行善是最令人快乐的事。”而古语却说：“时代不好善行，而自己独行善，那么不是妖行惑众，就是神经错乱。”

庞统好人伦，勤于长养，每所称述，多过于才。时人怪而问之，统曰：“当今天下大乱，正道凌迟，善人少而恶人多。方欲兴风俗，长道业，不美其谈，则声名不足慕也；不足慕企，而为善者少矣。今拔十失五，犹得其半，而可以崇迈代教，使有志者自励，不亦可乎？”

《人物志》曰：“君子知自损之为益，故功一而美二。小人不知自益之为损，故伐一而并失。由此论之，则不伐者，伐之也；不争者，争之也；让敌者，胜之也。是故郤至上人，而抑下滋甚；王叔好争，而终于出奔；蔺相如以回车取胜于廉颇；寇恂以不斗取贤于贾复。物势之反，乃君子所谓道也。”

【译文】

刘备的谋士庞统喜欢谈论人伦高下，又善于品鉴人物，他所称道的人，大都与其才能不相符合。时人不解，便以此请教庞统，庞统回答说：“现代天下大乱，正义之道逐渐衰微，善人少而恶人多。正想振兴风俗，弘扬王道大业，倘若不大力赞扬他们的美名，那么他们的声名就不会引起别人的倾慕；人们若不倾慕名声，则做善事的人就会更少了。如今我提拔十人虽有五人之失，但毕竟还是得到了一半的人才，他们便能承担起弘扬正义、传播教化的大任，让有远大志向的人能够勉励自己，这样做难道不可以吗？”

而《人物志》却说：“君子知晓自损其实是有益于自己声名的，因此本一分之功，却能赢得二分美名。小人却不知道自我颂扬其实是有损自己，因此自夸一分，就会招致二分贬损。由此而论，不自夸有功者，反而能得到人的颂扬；不与人争名夺利，反而能名利双收；示敌以怯，反而是战胜了敌人。正是由于这个道理，郤至好推崇人，其实是压抑了人；王叔争强好胜，而终于被迫出逃；蔺相如以引车回避之法，最终战胜了功高傲慢的廉颇；寇恂因不和贾复争斗，反而为贾复称贤。物极必反，就是君子所谓的‘道’。”

《孝经》曰：“居家理，治可移于官。”郦生落魄，无以为衣食业。陈蕃云：“大丈夫当扫天下，谁能扫一室！”

公孙宏曰：“力行近乎仁，好问近乎智，知耻近乎勇。知此三者，知所自理；知所以自理，然后知所以理人。天下未有不能自理而能理人者也。此百代不移之道。”《淮南子》曰：“夫审于毫厘之计者，必遗天下之数；不失小物之选者，惑于大事之举。今人才有欲平九州，存危国，而乃责之以闺阁之礼，修乡曲之俗，是犹以斧剪毛，以刀伐木，皆失其宜矣。”

【译文】

《孝经》上说：“能够把一个家治理得井井有条，那么治家的方法同样可用在为官从政上。”与此有个相反的例子是，汉高祖的谋士郦食其早年落魄，尚不能养家糊口。陈蕃却说：“大丈夫当以扫除天下为己任，谁能待在家中打扫屋子？”

公孙宏说：“身体力行接近于仁，勤学好问接近于智，知道廉耻接近于勇。明白这三条的人，就会明白自我修炼的途径和方法；知道如何管理自己，而后才能知道如何管理他人。天下还没有不能管理自己反而能管理好别人的人。这是百代不移的道理。”而《淮南子》却说：“能将毫厘之差详审得清楚的人，则必定忽略对天下大势的明辨；对小事感兴趣的人，面对大事就可能感到困惑不已。如果人有平定九州的才能，拯救危国的志向，而却用闺阁细礼去苛求他，用乡曲之俗去教化他，这就犹如用斧头去剪汗毛，用小刀去伐大树一样，都是不恰当的做法。”

商鞅谓赵良曰：“子之观我理秦，孰与五羖大夫贤乎？”赵良曰：“夫五羖大夫，荆之鄙人也。闻缪公之贤，而愿望见。行而无资，自鬻于秦客，被褐饭牛。缪公知之，举之牛口之下，而加之百姓之上，秦国莫敢望焉。今君之见秦王也，因嬖人景监以为主，非所以为名也。”

《史记》曰：“蔺相如因宦者缪贤见赵王。”又曰：“邹衍作《谈天论》，其语闳大不经，然王公大人尊礼之。适梁，梁惠王郊迎，执宾主之礼；如燕，昭王拥篲先驱。岂与仲尼菜色陈蔡、孟轲困于齐梁同乎哉？”

卫灵公问阵于孔子，孔子不答。梁惠王谋攻赵，孟轲称大王去邠。持方柄欲纳圆凿，其能入乎？或曰：伊尹负鼎而辅汤以王，百里奚饭牛，缪公用霸。作先合，然后引之大道。邹衍其言虽不轨，亦将有牛鼎之意乎？

【译文】

商鞅对赵良说："你看我治理秦国与五羖大夫百里奚相比谁更贤明？"赵良回答说："百里奚本是楚国的一介布衣，听说秦穆公贤明，便主动想去拜见，但却没有到秦国去的路费，于是把自己卖给秦客商为奴，身穿粗布衣，给人喂牛。秦穆公发现百里奚是位很难得的人才，便将他从牛口之下提拔他做了秦国的宰相，秦国朝野为之侧目。而今你之所以能够见到秦王，凭借的是秦王的嬖人景监，并非是因为你自己的才名。"

《史记》说："蔺相如得益于宦官缪贤的推荐才被赵王重用。"又说："邹衍作《谈天论》，夸大其词，荒诞不经，王公大人却很尊重他。他到大梁去，梁惠王到郊外亲自去迎接，并待之如宾。他到燕国去，燕昭王拿扫帚亲自为他打扫道路，这与仲尼菜色陈、蔡，孟轲被困于齐、梁，怎么能够同日而语呢？"

卫灵公向孔子请教兵法问题，孔子却一言不发。梁惠王就攻打赵国一事求教于孟子，孟子却建议梁惠王学习下周先王，主动将一块地让与赵国。这就好比将方柄往圆洞中塞，怎么能塞得进去呢？有人论道：伊尹扛着锅鼎拜见商汤，最终辅佐商汤得以称王天下；百里奚给人喂牛，秦穆公予以重用后得以称霸。他们都是先用自己的非常之举引起君王的兴趣，然后才得以重用。邹衍的言论如此不合正规，莫非也想像百里奚喂牛、伊尹负鼎那样，引起君王的注意吗？

陈仲举体气高烈，有王臣之节；李元礼忠平正直，有社稷之能。陈留蔡伯喈以仲举强于犯上，元礼长于接下。犯上为难，接下为易，宜先仲举而后元礼。姚信云："夫皋陶戒舜，犯上之征也；舜理百揆，接下之效也。故陈平谓王陵言：'面折庭诤，我不如公，至安刘氏，公不如我。'若犯上为优，是王陵当高于良、平，朱云当胜于吴、邓乎？"

【译文】

陈仲举体气高烈，有做王臣的节操；李元礼忠平正直，有治理天下的才能。陈留人蔡伯喈认为，陈仲举敢于犯颜直谏，李元礼贵在虚心待下。犯上之举很难做到，而虚心待下则较易，所以若论人先后，应该仲举在前，元礼居后。而姚信却说："皋陶（主刑罚，有正直之名）告诫虞舜，就是犯上之举；虞舜总理百官，就是善于待下的表现。所以陈平对王陵说：'在皇上面前直言进谏，我不如您，至于安定刘氏政权，您比不上我。’如果以敢于犯上为优先，那么王陵当然要高于张良和陈平，朱云也要胜过吴汉、邓禹了，这样说恰当吗？”

《史记》曰：“韩子称‘儒者以文乱法，而侠士以武犯禁’。二者皆讥，而学士多称于世。至如以术取宰相、卿大夫，辅翼其世主，固无可言者。及若季次、原宪，读书怀独行，议不苟合当世，当世亦笑之。今游侠，其行虽不轨于正义，然其言必信，其行必果，已诺必诚，不爱其躯赴士之阨困，羞伐其德，盖亦有足多者。且缓急，人之所时有也。虞舜窘于井廪，伊尹负鼎俎，傅说匿于傅岩，吕尚困于棘津，夷吾桎梏，百里奚饭牛，仲尼厄匡，菜色陈、蔡，此皆学士所谓有道仁人也，犹遭此灾，况以中材而涉近代之末流乎？其遇害何可胜道哉！而布衣之徒，设取予然诺，千里诵义，故士穷窘而得委命，此岂非人之所谓贤豪者耶？诚使乡曲之侠，与季次、原宪，比权量力，效功于当代，不同日而论矣。曷足小哉！”

《汉书》曰：“天子建国，诸侯立家，自卿大夫以至庶人，各有等差，是以人服事其上，而下无觊觎。孔子曰：‘天子有道，政不在大夫。’百官有司，奉法承令，以修所职，越职有诛，侵官有罚，故上下相顺，而庶事理焉。周室既微，礼乐征伐，出自诸侯，桓、文之后，大夫世权，陪臣执命，陵夷至于战国，合纵连横，力政争强。由是列国公子，魏有信陵，赵有平原，齐有孟尝，楚有春申，皆藉王公之势，竞为游侠，鸡鸣狗盗，无不宾礼。而赵相虞卿，弃国捐君，以固穷交魏齐之厄；信陵无忌，窃符矫命，杀将专师，以赴平原之急。皆以取重诸侯，彰名天下。扼腕而游谈者，以四豪为称首。于是背公死党之议成，守职奉上之义废矣。及至汉兴，禁纲疏阔，未之匡改也。魏其、武安之属，竞逐于京师；郭解、剧孟之徒，驰骛于闾阎。权行州域，力折公侯。众庶荣其名迹，觊而慕之。虽陷刑辟，自与杀身成名，若季、路、仇牧，死而不悔也。曾子曰：‘上失其道，人散久矣。’非明王在上，示之好恶，齐之以礼法，人曷由知禁而反正乎？古之正法，五伯，三王之罪人也；而六国，五伯之罪人也；夫四豪者，六国之罪人也。况于郭解之伦，以匹夫之细微，窃杀生之权，其罪也，不容于诛矣！”

【译文】

《史记》中说：“韩子称‘儒者以文乱法，而侠士以武犯禁’，对儒生和侠士都予以批评，但儒生却多被世人所称赞。至于凭借才能和权术取得宰相卿大夫之职，辅佐当世君主的人，其功名都被记载在史书中，这本来没什么可说的。至于像季次、原宪等，用功读书，特立独行，言论不迎合世俗，也被世人所嘲笑。现在的游侠，他们的行为虽不符合正义之道，然而他们言必信、行必果，一诺千金、不泯初衷，不惜牺牲生命为朋友士人共赴危难，却不好意思炫示自己的功德，他们的行为也有值得赞美之处。况且人们时常会遇到缓急之事，虞舜曾被困于井底和仓房顶上，伊尹曾背负鼎俎求仕，傅说曾藏匿于傅岩，吕尚曾于棘津遭受厄运，管仲曾戴过枷锁，百里奚曾为奴喂牛，孔子被困于匡，在陈、蔡遭受饥饿，这些都是儒生所颂扬的胸怀治道的仁人，尚且遭遇这样的灾难，更何况在近世混乱的社会中挣扎的中等之才呢？他们所遭遇的灾难，怎么可以说得完呢！而那些布衣游侠，倘若做事信守诺言，其义名便流播千里，身处困窘之地的人们就会托命于这些义士，从而脱离危难，这些人不正是人们常说的贤人豪杰吗？倘若让这些乡曲侠士具有像季次、原宪的地位和才能，同时效功于当代，恐怕也不可同日而语了。怎么能轻视他们呢！”

而《汉书》中却说：“天子建国，诸侯立家，从卿大夫到普通百姓，其职责都有等级差别。所以，人人都应该忠心地服侍自己的上级，居下的更不能觊觎在上的权力和地位。孔子说：‘倘若天子有道义，国家政权就不会落在士大夫手中。’百官各司其职，遵奉法纪，服从命令，以尽其责。超越自己的职权者被诛，侵犯其他部门的职权者受罚，这样就能上下和顺，把政事处理得井井有条。周王室衰落以后，礼乐制度和征伐叛逆等本应天子决定的大事，却落入了诸侯手中。齐桓公、晋文公之后，大夫掌握国家大权，臣僚执掌大权，替君主发号施令。时至战国，社会动荡，或合纵或连横，各诸侯相互竞争，均有称霸之志。所以各国的公子，魏有信陵君，赵有平原君，齐有孟尝君，楚有春申君，都借助王公的强大势力，竞相收罗游侠，即便是鸡鸣狗盗之徒，也被待以上宾之礼。赵国丞相虞卿宁肯弃国捐君，也要去营救故友魏齐的厄困；信陵君无忌窃取虎符，假传王命，杀掉大将，率军去解救平原君之急。他们因此而赢得了诸侯的器重、名扬天下。人们在慷慨激昂地谈论侠士时，都把四君子视为领袖。于是，背弃公义、效命私交的行为被人广为传颂，而忠于职守、一心奉上的道义却荡然无存了。直到汉朝初兴，纲纪宽松，对旧有的风气仍未能彻底纠正。所以，如魏其侯、武安侯之徒，仍在京城中互争谁的死士更强；郭解、剧孟之徒仍能奔驰于街头巷尾。他们的势力足可横行州域，力抗公侯。老百姓更是将他们看作大英雄，对他们仰慕不已。他们即使触犯国法，身死刑场，仍自称杀身成名，如同季布、子路、仇牧，虽死而无憾。曾子说：‘做君王的丧失了治国的原则和方法，人心涣散已经很久了。’如果不是圣明的君王当政，向人们明示好坏的标准，用礼法统一人们的行为，人们怎么能知道哪些行为应该受到禁止，从而返回到正道上来呢？按照古代正统的王法而论，春秋五霸当是三王的罪人，六国则是五霸的罪人，战国四君子当是六国的罪人。更何况像郭解之徒，不过是一个卑微的匹夫，却窃得了杀生大权，他们的罪行，可谓罪不容诛了！”

《尸子》曰：“人臣者，以进贤为功；人主者，以用贤为功也。”《史记》曰：“鲍叔举管仲，天下不多管仲子贤，而多鲍叔，能知人也。”

苏建常责大将军青曰：“至尊重，而天下之贤士大夫毋称焉，愿观古今名将所招选择贤者。”大将军谢曰：“自魏其、武安之厚宾客，天子尝切齿，彼亲附士大夫、招贤黜不肖者，人主之柄也。人臣奉法遵职而已，何与招士？”其为将如此。

【译文】

《尸子》中说：“做臣子的，应以举荐贤才为最大功劳；做君王的，应以重用贤才为最大的功劳。”《史记》也说：“鲍叔向齐王推举了管仲，天下的人很少称赞管仲的贤才，而大都赞美鲍叔，因为他善于发现人才。”

与此有个相反的例子是：苏建经常责备大将军卫青说：“过于自高自大，天下的贤士大夫都不称赞他，希望您能像古今名将一样善于招选贤才。”大将军却辞谢说：“自从魏其侯、武安侯大宴宾客、招延贤士后，天子就对此事常怀切齿之怒。亲近士大夫，招揽贤才，罢黜不肖之人，这些都是君王才有资格做的事情。做臣子只要遵奉法规、忠于职守就行了，何须参与招揽贤士呢？”他为将就是如此严慎。

班固云：“昔王道即微，诸侯力政。时君世主，好恶殊方。是以诸家之术，蜂起并作，各引一端，崇其所善，以此驰说，取合诸侯。其方虽殊，譬犹水火相灭，亦能相生也。仁之与义，敬之与和，事虽相反，而皆相成也。”《易》曰：“天下同归而殊途，一致而百虑。”此之谓也。

【译文】

班固说：“从前王道衰微，诸侯致力于巩固自己的政权。由于各国诸侯的好恶各不相同，所以诸家学术，蜂拥而至，各执一端，极力宣扬自己的观点，并四处游说，以争取诸侯采纳其观点。各家学说虽然各不相同，但又像水火相灭，也能相生。仁与义、敬与和，意义虽然相反，却能够相辅相成。”《周易》说：“天下发展的目标只有一个，但实现这一目标的途径却千差万别，一个目标却可以有百种方法。”说的就是这个意思。

适 变

昔先王当时而立法度，临务而制事。法宜其时则理，事适其务故有功。今时移而法不变，务易而事以古。是则法与时诡，而时与务易。是以法立而时益乱，务为而事益废。故圣人之理国也，不法古，不修今，当时而立功，在难而能免。由是言之，故知若人者，各因其时而建功立德焉。何以知其然耶？桓子曰：“三皇以道治，五帝用德化；三王由仁义，五霸用权智。”五帝以上，久远，经传无事，惟王、霸二盛之美，以定古今之理焉。夫王道之治，先除人害，而足其衣食，然后教以礼仪，而威以刑诛，使知好恶去就。是故大化四凑，天下安乐，此王者之术。霸功之大者，尊君卑臣，权统由一，政不二门，赏罚必信，法令著明，百官修理，威令必行，此霸者之术。

【译文】

从前，先王根据社会发展的实际情况制定法律，根据当时的任务制定政策。法令与社会发展的要求相适宜，国家才能治理得好；所做的事情符合时务，事业才能有成效。如今社会变化了，而法律却没有随之变化；时务变化了，却仍要仿效古人。如此便会造成法律同社会发展的要求相背离，时务的要求与所做的事情相背离。因此，制定的法律越多，社会就越混乱；投入到事情上的精力越多，事情反而越糟糕。所以，圣明的人治理国家，既不仿效古人，也不迷信今人，而是根据当时具体情况的变化只求实效，遇到苦难也能转危为安。由此可见，像圣人一样聪明的人，都能够根据自身所处的具体环境而建立功德。怎样才能知道这样做才是正确的呢？桓子说：“三皇用‘道’来治理天下，五帝用‘德’来教化天下；三王治理天下以仁义，五霸治理国家则靠权术和智谋。”五帝以上的历史太久远了，史书上没有记载，唯有“王道”和“霸道”两种盛事流传至今，可以作为我们衡量古今治道盛衰的标准。所谓王道之治就是：先除掉危害人民的祸患，让人民丰衣足食，然后再用礼仪教化人民，并用刑罚诛杀进行威慑，使人民知道是非善恶、何去何从。这样便可让人民普遍得到教化，归心圣王，天下安乐。这就是王者之术。所谓霸道之治就是：君尊臣卑，大权集中在君王一人，政令不出二门，赏罚必信，法令规章严明，百官各司其职，井井有条，政令得以贯彻执行。这就是霸王之术。

《道德经》曰:“我无为而人自化。”文子曰:“所谓无为者,非谓引之不来,推之不往。谓其循理而举事,因资而立功,推自然之势也。”故曰,汤、武,圣主也,而不能与越人乘舲舟,泛江湖;伊尹,贤相也,而不能与胡人骑原马,服騊駼;孔、墨,博通也,而不能与山居者入榛薄,出险阻。由是观之,人智之于物,浅矣。而欲以炤海内,存万方,不因道里之数,而专己之能,则其穷不远。故智不足以为理,勇不足以为强,明矣。然而君人者,在庙堂之上,而知四海之外者,因物以识物,因人以知人也。夫冬日之阳,夏日之阴,万物归之,而莫之使至。至精之感,弗召自来。待目而昭见,待言而使令,其于理难矣。皋陶喑而为大理,天下无虐刑;师旷瞽而为太宰,晋国无乱政。不言之令,不视之见,圣人所以为师,此黄老之术也。

【译文】

《道德经》上说:“做君王的倘若能够清静无为,那么天下百姓就会自然而然得到教化。”文子解释说:“老子所说的无为,并不是召之不来,推之不去,什么事情都不做。而是指遵循事物本身的规律去做事,借助已有的基础和条件去建立功业,即顺应推动事物发展的自然规律。”所以说,商汤、周武虽都是圣明之君,却不能和越人一块儿乘扁舟,泛于江湖之上;伊尹虽是贤相,却不能和胡人一道骑野马,驰骋于原野;孔子和墨子虽是博学贯通之人,却不能像山里人那样穿荆棘,出入险阻之地。由此而观,个人的智慧相对于世间广博无限的事物而言,是非常有限的。若想要光照海内,胸怀天下,却不研究掌握事物的规律,而仅仅依靠自己有限的本领,很快就会走入穷途末路。所以,一人的智慧不足以治理天下,一人的勇敢不足以使国家强大,这是个很明显的道理。然而作为一国之君,身居庙堂之上,却能够远知四海之外,其原因是他善于借助物来识别物,依靠人来了解人。严冬的太阳,酷暑的阴凉,万物都趋之若鹜,并没有人迫使他们这样做。凭借事物内部精微的规律去感召,无须外在的召唤,万物就能自然而来。只有用目光指示给他们看后,才能明白真相;只有发号施令,才被动地去做,通过这样的方式想达到自然而治的境界是相当困难的。皋陶是个哑巴而任大理(掌管司法),天下却没有酷刑;师旷是个瞎子而做太宰,晋国并没有乱政。这种不靠语言就能号令百姓,不靠眼睛即能洞若观火的本领,正是圣人所要师法的。这就是所谓的黄老之术。

孔子闲居,谓曾参曰:“昔者明王内修七教,外行三至。七教修而可以守,三至行而可以征。明王之守也,则必折冲千里之外;其征也,还师衽席之上。”

曾子曰："敢问七教？"孔子曰："上敬老则下益孝，上敬齿则下益悌，上乐施则下益亮，上亲贤则下择交，上好德则下无隐，上恶贪则下耻争，上廉让则下知节，此之谓七教也。"昔明王之治人也，必裂而封之，分属而理之，使有司月省而时考之，进贤良，退不肖，哀鳏寡，养孤独，恤贫穷，诱孝悌，选才能，此七者修，则四海之内，无刑人矣。上之亲下也如腹心，则下之亲上也，如幼子之于慈母矣。其于信也如四时，而人信之也，如寒暑之必验。故视远若迩，非道迩也，见明德也。是以兵革不动而威，用利不施而亲。此之谓"明王之守，折冲千里之外"。

【译文】

孔子闲居，对曾参说："从前，圣明的帝王内修'七教'，外行'三至'。'七教'的修养做到了，就可以治理好自己的国家，提升国家防御外敌侵犯的能力；'三至'倘若推行了，就具备了足够的势力，可以对外征伐。圣明的帝王所具备的强大防御力，能够让千里之外的敌人闻风丧胆；其对外征伐，必能做到凯旋。"曾子说："请问先生什么是'七教'呢？"孔子答道："在上的帝王尊敬老人，在下的臣僚就会对老人更加孝顺；在上的帝王敬重年长的人，在下的臣僚就会对年长的人更加敬重；在上的帝王乐善好施，在下的臣僚就会光明磊落；在上的帝王亲近贤人，在下的臣僚就会谨慎交往；在上的帝王喜好行使德政，在下的臣僚就会心中透亮；在上的帝王厌恶贪婪的行为，在下的臣僚就会耻于争名夺利；在上的帝王廉洁礼让，在下的臣僚就会注重节操。这就是所谓的'七教'。"从前，英明的帝王治理天下，必定划分土地，封赏给诸侯，让他们分属治理，然后让有关管理机构按月检查，按时考核，举荐提拔贤良的人，贬退不良之辈，同情抚恤鳏夫寡妇，抚养孤儿，赈济贫穷，奖励诱导孝悌品行，选拔有才之士，这七项工作做好了，那么四海之内就没有犯法之人了。如果帝王视臣民如同腹心，那么臣民就会像幼子对待慈母一样地亲睦帝王。如果帝王言而有信如同四季的运行，那么臣民对君王的崇信就会像寒暑一样效验。帝王能视远若近，并非真是距离近，而是因为明德的照耀。所以，兵革虽未动，但却能威慑四方；不用利益相诱使，就能让臣民亲附。这就是所谓的"明王之守，折冲千里之外"。

曾子曰："何谓三至？"孔子曰："至礼不让，而天下理；至赏不费，而天下之士悦；至乐无声，而天下之人和。"何则？昔者明王必尽知天下良士之名。既知其名，又知其实。既知其实，然后因天下之爵以尊之。此谓"至礼不让而天下治"。因天下之禄以富天下之士，此之谓"至赏不费而天下之士悦”。如此,则天下之明誉兴焉,此之谓“至乐无声而天下之人和”。故仁者莫大于爱人,智者莫大于知贤,政者莫大于能官。有德之君,修此三者,则四海之内,供命而已矣。此之谓“折冲千里之外”故曰,明王之征,犹时雨之降,至则悦矣,此之谓“还师衽席之上”。故扬雄曰:“六经之理,贵于未乱;兵家之胜,贵于未战。”此孔氏之术也。

【译文】

曾子又说:“请问先生什么是‘三至’呢?”孔子答道:“通晓礼的精髓,虽不谦让,也能实现天下大治;熟悉至高的赏赐原则,虽不浪费,也能让天下士人心悦诚服;音乐的至高境界是无声无息,却能让天下的人和睦相处。”为什么这样讲呢?从前,英明的帝王一定知道全天下良士的名字,不仅知道他们的名字,还了解他们的真实才能。然后再根据他们的真实才能,授以相应的爵位,以示尊敬。这就是所谓的“至礼不让而天下治”。用天下人所创造的财富来使天下的士人富有,这就是所谓的“至赏不费而天下之士悦”。如此一来,天下清明,美誉远播,这样的社会风气,就是所谓的“至乐无声而天下之人和”。所以说,仁者的最高原则是爱人,智者的最高原则是知贤,执政的关键莫大于善于任用人才。有德的帝王,倘若能够提高这三方面的修养,那么四海之内,都能听从他的命令。这就是所谓的“折冲千里之外”。所以说,英明的帝王率兵出征,犹如及时雨降临,一到被征伐国,便让其国人悦服,这就是所谓的“还师衽席之上”。所以扬雄说:“六经治国的道理,贵在防患于未萌;兵家制胜的道理,贵在不战而屈人之兵。”这便是孔子学派的治国之术。

墨子曰:“古之人未知为宫,就陵阜而居,穴而处。故圣王作,为宫室。为宫室之法:高足以避润湿,边足以圉风寒,宫墙之高,足以别男女之礼。谨此则止,不以为观乐也。故天下之人,财用可得而足也。当今之王为宫室,则与此异矣。必厚敛于百姓,以为宫室台榭曲直之望,青黄刻镂之饰。为宫室若此,故左右皆法而象之。是以其财不足以待凶饥,振孤寡,故国贫而难理也。为宫室不可不节。

古之人未知为衣服,时衣皮带茭,冬则不轻而暖,夏则不轻而清。圣王以为不中人之情,故圣人作。诲妇人,以为人衣。为衣服之法:冬则练帛,足以为轻暖;夏则絺绤,足以为轻清。谨此则止,非以荣耳目,观于人也。是以其人用俭约而易治,其君用财节而易赡也。当今之王,其为衣服,则与此异矣。必厚敛于百姓,以为文彩靡曼之衣,铸金以为钩,珠玉以为佩。由此观之，其为衣服，非为身体，皆为观好也。是以其人淫僻而难治，其君奢侈而难谏。夫以奢侈之君，御淫僻之人，欲国无乱，不可得也。为衣服不可不节。”此墨翟之术也。

【译文】

墨子说：“古代人不懂得如何建造宫室房屋，便将山陵高地的洞穴作为自己的住所。圣明的帝王出现后，才开始建造宫室。建造宫室的方法是：选择高地以避免潮湿，选择边地以抵御风寒，墙的高度能区别男女的礼节。仅此而已，不追求美观与享乐。所以，当时天下的人，财物富足，人人皆能得到满足。当今君王建造宫室与古代相比大相径庭。他们对百姓横征暴敛，建造的宫室台榭，宏伟壮观，青黄刻镂，极尽曲直豪华之美。以至于左右臣僚竞相效仿，极尽铺张。结果致使国家的财力不足，难以抵御凶灾饥荒，无法赈济孤寡，以至于国家贫弱，难于治理。因此，建造宫室不能不讲求节俭。

古代人也不知道如何缝制衣服，只知道披兽皮、戴树叶，冬天穿得不轻便但很温暖，夏天戴得不轻便但很清爽。圣明的帝王觉得这样不适合人体的需要，于是便教妇女们制作衣服。制作衣服的方法是：冬服用练帛，以使人感到既轻便又暖和；夏服用细布细纱，使人感觉既轻便又清凉。仅此而已，并不追求耳目愉悦，并使他人观赏。因此，那时的百姓穿用俭朴节约而易于管理，那时的帝王勤俭节约，易于奉养。当今君王穿衣则与古代迥然有异了。他们向百姓横征暴敛，制作华美的服装，用金子铸造带钩，用珠玉制作衣佩。由此而观，他们穿衣服，并不仅是为了遮蔽身体，满足冷暖，更多的是为了美观。所以，百姓淫逸邪僻，难以治理；君王奢侈腐化，不听劝谏。以奢侈腐化的君王来统治淫逸邪僻的百姓，要想使国家不发生混乱，那是不可能的。因此，制作衣服不可不讲求节俭。”这是墨翟的治国之术。

商子曰：“法令者，人之命也，为治之本。一兔走，百人逐之，非以兔可分为百，由名分之未定也。卖兔满市，盗不敢取者，由名分之定也。故名分未定，虽尧、舜、禹、汤，且皆加务而逐之；名分已定，则贫、盗不敢取。故圣人之为法令也，置官也，置吏也，所以定分也。名分定则大诈贞信，巨盗愿悫而各自治也。”

申子曰：“君如身，臣如手，君设其本，臣操其末。为人君者，操契以责其名。名者，天地之网，圣人之符。张天地之网，用圣人之符，则万物无所逃矣。”动者摇，静者安，名自名也，事自定也。是以有道者，因名而正之，随事而定之。昔者尧之治天下也，以名，其名正则天下治；桀之治天下也，亦以名，其名倚而天下乱。是以圣人贵名之正也。

李斯书曰:“韩子称‘慈母有败子,而严家无格虏’者,何也?则罚之加焉必也。故商君之法,刑弃灰于道者。夫弃灰薄罪也,而被刑重罚也。夫轻罪且督,而况有重罪乎?故人弗敢犯矣。今不务所以不犯,而事慈母之所以败子,则亦不察于圣人之论矣。”此商鞅、申、韩之术也。

【译文】

商鞅说:“法令是规范人们行为的命令,是治理天下的根本。比如一只兔子在奔跑,后面可能有百余人在追逐,都想得到它。这并不是要将这只兔子分为一百份,而是这只兔子属于谁的名分还没有确定。卖兔子的满街都是,盗贼却不敢公开抢夺,这是因为兔子归属谁的名分已定。因此,名分还未确定时,即使像尧、舜、禹、汤这样的圣人,也可能去追逐;名分一旦确定,即使是最穷之人和盗贼也不敢去抢夺。所以圣人制定法令,设置官职,任用官吏,目的在于确定名分。名分确定后,就是大骗子也会变得贞洁守信,大盗也会变得诚实起来,安分守己了。”

申子说:“君王如身,臣子如手,君王设置根本,臣子操持末节。作为君王,就是通过法律核查臣子的行为与其名分是否相符。名分就像是天地一样大的网,又好像圣人的符信。张开天地之网,手持圣人的符信,则天下万物都无处可逃了。”本性喜运动的就让其去运动,本性喜沉静的就使其安静,使事物的名分与其本性相符合,那么万事万物便能各居其位,相对稳定了。所以,治国有道的国君,根据人们本应居守的名分来纠正他们的行为,依据事情的本性去制订实施的方案。以前尧治理天下时,凭借的就是名分,因为名分正,所以实现了天下大治;桀治理天下时,凭借的也是名分,却因为名分不正,致使天下大乱。所以,圣人对“名正”尤为重视。

李斯在上秦王《谏逐客书》中说:“韩子说‘慈母有败子,而严家无格虏’,这是为什么呢?原因在于能不能实行严厉的惩罚。商鞅的法令,即使是随意在道路倒垃圾,都要施以刑罚。在道上丢弃垃圾本是件小事,但却被处以严刑。轻罪尚且严惩,更不用说重罪了,所以当时的人们不敢犯法。如今的当政者,不在使人们不敢犯法方面做文章、下功夫,却效法慈母出败子的做法,这也太不通晓圣人的治国之论了。”以上是商鞅、申、韩等法家的治国之术。

由是观之,故知治天下者,有王霸焉,有黄老焉,有孔墨焉,有申商焉,此其所以异也。虽经纬殊致,救弊不同,然康济群生,皆有以矣。今议者或引长代之法，诘救弊之言；或引帝王之风，讥霸者之政，不论时变，而务以饰说。故是非之论，纷然作矣。言伪而辩，顺非而泽，此罪人也。故君子禁之。

【译文】

综上所述，治理天下的方法有王霸之术、黄老之术、孔墨之术、申商之术，它们是不同的治国方法。它们虽治理之道有别，解决的问题有所不同，但对于振兴国家、普济众生，都有一定的作用。今天的论者，或者用长治久安的统治方法来反对补救时弊的论说，或者用称帝称王的方法来讥讽称霸的统治方法，不顾时代的变迁，却以粉饰自己的学说为务，所以是非之论，纷纷出笼。把荒谬的观点论证得头头是道，把错误的有害的东西装饰得鲜艳迷人，这些人都是历史的罪人，所以君子要严禁此作为。

卷四　霸纪上

霸　图

臣闻周有天下，其理三百余年。成、康之隆也，刑措四十余年而不用。及其衰也，亦三百余年。故五伯更起。伯者，常佐天子，兴利除害，诛暴禁邪，匡正海内，以尊天子。五伯既没，贤圣莫续，天子孤弱，号令不行，诸侯恣行，强凌弱，众暴寡。田常篡齐，六卿分晋，并为战国，此人之始苦也。于是强国务攻，弱国务守，合纵连横，驰车毂击，介胄生虮虱，人无所告诉。及至秦蚕食天下，并吞战国，一海内之政，坏诸侯之城，法严政峻，谄谀者众。使蒙恬将兵北攻胡，尉佗将卒以戍越，宿兵无用之地，人不聊生。始皇崩，天下大叛，陈胜、吴广举于陈，武臣、张耳举于赵，项梁举吴，田儋举齐，景驹举郢，周市举魏，韩广举燕，穷山通谷，豪杰并起而亡秦族矣。

【译文】

我听说周朝统治天下，治世达三百余年。成、康之盛世，刑罚措置四十多年不被使用。到了衰世，又延续了三百余年。所以五霸相继出现。所谓伯，就是霸主，他们的职责是辅佐天子，兴利除害，诛伐残暴，禁绝邪端，匡正海内，以使天子得到天下诸侯百姓的尊崇。五霸相继去世后，就再没有出现过像他们那样的圣贤，因此周天子开始变得孤弱无力，其号令也得不到执行，诸侯却恣睢横行，倚强凌弱，以众欺寡。田常篡夺了齐国大权，六卿瓜分了晋国，从此进入了诸侯并立的战国时代，也是人们遭受深重灾难的时代。在战国时代，强国致力于攻打弱国，弱国致力于固守防备，或合纵，或连横，战车驰骋，轮毂撞击，战士的介胄生满虱子，百姓更是苦不堪言。后来秦国蚕食天下，逐渐吞并了各诸侯国，统一了天下政令，拆除了诸侯国的城池，实行严峻的刑罚，推行苛刻的暴政，阿谀谄媚之徒与日俱增。秦始皇又派大将蒙恬率军北击匈奴，派尉佗率兵镇守越地，秦将大军屯驻在边远无用之地，搞得民不聊生。秦始皇驾崩后，天下纷纷起兵反叛暴秦。陈胜、吴广在陈地起义，武臣、张耳在赵地起义，项梁在吴地起义，田儋在齐地起义，景驹在郢起义，周市在魏地起义，韩广在燕地起义，天下各地，群雄并起，秦朝皇族很快便被灭亡了。

汉高祖名邦，字季，姓刘氏，沛国丰邑人，为泗上之亭长。秦二世元年，陈胜等起，胜自立为楚王，沛人杀其令，立高祖为沛公。时项梁止薛，沛公往从之，共立义帝，约曰："先入咸阳者王之。"秦将章邯，大败项梁于定陶，梁死，章邯以为楚不足忧，乃北伐赵。楚使项羽等救赵。遣沛公别将西入关。沛公遂攻宛，降之。攻武关，大破秦军。入咸阳，与秦人约法三章。遣兵拒关，欲王关中。是时，项羽破秦军于河北，率诸侯兵四十万至鸿门，欲击沛公。沛公因项伯自解于羽。羽遂杀子婴而东都彭城，立沛公为汉王，王巴、汉。于是用韩信策，乃东伐，还定三秦。

【译文】

汉高祖名邦，字季，姓刘氏，沛国丰邑人，曾担任泗上亭长。秦二世元年，陈胜等人起义，陈胜自立为楚王。沛县人杀死沛县令，立汉高祖为沛公，也举兵反秦。此时，项梁驻军在薛地，沛公便前去投奔他，共同拥立楚怀王之孙为义帝，义帝与项羽、刘邦等人约定："谁先攻陷咸阳，谁就可以称王。"秦将章邯，大败项梁于定陶，项梁死，章邯便认为楚军不值得忧虑，于是率军北伐赵地。楚王便派项羽率兵北上解赵地之危，另派刘邦率兵向西，入函谷关作战。沛公刘邦很快攻下了宛城，宛城秦军投降，继而进攻武关，大破秦军。刘邦进入咸阳后，与秦地百姓约法三章。又派兵驻守关口，想在关中称王。此时，项羽已大败秦军于河北巨鹿，并率诸侯兵四十万到达鸿门，计划攻打沛公。沛公由于项伯的相助，才得以从项羽手中解脱。项羽于是杀死了秦王子婴，率兵东归，定都彭城，立沛公为汉王，治理巴、汉之地。汉王于是听从了韩信的计策，向东征伐，再次平定了三秦之地。

田荣怨项王之不己立，杀田市，自立为齐王。羽北击灭齐，而使九江王杀义帝于郴。汉王为之缟素发丧，临三日，以告诸侯。汉王因项羽之击齐，率诸侯之师五十六万，东袭楚，破彭城。羽闻之，留其将击齐，自以精兵三万归击汉。汉王与羽大战彭城下，汉王不利，出梁地，至虞，谓左右曰："孰能为使淮南王黥布，令发兵背楚，留项王于齐数月，我之取天下，可以万全。"随何乃使淮南，说布背楚。汉王如荥阳，使韩信击魏王豹，虏之。汉遂与楚相距于荥阳。楚围汉王，用陈平计，间得出。入关收兵，欲复东。辕生说汉王，出军宛、叶，引项王南渡，使韩信等得集河北。羽果引兵南渡，如其策。韩信与张耳，以兵数万，东下井陉击赵，破之。乃报汉，因请立张耳为赵王，以镇抚其国，汉王从之。

【译文】

田荣抱怨项羽不立自己为王，便杀了田市，自立为齐王。项羽率军北伐，灭了齐国，并指使九江王在郴杀死了义帝。汉王为义帝披麻戴孝，哀痛三天，并将此事告知天下诸侯。汉王乘项羽率军北伐齐地之机，率五十六万诸侯军向东袭击楚地，大破彭城。项羽听说后，便让部将留在齐地继续作战，亲自率三万精兵回师攻打汉军。汉王和项羽在彭城大战，结果汉王失利，逃出梁地，退到虞地，并对身边的人说："谁能出使淮南，劝淮南王黥布发兵背叛楚王项羽，如果在齐地把项羽牵制数月，我夺取天下，可谓万无一失了。"萧何于是出使淮南，游说黥布背叛楚国。汉王又攻入荥阳，派韩信攻打魏王豹，并将魏王豹俘虏。汉王的军队便在荥阳与楚军对峙。楚军将汉王围住，汉王采纳了陈平的计谋，得以逃出。汉王退回关中，招兵买马，打算再次东征。此时辕生劝说汉王出兵宛、叶，引诱项羽南渡，以便让韩信能够在河北集结兵力。汉王听取了辕生的建议，项羽果然率军南渡，确如辕生所料。韩信和张耳率兵数万，东下井陉，攻打赵地，并取得了胜利，于是报告汉王，请求封张耳为赵王，让他镇抚赵地，汉王同意了。

十二月，汉王拒楚于成皋，飨师欲复战。郎中郑忠说曰："王高垒深壁，勿与战，使刘贾佐彭越入楚地，焚其积聚，破楚师必矣。"项羽乃东击彭越，留曹咎守成皋。时汉数困荥阳、成皋，计欲捐成皋以东，屯巩、洛以距楚。用郦生计，复守成皋。羽初东，嘱曹咎曰："汉即挑战，慎勿与战，勿令汉得东而已。"咎乃出战死，汉王遂进兵取成皋。羽闻咎破，乃还军广武间，为高坛，置太公于其上。汉王遣侯公说羽，求太公，羽乃与汉约：中分天下，割鸿沟以西为汉，以东为楚，归汉王父母及吕后。项王解而东，汉王欲西，张良曰："今汉有天下大半，而诸侯皆附，楚兵疲食尽，此天亡楚之时，不如因其东而取之。"汉王乃追羽，与齐王韩信、魏相彭越期，会击楚，皆不会。用张良计，信等皆引兵围羽垓下，遂灭项氏。都洛阳，用娄敬策，徙都长安。有告楚王韩信反，用陈平计擒之，废为淮阴侯。陈豨为代相，与韩信、王黄等反，豨自立为代王，上自往破之。尉佗王南越，反，高祖使陆贾赐尉佗印绶，为南越王，令称臣，奉汉约。高祖在位十二年崩，年六十二。惠帝立，吕后临政。景帝时，吴、楚反，征平之。崩，太子彻立。崩，子弗陵立。崩，立武帝孙昌邑王贺。废，立武帝曾孙。崩，立太子奭。崩，立太子骜。崩，立宣帝孙定陶恭王子欣。崩，立帝弟中山孝王衎。

【译文】

十二月,汉王与楚军相持于成皋,并犒赏将士,准备再战。郎中郑忠向汉王谏言说:“请大王加固军垒,先不要与楚军开战,派刘贾协助彭越潜入楚地,将楚军的辎重粮草烧掉,必定能够大破楚军。”项羽此时正率军东击彭越,留部将曹咎驻守城皋。当时,汉王因在荥阳、成皋多次被困,正打算放弃成皋以东之地,屯兵驻守在巩、洛之间,抗拒楚军,后采用郦生的计策,坚定了固守成皋的决心。项羽引兵东进之初,曾叮嘱曹咎说:“即便汉军挑战,也千万不要与其作战,只要不让汉军东进就行了。”曹咎却不听项羽命令,出军迎战汉军,结果战死,汉王便进兵攻占了成皋。项羽得知曹咎战败后,急忙回师广武间,并建造了一座高坛,把刘邦的父亲放置在高坛上。汉王派侯公游说项羽,请求他放了太公。项羽于是与汉王定下约定:中分天下,划鸿沟以西归属汉王,以东则归属楚王,同时将汉王的父母及吕后遣还。项王解兵东归,汉王也想引兵西归。此时张良献计说:“如今汉王已据有了大半天下,且各诸侯皆都归附于汉。而楚兵正疲惫不堪,粮食殆尽,正是上天要灭亡楚国,不如乘势引兵东进,攻而取之。”汉王于是率军追击项羽,并与齐王韩信、魏相彭越约定合力攻击楚军,结果韩信、彭越均未能如约会合。便又用张良之计,促使韩信等出兵,将项羽追逼包围在垓下,最终消灭了项氏。汉王最初建都洛阳,后来听取娄敬的策略,迁都长安。有人报告楚王韩信意图谋反,汉高祖采纳陈平的计谋,将韩信生擒,并废其为淮阴侯。陈豨为代地相国,与韩信、王黄等人谋反,陈豨自立为代王。汉高祖亲自率兵将其击败。尉佗在南越反汉称王,汉高祖派遣陆贾出使南越,赐给尉佗印绶,正式封尉佗为南越王,并命令他向汉称臣,接受汉朝廷的约束。汉高祖在位十二年驾崩,享年六十二岁。惠帝继位后,吕后临朝听政。汉景帝时,爆发了以吴、楚为首的“七国之乱”,均予以平定。汉景帝驾崩后,太子刘彻继位,即汉武帝。武帝驾崩后,刘弗陵继位,即汉昭帝。昭帝驾崩后,立武帝的孙子昌邑王刘贺。后被废,又立武帝曾孙刘询,即汉宣帝。宣帝驾崩后,立太子刘奭,即汉元帝。元帝驾崩后,立太子刘骜,即汉成帝。成帝驾崩后,立宣帝的孙子定陶恭王之子刘欣,即汉哀帝。哀帝驾崩后,立哀帝的弟弟中山孝王刘衎,即汉平帝。

伪新室王莽者,成帝舅王曼之子,元帝王皇后之侄也。元帝崩,成帝即位,以元舅凤为大司马,兄弟五人皆为侯。曼早卒,凤将薨,以莽托太后,封为新都侯。五侯竟为僭,起治第舍。莽幼孤贫,独折节恭谨,当世名士,多为莽言,上由是贤之,拜为侍中。时,成帝废许后,立赵飞燕。飞燕女弟为昭仪，昭仪害后宫皇子，帝无嗣，乃立定陶王欣为皇太子。莽以发定陵侯淳于长大奸，拜为大司马，时年三十八。成帝崩，哀帝即位，立皇后傅后，封后父傅晏为孔乡侯。帝母丁后曰恭皇太后，舅丁明为安阳侯。莽乞骸骨，避丁、傅也。哀帝崩，时莽以侯在第，太皇太后令莽备佐丧事，复为大司马。征立中山王为帝，太皇太后临朝，莽秉政，百官总己以听于莽。平帝崩，莽征宣帝玄孙广成侯子婴立之，年三岁。遂谋居摄，如周公故事。东都太守翟义反，败死。莽自谓威德日盛，获天人之助，用铜匮符命，遂即真。其九年，赤眉贼起。十四年，世祖起兵，与王匡等共立刘圣公为更始皇帝。莽遣王寻、王邑击更始，二公兵败于昆阳，汉兵遂入城中，人皆降，莽走渐台，藏于室中北隅间，校尉公孙宾就斩莽，遂传首诣更始于宛。

【译文】

伪新朝王莽，是汉成帝的舅父王曼之子、汉元帝王皇后的侄子。元帝驾崩后，成帝继位，拜其大舅父王凤为大司马，王氏五兄弟皆封侯。王曼早死，王凤临死前，将王莽托付给太后，并封其为新都侯。五侯竞相僭越侯爵礼仪，建构豪华府邸。王莽年幼孤贫，独能折节待人，谦虚谨慎，当世名士纷纷替王莽说好话，汉成帝由此认为王莽是贤良之士，便拜王莽为侍中。当时成帝废掉许皇后，另立赵飞燕为皇后，立赵飞燕之妹为昭仪。昭仪谋害了后宫全部皇子，成帝因而没有嗣后，于是立定陶王刘欣为皇太子。王莽因揭发定陵侯淳于长的奸情，官拜大司马，当时年仅三十八岁。汉成帝驾崩后，哀帝即位，立傅皇后，封傅后的父亲为孔乡侯，哀帝的母亲丁后为恭皇太后，皇帝的舅父丁明为安阳侯。王莽乞求告老还乡，就是为了躲避丁、傅的显赫势焰。哀帝驾崩时，王莽正在侯第闲居，太皇太后命王莽为哀帝办理丧事，复职大司马。征立中山王为皇帝，太皇太后临朝听政，王莽把持朝政大权，百官司职都听命于王莽。汉平帝驾崩后，王莽又立汉宣帝玄孙广成侯之子刘婴为皇帝，年仅三岁。王莽打算仿效周公摄政，管理汉朝。东都太守翟义谋反，事败身死。王莽自认为威望功德最大，已得到上天和人民的佑助，便利用铜匮符命，篡位称孤。王莽篡位九年，赤眉军起义。十四年，世祖光武帝刘秀起兵，与王匡等共同拥立刘圣公为更始皇帝。王莽派遣王寻、王邑率兵攻打更始的军队，结果二人兵败昆阳，汉军于是攻占了长安城，王莽的军队全部投降，王莽逃到渐台，藏到了室中北角落，被校尉公孙宾发觉并斩首，便将王莽的首级传送到宛城，呈献给更始皇帝。

世祖光武皇帝讳秀，字文叔，南阳蔡阳人，高皇帝之九代孙也。王莽末，天下连岁灾蝗，寇盗蜂起。时世祖避吏新野，因卖谷宛，宛人李通以图谶说世祖，世祖于是与通弟李轶起于宛，兄伯升起于舂陵，邓晨起新野，会众兵击长聚。新市人王匡等立刘圣公为天子，而害伯升，号更始元年。更始使世祖为偏将军，徇昆阳。王莽闻汉帝立，大惧，遣大司徒王寻、大司空王邑，将兵百万，击世祖于昆阳，世祖破之。三辅豪杰，共诛王莽，传首诣宛。更始以世祖行大司马事，持节北渡河，镇慰州郡。王郎诈为成帝子子舆，立为天子，都邯郸，遣使降下郡国，世祖灭之。世祖威声日盛，更始疑虑，乃遣使立世祖为萧王，令罢兵，与诸将有功者还长安，遣苗曾为幽州牧，韦顺为上谷守，并北之郡。世祖辞不就征，斩苗曾等。自是始贰于更始。是时，长安政乱，四方背叛，皆平之。赤眉贼入函关，攻更始。世祖乃遣邓禹引兵而西，以乘更始、赤眉之乱。于是诸将上尊号，乃命有司设坛于鄗南千秋亭五城陌，即皇帝位。十月，驾东幸洛阳，赤眉降。平隗嚣，灭公孙述，天下大定。崩于南宫，时年六十三。末孙灵帝用阉人曹节等，矫制诛太傅陈蕃、李膺，其党人皆禁锢。中平九年，黄巾贼起。灵帝崩，太子辩即位。董卓入朝，因废帝为弘农王，而立献帝。李傕逼帝东迁，曹操迁帝都许。操薨，帝逊位于曹丕。

【译文】

世祖汉光武帝名秀，字文叔，南阳蔡阳人，是汉高祖第九世孙。王莽末年，天下连年发生水旱蝗灾，寇盗蜂拥而起。当时，刘秀躲避于新野，又因去宛城卖谷，认识了宛城人李通。李通用图谶劝勉刘秀，大意为刘氏将复兴，李氏为辅佐。于是刘秀和李通的弟弟李轶在宛城起兵，其兄刘伯升起兵于舂陵，邓晨在新野起义，然后会集众兵进攻长聚。新市人王匡等拥立刘圣公为皇帝，并杀害了刘伯升，建号为更始元年。更始皇帝任命刘秀为偏将军，带兵攻打昆阳。王莽听说义军已立汉皇帝，十分害怕，便派遣大司徒王寻、大司空王邑率百万大军去昆阳讨伐刘秀，刘秀大败二人。京师三辅地区的豪杰共同诛杀了王莽，并将其首级送到了宛城。更始皇帝任命刘秀为大司马，并让他持皇帝的符节北渡黄河，镇守抚慰河北诸州郡。王郎假称自己是汉成帝的儿子子舆，自立为天子，建都邯郸，并派遣使者让各郡国投降他，刘秀便斩灭了王郎。其名气日渐大噪，引起了更始皇帝的疑虑，便派使者封刘秀为萧王，令其罢兵，与有战功的大将同返长安；同时派遣苗曾为幽州牧，韦顺为上谷太守，一并管理北方。刘秀辞不受命，并斩杀了苗曾等人。自此，刘秀便与更始皇帝产生了二心。此时，长安政局混乱，反兵四起，但均被镇压。赤眉军入函谷关攻打更始皇帝。刘秀便派邓禹引兵西进，趁着更始、赤眉战乱之机，坐收渔人之利。这时，诸将纷纷称刘秀为皇帝，刘秀便命有司在鄗南千秋亭五城陌设立祭坛，登基为皇帝。十月，刘秀向东定都洛阳，赤眉军投降了刘秀，接着刘秀平定了隗嚣，消灭掉公孙述，天下平定。后来刘秀在洛阳南宫驾崩，享年六十三岁。光武帝末孙汉灵帝重用宦官曹节等人，曹节等人假传圣旨，将太傅陈蕃、李膺杀害，其党人皆被禁锢。中平九年，爆发了黄巾起义，灵帝驾崩后，太子刘辩即位。董卓入朝，废刘辩为弘农王，另立献帝即位。李傕迫使汉献帝东迁，曹操又让献帝迁至许都。曹操死后，汉献帝被迫让位于曹丕。

魏太祖武皇帝，沛国谯人也。姓曹，讳操，字孟德。灵帝时为典农校尉。汉末，奄竖擅权，何进谋诛阉竖，太后不听。进乃召四方猛将，使引兵向京师，欲以恐劫太后。董卓至，废帝为弘农王，而立献帝，京师大乱。太祖亡出关，至陈留，散家财，合义兵于已吾。与后将军袁术、冀州牧韩馥、豫州刺史孔伷、兖州刺史刘岱、渤海太守袁绍同时俱起，众各数万，推绍为盟主，曹公行称奋武将军。卓闻兵起，乃徙天子都长安，卓留兵屯洛阳。司徒王允与吕布杀卓，杨奉、韩暹以天子还洛阳。太祖至洛阳卫京邑，暹遁走。太祖以洛阳烧焚残破，奉天子都许。下诏责袁绍以地广兵强，专自树党，不闻勤王之师。绍遂攻许，太祖破之官渡，绍呕血死。太祖讨绍子谭、尚于黎阳。尚与熙奔辽东，太守公孙康斩尚、熙，送其首，遂平河北。太祖征刘表，会表卒，子琮降。关中诸将马超、韩遂、成宜等反，曹公破之。天子策命公为魏王。二十五年，薨于洛阳。子丕嗣，受汉禅。崩，子睿嗣。崩，子齐王芳立。废，高贵乡公髦立。废，常道乡公璜立，璜禅晋。

【译文】

魏太祖武皇帝，沛国谯人，姓曹名操，字孟德。汉灵帝时担任典农校尉。东汉末年，宦官专权，何进计划铲除宦官，何太后不同意。何进便下令让四方猛将进发洛阳，想借此来恐吓劫持太后。董卓率军入京后，废皇帝刘辩为弘农王，另立汉献帝，造成京城大乱。曹操逃出关中，到了陈留，广散家财，召集义兵汇集已吾。他与后将军袁术、冀州牧韩馥、豫州刺史孔伷、兖州刺史刘岱、渤海太守袁绍等同时起兵，结为联盟，推举袁绍为盟主，曹操称奋武将军，一起讨伐董卓。董卓听到后，便携天子迁都长安，留兵驻守洛阳。司徒王允与吕布诛杀了董卓，杨奉、韩暹送天子返还洛阳。曹操率兵进洛阳保卫京城，韩暹被曹操打败逃走。曹操认为洛阳屡遭兵火，已经烧焚残破，携天子迁都许昌。并以天子的名义斥责袁绍自以为地广兵强，结党营私，而不派兵勤王。

袁绍于是进攻许昌，曹操大破袁绍于官渡，袁绍吐血而死。太祖又攻打黎阳，讨伐袁绍之子袁谭、袁尚。袁尚与袁熙逃至辽东，辽东太守公孙康斩二人首级送给太祖曹操。河北一带遂被平定。曹操继而又征讨刘表，恰逢刘表病死，其儿子刘琮便投降了曹操。关中诸将马超、韩遂、成宜等起兵反操，曹操将他们击败。汉献帝封曹操为魏王。建安二十五年，曹操死于洛阳，其子曹丕继承王位，接受汉献帝禅让，即皇帝位。曹丕死后，其子曹睿立。曹睿死后，其子齐王曹芳立。曹芳被废，高贵乡公曹髦立。曹髦被废，常道乡公曹璜立，曹璜将皇位禅让给晋。

晋高祖宣皇帝名懿，字仲达，姓司马，河内温人也。仕于魏武之世，历文、明二帝，居将相之位，平孟达，灭公孙度，擒王陵。魏明帝崩，遗诏使帝为太尉，与大将军曹爽辅少主。帝诛曹爽。宣帝崩，子师代为相。镇东将军毌丘俭、扬州刺史文钦反，征平之。景帝崩，弟昭代为相，辅政为司空。诸葛诞据寿春，反，奉诏征平之。伐蜀，擒刘禅。于时政出于权臣，人君主祭而已。魏帝不能容，自勒兵攻相府，太祖用长史贾充计，逆战，舍人成济执杀魏帝。太祖崩，子炎受魏禅。既受魏禅，用羊祜、杜预计，征吴，平之。立二十五年崩，太子衷立。惠帝不惠，妃贾充女为皇后。后秉权，杀杨骏，废太后，诛太宰汝南王亮、太保卫瓘。戮楚王玮，殒太子遹，用赵王伦为相国。伦恶司空张华，仆射裴頠正直，矫诏诛之，伦遂篡帝位。于是齐王攸之子冏与帝弟成都王颖等起义兵诛伦。颖于是镇邺。并州刺史东瀛公腾、安北将军王浚，又起兵讨颖。颖败，挟天子南奔洛阳。后惠帝复位，帝弟长沙王乂谮冏，诛之。由是戎狄并兴，四方阻乱，遂分为三十六国。惠帝立，十四年崩。弟豫章王炽立，都长安，为胡贼所杀。怀帝崩，立吴王晏子业，亦为胡贼所杀。

【译文】

晋高祖宣皇帝名懿，字仲达，姓司马，河南温县人。在魏武帝时入仕为官，辅佐过魏文帝、魏明帝，居于将相之位。曾平定孟达之乱，灭掉公孙度，擒获王陵。魏明帝驾崩后，遗诏委任司马懿做太尉，与大将军曹爽一块儿辅佐少主。司马懿用计诛杀了曹爽，独揽朝政。司马懿死后，其子司马师代父为相。镇东将军毌丘俭、扬州刺史文钦起兵造反，司马师便平定了毌丘俭和文钦。司马师死后，其弟司马昭代其为相，凭借司空的身份辅政。诸葛诞在寿春兴兵反叛，司马昭奉诏平定了诸葛诞的反叛。又出兵攻打蜀汉，擒获后主刘禅。当时，魏国朝政被权臣掌控，皇帝已名实不符，仅名义上主持祭祀而已。魏皇帝不甘心其傀儡地位，便亲自带兵攻打司马昭的相府。司马昭接受长史贾充的计策，出兵迎战，让舍人成济将魏皇帝执杀。司马昭死后，魏皇帝禅让给其子司马炎，遂建立晋朝，并用羊祜、杜预的计策，东征吴国，将吴吞并。晋武帝司马炎在位二十五年后驾崩，太子司马衷继立，即晋惠帝。惠帝生性木讷，将贾充之女立为皇后，皇后擅权，诛杀了皇太后之父杨骏，废除了太后，并杀害了太宰汝南王司马亮、太保卫瓘、楚王司马玮和太子司马遹。重用赵王司马伦为相国。司马伦嫌恶司空张华、仆射裴颜正直，便假传圣旨，将张华和裴颜诛杀，随后篡夺了帝位。于是齐王攸之子司马冏与晋惠帝的弟弟成都王司马颖等共同起兵杀了司马伦。司马颖镇守邺。并州刺史东瀛公司马腾、安北将军王浚又起兵征讨司马颖，司马颖兵败，挟持天子向南逃至洛阳。后来，晋惠帝恢复帝位，惠帝的弟弟长沙王又谗毁司马冏，司马冏便被杀害。自此以后，戎狄各部纷纷兴起，四方混乱，天下遂分裂为三十六国。晋惠帝在位十四年后驾崩，其弟豫章王司马炽继位，定都长安，被胡族首领杀害。怀帝驾崩后，立吴王司马晏之子司马业为帝，也被胡族首领杀害。

中宗元皇帝睿乃兴于江东。帝在位十六年崩，太子绍立。王敦威振内外，将谋为逆，肃宗征破之。三年，肃宗崩，至简文帝第三子孝武帝昌明立，羝贼苻坚寇淮南，晋冠军将军谢玄等大破坚于淝水，坚还长安。二十一年，帝崩，自后遂干戈相继，至安帝为桓玄所篡，宋祖刘裕平玄，至恭帝遂禅于宋。

【译文】

中宗元皇帝司马睿在江东兴起。在位十六年后驾崩，太子司马绍继立，即晋明帝。此时大将军王敦威震内外，欲谋叛乱，晋明帝出兵征讨，并大败王敦。晋明帝在位三年便驾崩。到晋孝武帝司马曜继位时，前秦王苻坚率大军百万进犯东晋，晋冠军将军谢玄等大破秦军于淝水，苻坚兵败后退后长安。孝武帝在位二十一年后驾崩，自此以后，干戈相继，战乱不断。晋安帝时，桓玄篡夺了帝位，宋祖刘裕平定了桓玄。到晋恭帝时，将帝位禅让给宋。

高祖武皇帝姓刘，名裕，字德舆，彭城人。桓玄篡晋，高祖与刘毅、何无忌等，潜谋匡复，起兵平玄，奉天子反正，因居将相之任，封豫章郡公。蜀贼谯纵称王，高祖遣将征平之。姚泓僭号于西京，高祖征平之，擒泓。鲜卑慕容超据守青州，称燕王，高祖征，擒超。贼卢循据南海，因高祖北伐燕，乘虚下袭建业。高祖还，乃平之。刘毅据荆州，贰于高祖，高祖遣将征，诛毅。荆州刺史司马休之反，征之。晋帝加高祖位相国，总百揆，扬州牧，封十郡，为宋公。晋安帝崩，大司马琅玡王即位，征帝入辅，禅位于宋。永初元年六月丁卯，即帝位于南郊，设坛，柴燎告天。礼毕，备法驾幸建康宫，临太极前殿，大赦，改元。在位三年崩，立太子义符。废，立宜都王义隆。弑，立武陵王骏。崩，立太子子业。崩，立湘东王彧。崩，立太子昱。崩，立顺帝准，逊位于齐萧道成，凡八代六十年。

【译文】

高祖武皇帝姓刘，名裕，字德舆，彭城人。桓玄篡晋自立，刘裕与刘毅、何无忌等人暗中策划，匡复晋室，便起兵征讨桓玄，且取得胜利。因助天子复位有功，官拜将相，赐封为豫章郡公。蜀贼谯纵称王，刘裕派将领前去讨伐，并得以平定。姚泓称帝于西京，刘裕亲自征讨，俘虏了姚泓。鲜卑族慕容超据守青州，自称燕王，刘裕引兵亲征，擒获慕容超。逆贼卢循占据南海，趁刘裕北上伐燕之机，攻袭建业，刘裕班师后，便讨平了卢循。刘毅占据荆州，反叛刘裕，刘裕派兵攻打刘毅，并将刘毅诛杀。荆州刺史司马休之起兵谋反，刘裕率兵讨伐。晋帝拜刘裕为相国，统领百官、兼任扬州牧，又赐予刘裕十郡的封地，封为宋公。晋安帝驾崩后，大司马琅玡王司马德文即位，征召刘裕入朝辅政，不久将帝位禅让给宋。永初元年六月丁卯，刘裕在南郊登基，设置祭坛，举行柴燎仪式上告皇天。礼仪结束后，刘裕驾幸建康宫，登太极前殿，大赦天下，改元永初。在位三年后驾崩，立太子刘义符，后又被废，立宜都王刘义隆，即宋文帝。宋文帝被弑杀，立武陵王刘骏。刘骏驾崩后，立太子刘子业。刘子业驾崩后，立湘东王刘彧。刘彧驾崩后，立太子刘昱。刘昱驾崩后，立顺帝刘准，刘准逊位给齐公萧道成。宋共经历了八代皇帝，共计六十年。

齐太祖高皇帝讳道成，姓萧氏，东海兰陵人也，为辅国将军。宋明帝初，会稽太守寻阳王子房反，在东诸郡起兵。徐州刺史薛安都据彭城，归魏，遣从子索儿攻淮阴，晋安王勋遣临川内史张淹自鄱阳道入三吴，帝并讨平之，使镇淮阴。七年，征还都。至，拜常侍。明帝崩，遗诏使与袁粲共掌机事。江州刺史桂阳王休范举兵反，帝讨平之。迁中领军。苍梧王深相猜忌，常语左右杨玉夫："伺织女渡，报我。"是夜七夕，玉夫惧，取千牛刀杀之。帝乃迎立顺帝。荆州刺史沈攸之反，帝讨之。进位相国，封齐公，备九锡。四月，宋帝禅位于齐。甲午，即皇帝位于南郊，柴燎告天。礼毕，备法驾幸建康宫，临太极前殿，大赦，改元。建元四年崩，立太子赜。崩，立太孙昭业。崩，立弟昭文。废，立西昌侯鸾。崩，立太子宝卷。崩，立和帝宝融，以位禅梁。

【译文】

齐太祖高皇帝名道成，姓萧氏，东海兰陵人，宋时任辅国将军。宋明帝初年，会稽太守寻阳王刘子房谋反，起兵于东部诸郡。徐州刺史薛安都占据彭城，投降北魏，并派其侄子薛索儿进攻淮阴，晋安王刘勋遣临川内史张淹从鄱阳进攻三吴地区，萧道成逐一平定，并被宋明帝派遣到淮阴镇守。泰始七年，宋明帝召萧道成回京都，官拜常侍。宋明帝死后，遗诏委任萧道成与袁粲共掌机要。江州刺史桂阳王刘休范起兵谋反，萧道成率兵征讨并成功。因功升为中领军。苍梧王对萧道成猜忌很深，常对近侍杨玉夫说："等到织女渡过天河时，要赶快告诉我。"在七夕夜，杨玉夫害怕苍梧王杀萧道成，便用千牛刀杀了苍梧王。萧道成于是迎立宋顺帝。荆州刺史沈攸之起兵谋反，萧道成率兵平定。萧道成遂官拜相国，赐封齐公，加赐九锡。四月，宋帝将皇位禅让给齐公。甲午，萧道成在南郊即皇帝位，举行柴燎仪式祭告上天。礼仪结束后，萧道成驾幸建康宫，登太极前殿，大赦天下，改元建元。建元四年，萧道成驾崩，立太子萧赜。萧赜驾崩后，立太孙萧昭业。萧昭业驾崩后，立其弟昭文。昭文被废，立西昌侯萧鸾。萧鸾驾崩后，立太子萧宝卷。萧宝卷驾崩后，立和帝宝融，宝融将帝位禅让给梁。

梁高祖武皇帝名衍，姓萧氏。为巴陵王法曹，后为竟陵王子良八友。魏将王肃攻司州，帝破之，以功封建康郡男。齐明帝崩，东昏即位，遗诏以帝为都督、雍州刺史。长兄懿被害，帝起义。戊申，帝发自襄阳，郢、鲁诸城及诸将并降。壬午，帝镇石头，命众军围六门。卫尉张稷斩东昏，以黄油裹首送军，平京邑，齐和帝以位禅梁，帝即位。太清元年，齐司徒侯景以十三州内属。侯景反，至京师，幽帝而崩。侯景立武帝太子纲为帝，又为景所杀。湘东王绎于荆州，使王僧辩等平侯景，传首江陵，景平。湘东王即位于江陵。魏使万纽、于谨来攻，梁王萧詧率众会之，帝见执，魏人戕帝。江陵既陷，王僧辩、陈霸先等议立帝子方智，于江州奉迎至建邺即位。太平二年，禅位于陈。

【译文】

梁高祖武皇帝名衍，姓萧氏，曾在巴陵王萧子伦处做法曹，后为竟陵王萧子良八友之一。北魏将领王肃进攻司州，萧衍统兵打败了王肃，因功官拜建康郡男。齐明帝驾崩后，东昏侯即位，齐明帝遗诏委任萧衍为都督、雍州刺史。长兄萧懿被东昏侯杀害，萧衍遂起兵反齐。戊申，萧衍从襄阳出兵，郢、鲁诸城及诸将都归降萧衍。壬午，萧衍坐镇石头城，命士兵将六门包围，卫尉张稷斩杀东昏侯，将用黄油包裹的东昏侯首级送至萧衍军中，萧衍遂平定京城，齐和帝将帝位禅让给梁，萧衍即皇帝位。太清元年，齐司徒侯景将魏地十三州进献给梁。后来侯景谋反，率兵进至京师，梁武帝萧衍被困死在宫中。侯景立梁武帝太子萧纲为帝，继而又杀害了萧纲。湘东王萧绎驻守荆州，派王僧辩等讨伐侯景，斩杀侯景，并将其首级送到江陵，侯景之乱遂被平定。萧绎在江陵即位。魏派万纽、于谨率军进攻梁朝，梁王萧詧率兵迎战，结果梁军大败，梁元帝被魏兵擒获，继而被魏人杀害。江陵被攻陷后，王僧辩、陈霸先等议立元帝之子萧方智为帝，萧方智遂自江州被奉迎至建邺即位。太平二年，梁将帝位禅让给陈。

高祖武皇帝姓陈氏，名霸先，吴兴长城人也。梁武帝时为直阁将军。侯景反，高祖率所领与侯景大战。侯景败死，湘东王即位，授南徐州刺史，还镇京口。承圣三年，西魏攻陷西台，高祖与王僧辩立晋安王，进帝位。司空僧辩又与齐氏和亲，纳贞阳侯，高祖以为不义，潜师袭王僧辩于石头，克之。是夜缢僧辩，贞阳侯逊位，晋安王复立。徐嗣徽北引齐师，遣萧轨等四十六将，济江至幕府山，高祖并破之。进位丞相，进爵为陈王。永定三年，梁帝禅位于陈。三年，上崩，立弟子蒨。崩，立太子伯宗。废，立顼。崩，立太子叔宝，是为长城公也。叔宝在东宫，好学，有文艺，及即位，耽酒色。

隋文帝初受周禅，甚敦邻好。宣帝崩，遣使赴吊，修敌国之礼，书称名顿首。而后主骄奢，书末云："想彼统内如宜此，宇宙清泰。"隋文帝不悦，以示朝臣，贺若弼、杨素等以为主辱，再拜请罪，并求致讨。文帝曰："我为人父母，岂可限一衣带水而不拯乎？"命作距船，以晋王广为元帅，督八十总管以致讨。韩擒虎入自南掖门，文武各官皆遁出，擒后主。晋王广入据台城，送后主于东宫。三月癸巳，后主与三公百司，发自建邺，之长安。及至京师，列陈舆服，引后主及王公。使宣诏让后主，后主屏息不能对，封长城公，至仁寿四年，终于洛阳。

【译文】

高祖武皇帝陈霸先，吴兴长城人。梁武帝时担任直阁将军。侯景谋反时，陈霸先曾率军大战侯景。侯景失败而死，湘东王萧绎即皇帝位，陈霸先被授予南徐州刺史，镇守京口。承圣三年，西魏攻破西台，陈霸先与王僧辩迎立晋安王即帝位。后来司空王僧辩与北齐和亲，另立贞阳侯为帝。陈霸先认为此是不义之举，便暗中派兵袭击驻扎在石头城的王僧辩，并取得成功，当夜绞死王僧辩，贞阳侯被迫退位，晋安王得以复位。徐嗣徽勾结北齐军队，并派萧轨等四十六将渡江至幕府山，陈霸先将他们逐一击破。因功官拜丞相，进封陈王。永定三年，梁帝将帝位禅让给陈。陈霸先在位三年后驾崩，立他弟弟的儿子陈蒨。陈蒨驾崩，立太子陈伯宗。被废，立陈顼。陈顼驾崩，立太子陈叔宝为帝，陈叔宝就是长城公。陈叔宝做东宫太子时，勤奋好学，尤好文艺，做皇帝后却沉溺酒色。

隋文帝受北周禅让，建立隋朝，立国之初，与陈交好。陈宣帝驾崩后，隋朝还遣使者前往吊唁，对陈朝仍待以平等国家之礼，在国书中隋文帝称自己的名字，书后有“顿首”之语以示尊重。而陈后主却骄恣傲慢，在回复隋文帝的信件末尾有“想彼统内如宜此，宇宙清泰”等无礼之言。隋文帝看后极不高兴，并把陈后主的书信拿给朝臣看。贺若弼、杨素等认为这是对其君主的极大侮辱，便再拜请罪，并请求讨伐陈国。隋文帝说：“我身为人民的父母，岂可因一衣带水之隔，而不去拯救那里的正遭受灾难的人民呢？”于是下令制造大战船，以晋王杨广为元帅，统领八十总管征讨陈国。隋将韩擒虎从南掖门进入宫城，陈朝文武百官均已逃亡，擒获陈后主。晋王杨广占领台城，将陈后主囚禁在东宫。三月癸巳，陈后主与三公百官自建邺出发，前往长安。至长安后，隋朝文武百官舆服列阵，然后将陈后主及王公百官陈列于廷，隋文帝命人宣读诏书，谴责陈后主罪状，陈后主屏声息气，无言可对。隋文帝封陈后主为长城公。仁寿四年，在洛阳死去。

隋高祖姓杨氏，名坚。周武帝初，为随州刺史，女为太子妃。周宣帝立，拜为大司马。宣帝崩，立靖帝，进爵为隋王，遂禅位焉，改号开皇元年。九年，平陈，废太子勇为庶人，立晋王广为皇太子。高祖崩，太子即位。炀帝无道，盗贼蜂起。十三年幸江都，李密设坛于巩，自署魏公。梁师都据夏州，刘武周杀太原留守王恭，举兵反。窦建德自号夏王，朱粲自号楚王，刘元进据吴都。炀帝闻群贼起，大惧。使冯慈明征兵东都，诏唐国公讳镇太原。五月甲子，唐公举义兵，遥尊炀帝为太上皇，立代王侑为天子，行伊霍故事，传檄天下，闻之响应。秋七月，唐公将西图长安，仗白旗、誓众于太原之野，被甲三万，留公子元吉守太原。义师次霍邑，隋武牙郎将宋老生拒义师。时连雨不霁，粮运不给，又讹言突厥将袭太原。唐公惧，命旋师，用秦王谏，乃止。老生背城而阵。一战斩之，平霍邑。冬十月，义师次长乐宫，卫文升挟代王乘城拒守。十一月，平京师，尊代王为天子，改元义宁。时炀帝将之丹阳，而大臣将卒皆北人，不愿南迁，咸思归。宇文化及因百姓之不堪命，杀炀帝于江都，隋室王侯，无少长皆斩之。立嗣王浩为天子，化及为丞相。五月戊午，天子侑逊位于别宫，禅位于唐，都长安。己巳，王世充、段达等立越王侗为皇帝于洛阳。六月，宇文化及自江都至彭城，据黎阳，称许。李密率大军，壁清淇。敦煌张守一闻密之拒化及也，说越王以讨，越王不用其策，用孟琮计，与密连和。李密无东都之虑，尽锐攻化及，破之。密自败化及，益以骄傲。越王命王世充击密，密不用祖君彦计，密师败绩。遂西奔京师，寻谋叛，杀之。大唐武德二年，王世充杀越王侗于洛阳，僭称尊号，隋氏灭矣。

【译文】

隋高祖姓杨名坚，在周武帝初，任随州刺史，其女儿是太子的妃子。周宣帝即位后，官拜大司马。宣帝驾崩后，拥立靖帝，进封为隋王，不久便接受周靖帝禅让，建立隋朝，改年号为开皇元年。开皇九年，吞并陈朝，同年，太子杨勇被废为普通百姓，晋王杨广被立为皇太子。隋文帝杨坚驾崩后，太子杨广即位，即隋炀帝。隋炀帝暴虐无道，以致天下反兵群起。大业十三年，隋炀帝南游江都，李密在巩城设坛起义，自称为“魏公”。梁师都占领夏州，刘武周将太原留守王恭杀害，举兵反隋。窦建德自称夏王，朱粲自谓楚王，刘元进占领吴都。隋炀帝听说反兵蜂起，非常害怕。派冯慈明在东都洛阳征兵，下诏让唐国公李渊镇守太原。五月，李渊举兵，遥尊隋炀帝为太上皇，拥立代王杨侑为天子，重演伊尹、霍光摄政之事，传檄天下，天下纷纷响应李渊。七月，李渊计划西取长安，高举白旗，在太原郊外誓师，将士披甲执锐者三万余人。留公子李元吉镇守太原。李渊率军进驻霍邑，遇到隋武牙郎将宋老生率部的阻击。当时阴雨连绵，粮草不给，又传言突厥准备袭取太原，李渊心生疑惧，下令回师太原。在秦王李世民的谏言下，李渊才改变主意。宋老生背城设阵，唐军大破之，遂斩宋老生，攻占霍邑。十月，唐军进驻长乐宫，卫文升挟制代王守城。十一月，平定京师长安，尊代王为天子，改年号为义宁。当时隋炀帝计划去丹阳，而大臣将士皆为北方人，不想南迁，都盼望北归。宇文化及因见百姓不堪隋朝暴政的压迫，于是在江都杀了隋炀帝，隋皇室王侯，不分老幼，统统处斩。另拥立嗣王杨浩为天子，宇文化及为丞相。义宁二年五月，天子杨侑将帝位禅让给唐，定都长安。同月，王世充、段达等在洛阳立越王杨侗为天子。六月,宇文化及从江都至彭城,在黎阳称帝,国号许。李密率大军驻守清淇,敦煌张守一听说李密抵抗宇文化及,便向越王杨侗进言讨伐李密,越王不听张守一建议,而接受了孟琮的计策,反而与李密议和。至此,李密便无东顾之忧,竭尽全力攻打宇文化及,结果大破之。李密自从大破宇文化及后,日益骄傲。越王命令王世充攻打李密,李密不听取祖君彦的计策而招致大败,于是向西投靠唐朝,后因预谋反叛而被杀。大唐武德二年,王世充在洛阳杀害隋越王杨侗,篡夺帝位,隋朝随之灭亡。

论曰:干宝称:"帝王之兴,必俟天命,苟有代谢,非人事也。尧舜内禅,体文德也;汉魏外禅,顺大名也;汤武革命,应天人也;高光争伐,定功业也。各因其运而得天下,随时之义大矣哉。"范晔曰:"自古丧大业,绝宗禋,其所以致削弱祸败者,盖渐有由矣。三代以嬖色取祸,嬴氏以奢虐致灾,西京自外戚失祚,东都缘阉尹倾国,成败之来,先史商之久矣。自秦汉迄于周隋,观其兴亡,虽亦有数,然大抵得之者,皆因得贤豪,为人兴利除害;其失之也,莫不因任用群小,奢汰无度。孔子曰:'以约失之者鲜矣。'又曰:'远佞人,去僻恶。'有旨哉。"

【译文】

作者赵蕤评论说:干宝说:"帝王的兴盛,必须凭借天命相助,朝代的变更兴亡,不是人力所能扭转的。尧舜在内部禅让,体现的是文德;汉魏从外部禅让,顺应的是时代趋势;商汤和周武依靠革命夺取政权,顺应的是天人之意;汉高祖和汉光武通过征伐,奠定了功业的基础。他们都是因为顺应了天地命运而取得天下,由此可见,顺应天时而变化的意义的确太重要了。"范晔说:"自古以来,凡丧失帝王大业,断绝宗禋,其所以日渐衰败以至灾祸败亡,都是有其缘由的。夏、商、周三代败亡是由于贪宠女色所致;嬴氏秦朝的急速灭亡,是由于秦朝奢侈暴虐的政治所致;西汉因外戚专政而失祚;东汉因宦官专权而倾国。前朝的成败得失之由,先辈史家早已有所探讨。自秦汉到周隋,观察其兴亡之迹,虽然也有命运天数的原因,然而大体而言,得天下者,都是因为他们得到了贤士豪杰的辅佐,能为人民兴利除害;失天下者,都是因为他们重用奸邪小人,奢侈无度。孔子说:'因俭约而发生过失的事情,少见得很。'又说:'远离奸佞之人,除掉邪僻险恶之人。'这些话真可谓意味深长。"

卷五　霸纪中

七雄略

臣闻天下，大器也；群生，重蓄也。器大不可以独理，蓄重不可以自守。故划野分疆，所以利建侯也；亲疏相镇，所以关盛衰也。昔周鉴二代，立爵五等，封国八百，同姓五十。深根固本，为不可拔者也。故盛则周、召相其治；衰则五霸扶其弱。所以夹辅王室，左右厥世，此三圣制法之意。然厚下之典，弊于尾大。自幽、平之后，日以陵夷，爵禄多出于陪臣，征伐不由于天子。吴并于越，郑兼于韩，鲁灭于楚，海内无主，四十余年而为战国矣。秦据势胜之地，骋狙诈之兵，蚕食山东，山东患之。苏秦，洛阳人也，合诸侯之纵以宾秦。张仪，魏人也，破诸侯之纵以连横。此纵横之所起也。

【译文】

我听说天下就像件庞大的容器，百姓就像容器中所贮藏的贵重财物。容器庞大，就不能由一人单独管理；财物多且贵重，就不能由一人单独看守。所以就要划分疆域，以利于封建诸侯；按照亲疏关系镇守疆域，直接关系到王朝的盛衰。从前，周朝借鉴夏、商两朝的经验教训，将爵位分为五等，将领土分封为八百多个诸侯国，且封同姓诸侯五十多个。自此，周朝的天下可谓是根深蒂固，不可动摇。由此，在周朝昌盛时，有周公、召公这样的宰相辅佐其圣主；当周朝衰弱时，尚有五霸这样的诸侯辅助其弱君。让诸侯夹辅王室、掌握局势，这是三圣最初制定分封制的根本意图。然而，周朝这种恩厚臣下的典章制度，弊端在于尾大不掉。自周幽王、周平王后，周朝日益衰颓，陪臣掌握着爵禄封赏的大权，天子也失去了征讨的决定权。吴国被越国吞并，郑国被韩国兼并，鲁国被楚国所灭，造成了天下四十余年无主的局面，中国遂进入到战国时期。秦国占据形胜之地，凭借诡诈之兵，蚕食山东诸侯。其余六国民众深受秦国侵略之苦。苏秦是洛阳人，号召山东诸侯联合起来抵抗秦。张仪是魏国人，采用连横的方式攻破了山东诸侯的合纵。这就是纵横之说的缘起。

苏秦初合纵，至燕，说燕文侯曰：“燕东有朝鲜、辽东，北有林胡、楼烦，西有云中、九原，南有呼沲、易水，地方二千余里，带甲数十万，车六百乘，骑六千匹，粟支数年。南有碣石、雁门之饶，北有枣、栗之利。民虽不田作，而足于枣栗矣。此所谓天府者也。夫安乐无事，不见覆军杀将，无过燕者。大王知其所以然乎？夫燕所以不犯寇被甲者，以赵之为蔽其南也。秦、赵相毙，而王以全燕制其后，此燕之所以不犯寇也。且夫秦之攻燕也，逾云中、九原，过代、上谷，弥地数千里，虽得燕城，秦计固不能守也，秦之不能害燕亦明矣。今赵之攻燕也，发号出令，不至十日，而数十万之军，军于东垣矣；渡呼沲，涉易水，不至四五日，而距国都矣。故曰，秦之攻燕也，战于千里之外；赵之攻燕也，战于百里之内。夫不忧百里之患，而重千里之外，计无过于此者。是故愿大王与赵纵亲，天下为一，则燕国必无事矣。”燕文侯许之。

【译文】

苏秦倡导合纵政策，最初他来到燕国，游说燕文侯说：“燕国东面是朝鲜、辽东，北面是林胡、楼烦，西面是云中、九原，南面是呼沲、易水。土地方圆二千余里，军队有数十万，战车有六百多乘，战马有六千多匹，粮食足可维持数年。南是物产丰富的碣石、雁门，北面则盛产枣栗。百姓即使不生产劳动，枣栗也足够他们食用。这就是所谓的天府之国。若论安乐无事及不见覆军杀将的局面，任何国家都无法同燕国相比，大王您知道是为什么吗？燕国之所以没有发生抵御强寇、披甲征战之事，是因为赵国在燕国之南，做了燕国屏障的缘故。秦、赵交战，相互耗损，而大王却能保存燕国实力，并在后方制约着他们，这是燕国免遭侵略的根本所在。假设秦国攻打燕国，它必须穿越云中、九原、代、上谷等地，行程达数千里，即便是攻下燕国的城池，秦国也是无法将其守住的，秦国不能加害燕国，其原因是很明显的。假使赵国进攻燕国，一声令下，不到十天，数十万大军便可驻军在东垣；渡呼沲、过易水，不到四五天，便可逼近燕国都城了。因此说，秦国若进攻燕国，是转战千里之外；赵国若进攻燕国，则是战于百里之内。不担心百里之患，却考虑千里之外的危险，此计策无疑是严重的失误呀。因此，希望大王能够同赵国亲近，结为联盟，一致对外，那么燕国必然将平安无事。”燕文侯接受了苏秦的建议。

苏秦如赵，说赵肃侯曰：“臣窃为君计，莫若安民无事，且无庸有事民为也。安民之本，在于择交。择交而得则民安，择交而不得，则民终身不安。

请言外患。齐、秦为两敌,而民不得安:倚秦攻齐,而民不得安;倚齐攻秦,而民不得安。君诚能听臣,燕必致毡裘狗马之地,齐必致鱼盐之海,楚必致橘柚之园,韩、魏、中山皆可使致汤沐之奉,而贵戚、父兄皆可受封侯。夫割地包利,五伯之所以覆军擒将而求也;封侯贵戚,汤、武所以放弑而争也。今君高拱而两有之,此臣之所为君愿也。

“夫秦下轵道,则南阳危;劫韩包周,则赵自操兵;据卫取淇、卷,则齐必入朝秦。秦欲已得乎山东,则必举兵而向赵矣。秦甲渡河逾漳,据番吾,则兵必战于邯郸之下矣。此臣之所以为君危也。当今之时,山东之建国,莫强于赵。赵地方二千余里,带甲数十万,车千乘,骑万匹,粟支数年。西有常山,南有河、漳,东有清河,北有燕。燕固弱国,不足畏也。秦之所害于天下莫如赵。然而秦不敢举兵而伐赵者,何也?畏韩、魏之议其后也。然而韩、魏,赵之南蔽也。秦之攻韩、魏也,无名山大川之险,稍稍蚕食之,傅国都而止。韩、魏不能支秦,必入臣于秦。秦无韩、魏之规,则祸必中于赵矣。此臣之所为君患也。

“臣闻尧无三夫之分,舜无咫尺之地,以有天下;禹无百人之聚,以王诸侯;汤武之士,不过三千,车不过三百乘,卒不过三万,立为天子,诚得其道也。是故明主外料其敌之强弱,内度其士卒贤不肖,不待两军相当,而胜败存亡之机,固已形于胸中矣。岂掩于众人之言,而以冥冥决事哉?臣窃以天下之地图按之,诸侯之地,五倍于秦;料度诸侯之卒,十倍于秦。六国并力,西向而攻秦,秦必破矣。今西面而事之,见臣于秦,夫破人之与见破于人,臣人之与见臣于人也,岂可同日而论哉?夫衡人者,皆欲割诸侯之地以与秦。秦成,则高台榭,美宫室,听笙竽之音,国被秦患而不与其忧。是故衡人日夜务以秦权恐吓诸侯,以求割地,愿大王熟计之。

“臣闻明主绝疑去谗,屏流言之迹,塞朋党之门。故尊主强兵之臣,得陈忠于前矣。故窃为大王计,莫若一韩、魏、齐、楚、燕、赵,纵亲以叛秦。合天下之将相,会于洹水之上,通质,刑白马而盟。约曰:秦攻楚,齐、魏各出锐师以佐之,韩绝其粮道,赵涉河、漳,燕守常山之北;秦攻韩、魏,则楚绝其后,齐出锐师以佐之,赵涉河、漳,燕守云中;秦攻齐,则楚绝其后,韩守成皋,魏塞其粮道,赵涉河、漳、博关,燕出锐师以佐之;秦攻燕,则赵守常山,楚军武关,齐涉渤海,韩、魏皆出锐师以佐之;秦攻赵,则韩军宜阳,楚军武关,魏军河外,齐涉清河,燕出锐师以佐之;诸侯有不如约者,以五国之兵共伐之。六国从亲以宾秦,则秦甲必不敢出于函谷以害山东矣。如此则霸王之业成矣。”

赵王曰:“善。”

【译文】

苏秦又到赵国,游说赵肃侯说:“我为大王您着想,最好的策略是让人民安居乐业,且勿加重人民的负担。使人民安居的关键在于外交。外交成功,人民便能安定生活;外交失败,人民便不得安宁。请让我给您谈一下赵国的外患吧。赵国的敌国是齐国和秦国,正是因为它们的存在,赵国人民才不得安生:依靠秦国进攻齐国,人民不得安生;联合齐国进攻秦国,人民也不得安生。倘若大王真能听从我的建议,那么燕国定会向您进献盛产毡裘狗马的土地,齐国定会向您进献盛产鱼盐的海域,楚国定会向您进献生产橘柚的果园,韩、魏、中山都会向您进献他们的封邑,这样您的贵戚父兄都可以被封为诸侯。像这种割地获利的事,正是春秋五霸即使覆军擒将也要追求的;像这种贵戚都能封侯的事,正是商汤、周武不惜冒弑君之罪而极力争取的。现在大王您高居深宫、拱手可得到这两件美事,这正是我为大王您所考虑的。

“倘若秦国攻下轵道,南阳就危险了;倘若秦国劫掠韩国,包围周王室,赵国就得起兵自守;倘若秦军占领卫地,进而攻下淇、卷,则齐国必定会朝拜秦国。倘若秦国夺取了山东诸地,必定会将矛头指向赵国;倘若秦军渡过黄河、涉过漳水,占领番吾,那么必定会兵临邯郸。这正是我为大王您所担心的。当今之世,山东各诸侯国,谁都没有赵国强大。赵国土地方圆二千余里,军队有数十万,战车有上千乘,战马有上万匹,粮食足可维持数年。就地势而论,赵国西是常山,南有黄河、漳河,东有清河,北是燕国。燕国本来就是个弱国,不足畏惧。秦国统一天下的最大阻力便是赵国。然而秦国却又不敢举兵进攻赵国,这是为什么呢?秦国是担心一旦进攻赵国,韩国和魏国就会抄袭它的后路。可见,赵国南部的屏障正是韩国和魏国。秦国倘若进攻这两个国家,它们没有可供依靠的名山大川,会被秦国慢慢蚕食,最终将攻陷其都城。韩、魏无法抵御秦军,就必然会向秦国朝拜称臣。倘若秦国扫除了韩、魏这两大忧患,就必然会嫁祸于赵国。这正是我为大王您所忧虑的。

“我听说唐尧的家产还没有三个农夫多,虞舜的封地连咫尺都不到,最终却拥有了天下;夏禹部下尚不足百人,最终却在诸侯中称王;商汤、周武最初手下的将士不到三千,战车不足三百乘,兵卒不过三万,最终却都做了天子,这是因为他们战略得当的缘故。因此英明的君王,对外能够明辨敌国的强弱,对内能够洞悉将士的能力,这样不用等到两军对垒,敌我双方的胜败存亡,心中早已有数了。怎能被众人的言论所迷惑,而稀里糊涂地决定国家存亡的大事呢?我根据天下地图研究过各诸侯国的土地面积及综合国力。山东各诸侯国的土地面积之和是秦国的五倍,各诸侯国的兵力之和约是秦国的十倍。如果六国团结一致,向西进攻秦国,秦国必败无疑。倘若甘愿西面事秦,向秦国俯首称臣，那么击败他国与被他国击败，让他国向自己称臣与自己向他国称臣，岂可同日而语？主张连横的人，都希望山东诸侯国的土地割与秦国，秦国成功后，这些人便可搭建高台亭榭，修筑华美的宫室，欣赏优美的笙歌竽音，即便他们的国家遭受着秦国的祸患，也不因此而感到忧虑。反而是天天用秦国的威势来恐吓六国诸侯，以求六国割地给秦国。臣请大王认真考虑呀。

"我听说圣明的君王能够遇事不疑，不听信谗言，抵制流言蜚语，堵塞朋党之门。这样，那些尊崇君王、希望富国强兵的忠臣，才能够在君王面前陈述自己的忠心。所以，我为大王考虑，不如与韩、魏、齐、楚、燕、赵六国团结一致，合纵亲睦，共同反叛秦国。将六国的将相团结在一起，在洹之滨集合，互换人质，杀白马而盟誓，约定：倘若秦国进攻楚国，齐、魏便派精兵赴援，韩国断绝秦军粮道，赵军越过黄河、漳河待机，燕国固守在常山以北；倘若秦国进攻韩、魏，楚国则断绝秦军后路，齐国派精兵赴援，赵军渡过黄河、漳河待机，燕国固守在云中；倘若秦国进攻齐国，楚国则断绝秦军后路，韩国固守在成皋，魏国将秦军粮道堵塞，赵军渡过黄河、漳河、博关待机，燕国派精兵赴援；倘若秦国进攻燕国，赵国则固守在常山，楚军驻守武关，齐军涉渤海待机，韩、魏同时派精兵赴援；倘若秦国进攻赵国，韩军则驻守宜阳，楚军固守在武关，魏军出河外，齐军渡过清河，燕国派精兵赴援；诸侯中如果有违背盟约的，其他五国的军队便共同讨伐它。如果六国合纵亲睦，共抗秦国，秦军必定不敢出函谷关，侵害山东各诸侯国。这样，赵国便可成就霸业了。"

赵王说："说得好。"

苏秦如韩，说韩宣王曰："韩北有巩、洛、成皋之固，西有宜阳、商阪之塞，东有宛、穰、洧水，南有陉山。地方九百余里，带甲数十万，天下之强弓劲弩，皆从韩出。韩卒超足而射，百发不暇止，远者栝洞胸，近者镝掩心。韩之剑戟，则龙泉、太阿，皆陆断牛马，水截鹄雁。夫以韩卒之劲，与大王之贤，乃西面而事秦，交臂而服焉。羞社稷而为天下笑，无大于此者也。是故愿大王熟计之。大王无事秦，事秦必求宜阳、成皋，今兹效之，明年又复求割地。与之则无地以给之，不与则弃前功而受后祸。且夫大王之地有尽，而秦之求无已；以有尽之地，而逆无已之求，此所谓市怨结祸者，不战而地已削矣。臣闻鄙谚曰：'宁为鸡口，无为牛后。'今王西面交臂而臣事秦，可异于牛后乎？夫以大王之贤，挟强韩之兵，而有牛后之名，窃为大王羞之。"韩王勃然作色，按剑太息曰："寡人虽不肖，不能事秦。"从之。

【译文】

苏秦接着又来到韩国，游说韩宣王说："韩国北面有巩、洛、成皋等山川之固，西面有宜阳、商阪等要塞，东面有宛、穰、洧水，南面有陉山作屏障。国土方圆九百余里，士兵数十万，天下的强弓、劲弩都产自韩国。韩国士兵射箭本领高超，可连发百箭，远射可穿透敌人的胸膛，近射能穿破敌人胸前的护心甲镜。韩国铸造的剑戟，如龙泉、太阿一样锋利无比，可将陆地上的牛马、水中的天鹅、空中的鸿雁断为两截。韩国有如此强劲的士兵和贤明的君主，却西面事秦，自缚臂膊而向秦王称臣，这对社稷的侮辱，更会被天下人所耻笑，没有比这更屈辱的了。因此，请大王仔细考虑呀。希望大王不要侍奉秦国，倘若屈服于秦国，秦国必定会要求大王将宜阳、成皋分割给它。今日满足了秦国，明年秦国还会提出割地要求。如果答应秦国的要求，却已无地可割；拒绝秦国的要求，则将前功尽弃、后患无穷。况且大王之地是有限的，而秦国的贪欲却是无限的；以韩国有限的土地来满足秦国无止境的贪欲，这正是招怨致祸的根源呀。秦国无须发动战争，便将韩国的土地削夺殆尽了。我听说有句谚语：'宁为鸡口，无为牛后。'如今大王西面而臣事秦国，这同做牛后又有什么区别呢？以大王的贤明，又拥有强劲的军队，却落得个'牛后'的名声，我深为大王感到羞耻。"韩王听后，勃然大怒，手握宝剑，叹息道："寡人虽然非贤明，也绝不能侍奉秦国。"于是便听从了苏秦的合纵主张。

苏秦如魏，说魏襄王曰："大王之地，南有鸿沟、陈、汝，东有淮、颍、煮枣，西有长城之界，北有河外、卷、衍。地方千里。地名虽小，然而田舍庐庑，曾无刍牧之地。人民之众，车马之多，日夜行不绝，輷輷殷殷，若有三军之众。魏，天下之强国也；王，天下之贤主也。今乃有意西面而事秦，称东蕃，筑帝宫，受冠带，祠春秋，臣窃为大王耻之。臣闻越王勾践战弊卒三千，擒夫差于干遂；武王卒三千，革车三百乘，制纣于牧野。岂其卒众哉？诚能奋其威也。今窃闻大王之卒，武士二十万，仓头、奋击，各二十万，厮徒十万，车六百乘，骑六千匹，此过越王勾践、武王远矣。今乃听于群臣之说，而欲臣事秦。夫事秦必割地以效实，故兵未用而国已亏矣。夫为人臣割其主之地以外交，偷取一旦之功，而不顾其后，破公家而成私门，外挟强秦之势，以内劫其主，以求割地，愿大王孰察之。《周书》曰：'绵绵不绝，蔓蔓奈何，毫厘不伐，将用斧柯。'前虑未定，后有大患，将奈之何？大王诚能听臣，六国纵亲，专心并力，则必无强秦之患。故敝邑赵王使臣效愚计，奉明约，在大王诏之。"魏王曰："谨奉教。"

【译文】

苏秦又来到魏国，游说魏襄王说："大王的国土，南有鸿沟、陈、汝水，东有淮河、颍水、煮枣，西有长城之界，北有河外、卷邑、衍邑，国土方圆千里。地方的名气虽不显赫，然而田舍庐屋到处都是，几乎没有可供放牧的土地。魏国人民众多，车马繁多，日夜往来不绝，隆隆的车声，犹如三军将士在行进。魏国是天下的强国，大王您又是天下贤君。而今却想西面事秦，甘愿做秦国东面的藩属国，替秦王修筑行宫，接受秦国赐予的冠带，春秋两季向秦国进贡，以供秦国祭祀之用，我真为大王您感到羞耻呀。我听说当年越王勾践率三千疲弊战士与吴国作战，最终在干遂擒获吴王夫差。周武王率三千士卒，乘三百辆革车，最终在牧野击败了殷纣王。这难道是因为他们士卒的数量多吗？这实在是因为他们的士兵将自己的威力充分发挥出来的缘故。如今我听说大王的军队中武士有二十万，仓头、奋击各二十万，厮徒十万，战车六百多辆，战马六千多匹，这比越王勾践和周武王强大多了。而今却听从群臣的建议，打算臣事秦国。臣事秦国，必定要割地给秦国以表诚心，所以魏国强大的军力尚未行动，国家就已经被削弱了。做人臣的，割让自己君王的土地以与外国结交，窃取一朝之功，而不顾国家的前途，通过损害国家利益来成就私人利益，对外依仗强秦的威势，对内挟持自己的国君向秦割地求和。希望大王您能够详察呀。《周书》上说：'植物的枝蔓还细弱微小时不去除掉，待它滋生蔓延长大后将如何办呢？植物毫厘一般大时不伐掉，将来就只能用斧子去砍伐了。'如果事前不深思熟虑，拿定主意，将来必然招致大祸患，那时该如何办呢？倘若大王真能听从我的意见，六国合纵，团结亲睦，专心对外，就必定不会再有招致强秦侵略的祸患了。所以，赵王派我来向大王呈献合纵之计，奉上盟约，请大王下诏签订吧。"魏王说："我愿意听取您的明教。"

苏秦如齐，说齐宣王曰："齐南有泰山，东有琅琊，西有清河，北有渤海，此四塞之国也。临淄甚富而实，其民无不吹竽鼓瑟、弹琴击筑、斗鸡走狗、六博、蹴踘者也。临淄之途，车毂击，人摩肩，连衽成帷，举袂成幕，挥汗成雨，家殷人足，志气高扬。夫以大王之贤，与齐之强，天下莫能当也。今乃西面事秦，窃为大王羞之。且夫韩、魏之所以畏秦者，为与秦接境壤界也。兵出相当，不出十日，而战胜存亡之机决矣。韩、魏战而胜秦，则兵半折，四境不守；战而不胜，是国已危亡随其后也。是故韩、魏之所以重与秦战，而轻为之臣也。今秦之攻齐则不然。倍韩、魏之地，过卫晋阳之道，经乎亢父之险，车不得方轨，骑不得比行，百人守险，千人不敢过也。秦虽欲深入，则狼顾，恐韩、魏之议其后。是故恫疑虚喝,骄矜而不敢进。夫不深料秦之无奈齐何也,而欲西面事之,是君臣之计过也。今无事秦之名而有强国之实,故愿大王少留意计之。”齐王曰:“善。”

【译文】

苏秦又来到齐国,游说齐宣王说:“齐国南有泰山,东有琅玡,西有清河,北有渤海,是个险塞围绕的国家。临淄城殷实富裕,人民无不吹竽鼓瑟,弹琴击筑,斗鸡走狗,赌博踢球,竞相游乐,好不热闹。临淄城的大道上,车毂相撞,摩肩接踵,连衽成帷,举袂成幕,挥汗成雨,家庭殷实,人民富有,意气昂扬。以大王之贤明,齐国之强盛,天下没有能和齐国相比的了。但如今却西面事秦,我真为大王而感到羞耻呀。韩国和魏国之所以害怕秦国,是因为同秦国接壤。若出动相当的兵力,不出十天,秦国与韩、魏之战的胜败存亡便见分晓了。韩、魏若战胜了秦国,兵力则将伤亡过半,已无力量防守四境;若被秦国战败,随后韩、魏就会走向灭亡。因此,韩、魏两国将同秦国交战问题看得特别审慎,宁肯向秦称臣,也不敢轻易言战。但是,秦国若进攻齐国,形势就大不一样了。秦国必须穿越韩、魏两个国家,再从卫国的晋阳道和亢父之险径上通过,这些地方,战车不得齐驱,战马不能齐行,百人守险,千人不敢通过。秦国即使很想深入齐地,也会有狼顾之忧,害怕韩、魏两国乘虚抄袭其后路。因此,秦国对齐国只能虚势恫吓罢了,虽骄横傲慢,实则不敢进兵。请大王您认真考虑,可知秦国对齐国其实是没有办法的,而今您却计划西面臣事秦国,这是齐国君臣谋略的错误呀。如果合纵,齐国就不会有西面事秦的坏名声,而是赢得强国的实惠。所以我希望大王您考虑一下呀。”齐王说:“你说得很对。”

苏秦如楚,说威王曰:“楚,天下之强国也;王,天下之贤主也。西有黔中、巫郡,东有夏州、海阳,南有洞庭、苍梧,北有陉塞、郇阳。地方五千余里,带甲百万,车千乘,骑万匹,粟支十年,此霸王之资也。夫以楚之强,大王之贤,天下莫能当也。今乃西面而事秦,则诸侯莫不西面而朝章台之下矣。秦之所害,莫如楚。楚强则秦弱,秦强则楚弱,其势不两立。故为大王计,莫如纵亲以孤秦。大王不纵亲,秦必起两军,一军出武关,一军下黔中,则鄢、郢动矣。臣闻治之其未乱也,为之其未有也,患至而后忧之,则无及也。故愿大王早熟计之。大王诚能听臣,臣请令山东之国,奉四时之献,以承大王之明诏,委社稷,奉宗庙,练士励兵,在大王所用之。故纵合则楚王,衡成则秦帝。今释霸王之业,而有事人之名,窃为大王不取也。夫秦,虎狼之国也,有吞天下之心。秦,天下之仇雠也,衡人皆欲割诸侯之地以事秦,此所谓养仇而奉雠。大逆不忠,无过此者。故纵亲,则诸侯割地以事楚;衡合,则楚割地以事秦。此两策者,相去远矣,二者大王何居焉?故敝邑赵王使臣效愚计,奉明约,在大王诏之。"楚王曰:"善。谨奉社稷以从。"

六国既合纵,苏秦为纵约长,北报赵,赵肃侯封秦为武安君,乃投纵约书于秦,秦不敢窥兵函谷十五余年。

【译文】

苏秦又来到楚国,游说楚威王说:"楚国是天下的强国;大王您又是天下的贤君。楚国西有黔中、巫郡,东有夏州、海阳,南有洞庭、苍梧,北有陉塞、郇阳。国土方圆五千余里,拥兵百万,战车千乘,战马万匹,粮食足可维持十年,这些都是成就霸业的资本。凭楚国的强大和大王的贤明,天下没有国家能与楚国相匹比呀。如今您却想西面事秦,那么天下诸侯恐怕要去秦国的章台下朝拜了。秦国最畏惧的就是楚国。楚国强大,秦国就弱小;秦国强大,楚国就弱小,两国是势不两立的。所以,我为大王考虑,不如参加合纵以孤立秦国。大王倘若不参与合纵,秦国一定会兵分两路,一军出武关,一军下黔中,那么楚国的鄢、郢就危险了。我听说应该在危险出现前加以治理,要防患于未然,当祸患已经到来后,再作忧虑,恐怕就来不及了。所以我希望大王您及早做出周密的计划呀。倘若大王您真能够接受我的建议,我必能让山东诸侯向大王进献四季贡品,尊奉大王的明诏,将诸侯的社稷宗庙委附于楚国,精兵劲卒听从大王差遣。所以,如果六国合纵成功,则楚国就能称王;如果秦国连横成功,则秦国便可称霸。如今大王您舍弃霸业不做,却甘愿背上臣事秦国的名声,我认为这是极为不应该的。秦国是虎狼之国,凶狠贪婪,并有吞并天下的野心。秦国是天下的仇敌,主张连横的人都是想割诸侯之地来侍奉秦国,这正是所谓的奉养仇敌的行为。没有比这更大逆不忠的了。所以,如果大王参与合纵,诸侯就会割土地来侍奉楚国;如果大王参与连横,楚国就须割地去侍奉秦国。这两种策略的结果可谓相差甚远,大王将采纳哪种策略呢?所以,我的赵王派我来向大王献合纵之计,并奉上合纵明约,希望大王您加入合纵吧。"楚王说:"好,我以楚国的名义参加合纵。"

六国都参加了合纵,苏秦被任命为纵约长。他北返赵国,将游说结果报告了赵王,赵王封苏秦为武安君。于是,将六国的合纵盟约投寄给秦王,自此,秦国有十五年多的时间不敢出兵函谷关。

张仪为秦连衡,说魏王曰:"魏地方不至千里,卒不过三十万,地四平,诸侯四通，条达辐凑，无名山大川之限。从郑至梁，二百余里，车驰人走，不待倦而至梁。南与楚境，西与韩境，北与赵境，东与齐境，卒戍四方，守亭障者不下十万。梁之地势，固战场也。梁南与楚，不与齐，齐攻其东；东与齐，不与赵，赵攻其北；不合于韩，则韩攻其西；不亲于楚，则楚攻其南。此所谓四分五裂之道也。且诸侯之为纵者，将以安社稷、尊主、强兵、显名也。今为纵者，一天下约为昆弟，刑白马以盟洹水之上，以相坚也。而亲昆弟，同父母，尚有争钱财，而欲恃诈伪反覆苏秦之谋，其不可成亦已明矣。大王不事秦，秦下兵攻河外，据卷、衍、酸枣，劫卫取晋阳，则赵不南；赵不南则梁不北；梁不北，则纵道绝；纵道绝，则大王之国欲无危，不可得也。秦折韩而攻梁，韩怯于秦，秦韩为一，梁之亡，立可须也。此臣之所为大王患也。为大王计，莫如事秦。事秦，则楚、韩必不敢动；无楚、韩之患，则大王高枕而卧，国必无忧矣。大王不听臣，秦下甲士而东伐，虽欲事秦，不可得也。且夫纵人多奋辞而少可信。说一诸侯而成封侯之业，是故天下之游谈士，莫不日夜扼腕瞋目切齿，以言纵之便，以说人主。人主贤其辩而牵其说，岂得无眩哉？臣闻之，积羽沉舟，群轻折轴，众口铄金。故愿大王审计定议。”魏王于是倍纵约，而请成于秦。

【译文】

针对苏秦的合纵策略，张仪为秦国制定了连横政策，游说魏王说：“魏国土地方圆不足千里，士兵不过三十万，地势平坦，四面皆同其他诸侯国相通，犹如车轮辐条凑上轴心，且没有名山大川的阻隔。从郑国至魏国都城大梁才二百多里，车驰人走，尚未感到疲倦，就能到达大梁。南面与楚国接壤，西面与韩国接壤，北面与赵国接壤，东面与齐国接壤，守备四边要塞的魏国战士不下十万。魏国的地势，本来就是兵家必争之地。魏国若南面与楚国交好，而不交好齐国，齐国就会从魏国东面发起进攻；若东面与齐国结好，而不结好赵国，赵国就会从魏国北面发起进攻；若不与韩国和好，韩国就会从魏国西面发起进攻；若不与楚国亲睦，楚国就会从魏国南面发起进攻。可见，魏国所处的正是一个四分五裂的位置呀。况且以前的诸侯合纵，目的是安定社稷，尊主强兵，名扬天下；而今的合纵，仅仅是相约为兄弟，在洹水之滨杀白马盟誓，以便彼此增强防守实力。同父母的亲生兄弟，尚会发生彼此争夺钱财的事情，更何况诸侯呢？而大王您却想借助狡诈虚伪、反复无常的苏秦的合纵策略，去实现保卫国家的目的，其难以成功已经很明显了。大王倘若不侍奉秦国，秦兵就会进攻河外（指黄河以南地区），占领卷、衍、酸枣，控制卫国，夺取晋阳，这样赵国的军队便不能南下；赵军不能南下，魏军就不能北上呼应配合赵军；魏军不能北上，必将造成南北不通，以致纵道断绝；纵道倘若断绝，大王的国家若想没有危险，恐怕是不可能的。秦国倘若折服韩国，转而进攻魏国，韩国害怕秦国，必定会与秦国合力攻魏，则魏国须臾之间，便将灭亡。这正是我为大王所担忧的呀。所以我为大王考虑，不如侍奉秦国。若侍奉秦国，那么楚、韩两国必定不敢对魏国采取行动，魏国既然解除了楚、韩两国的侵扰，大王您就可高枕而卧，魏国也必定无忧了。大王若不听从我的建议，秦国必将出兵东伐，到那时候，即使再想侍奉秦国，恐怕也来不及了。况且倡导合纵之人多是夸张激奋之辞，却无实在可信之处。说动一个诸侯参与合纵，就能成就其封侯的伟业，因此，天下的游说之士，无不昼夜辛苦，慷慨激昂，以此大讲合纵的好处。诸侯欣赏他们的雄辩之辞，因此被他们的论说所牵引，怎么会不迷惑呢？我听说羽毛积累多了，也能将船压沉；轻的东西积累多了，也会折断车轴；众口铄金。请大王谨慎考虑后，再作决定。”魏王于是背叛了合纵之约，转而侍奉秦国。

张仪说楚怀王曰：“秦地半天下，兵敌四国，被山带河，四塞以为固。虎贲之士百有余万，车千乘，骑万匹，粟如丘山，法令既明，士卒安乐，主明以严，将智以武。虽无出甲，席卷常山之险，必折天下之脊，天下后服者先亡矣。且夫为纵者，无以异驱群羊而攻猛虎。虎之与羊，不格明矣。今王不与虎而与群羊，臣窃以为大王之计过矣。凡天下强国，非秦而楚，非楚而秦，两国交争，其势不两立。大王不与秦，秦下甲据宜阳，韩之上地不通；下兵河东、成皋，韩必入臣，则梁亦从风而动。秦攻楚之西，韩攻其北，社稷安得无危？臣闻兵不如者，勿与挑战；粟不如者，勿与持久。秦西有巴蜀，大船积粟，起于汶山，浮江而下，至楚三千余里。舫舟载卒，一载五千人，日行三百里。里数虽多，然不费牛马之力，不至十日，而拒扞关矣。扞关警，则从境以东，尽城守矣。黔中、巫郡，非王之有也。秦举甲出武关，南面而伐，则北地绝。秦兵之攻楚也，危难在三月之内；而楚待诸侯之救，在半岁之外。此其势不相及也。夫待弱国之救，忘强秦之祸，此臣为大王患也。

“大王尝与吴人战，五战而三胜，阵卒尽矣。偏守新城，存民苦矣。臣闻功大者易危，而人弊者怨上。夫守易危之功，而逆强秦之心，臣窃为大王危之。凡天下而以信约纵亲相坚者，苏秦封为武安君也。苏秦相燕，即阴与燕王谋伐齐，破齐而分其地。乃佯为有罪，出走入齐，齐王因受而相之。居二年而觉，齐王大怒，车裂苏秦于市。夫以一诈伪之苏秦，而欲经营天下，混一诸侯，其不可成，亦明矣。今秦与楚接壤界，固形亲之国也。大王诚能听臣，臣请使秦太子入质于楚，楚太子入质于秦，请以秦女为大王箕帚之妾，效万室之都，以为汤沐之邑，长为昆弟之国，终身无相攻。臣以为计无便于此者。”楚王乃与秦亲。

【译文】

张仪又来到楚国，游说楚怀王说：“秦国占据着天下一半的土地，兵力足以抗衡四国，依山靠水，四面又都有险塞作屏障。有英勇的士兵百余万，战车上千乘，战马数万匹，粮食储积如山，法令严明，士卒乐于为国效力，君主贤明，军将智武。秦不出兵则已，一出兵便可席卷险固的常山，折断天下的脊梁，最不肯臣服秦国的诸侯国必定先亡。倡导合纵之人，无异于驱赶群羊进攻猛虎。虎羊之斗，结果不言自明。如今大王您不与虎结交反而追随群羊，我认为大王的决策不正确呀。如今天下能称得上强国的，非秦则楚，非楚则秦，两国可谓是势不两立。

倘若大王不与秦国结好，秦国便派兵攻占宜阳，韩国的上党要道的交通就被阻断；秦国便能很快攻克河东、成皋，韩国一定会向秦称臣，魏国也会追随韩国，侍奉秦国。这样，秦国便可进攻楚国的西部，韩国则从北部向楚国进攻，楚国岂能安然无恙？我听说，军事实力不如对手的，就不要向对手挑战；粮食比不上对手多的，就不要与对手打持久战。秦国西有巴蜀，用大船运送军粮，从岷山出发，沿江东下，到楚国有三千余里。运送军卒，一船载五千人，每日行三百余里。虽然路途遥远，但因不费牛马之力，不到十天，即可到达扞关。扞关有警，那么自此以东，必定固守。黔中、巫郡也便不属大王所有了。秦军发兵攻占武关，然后向南进攻楚国，楚国的北部边境就断绝了。秦军进攻楚国，三个月之内局势尤为危急，而楚国等待诸侯救援，则需花费半年多的时间。楚国危急之势等不及诸侯的救援。况且等待弱国的救援，却忘记强秦的灭国之祸，这正是我为大王您所担心的。

“大王曾与吴国作战，五战三胜，士兵已经损失殆尽了。倘若再编练新军，驻守城池，人民必将更加痛苦。我听说功劳大的人最容易招致危险，人民疲弊就会对君王怨恨。大王您现在是固守着易于沦陷的国家，却违背强秦一统天下的意愿，我为大王您感到担忧呀。倡导天下诸侯盟约，推行合纵政策以巩固国防的人是苏秦，他已因功被封为武安君。苏秦做燕国的宰相，却私下里与燕王合谋攻伐齐国，待破齐后，便瓜分齐国。于是他假装得罪燕王，出奔至齐国，齐王接受了他，并委任他为宰相。两年后，齐王发觉了苏秦的阴谋，勃然大怒，便将苏秦车裂于市。一个狡诈虚伪的苏秦，想图谋天下，统一诸侯，其阴谋很难成功也是显而易见的。如今秦、楚两国接壤，本就是形体亲睦的邻国。倘若大王您真能听从我的建议，请让我说服秦国派太子入楚为人质，楚国的太子入秦做人质，再请秦国向大王进献美女为妾，并呈献给有万户人家的城池做大王的汤沐之邑，秦、楚永为兄弟国，终生互不攻伐。我认为没有比这更好的办法了。”于是楚王决定同秦国亲善。

张仪如韩，说韩宣王曰：“韩地险恶山居，五谷所生，非菽而麦。地方不过九百里，无二年之食料，大王之卒，悉举不过三十万，而厮徒负养在其中矣。今秦带甲百万，车千乘，骑万匹，虎贲之士，跿跔科头，贯颐奋戟者，不可胜数。山东被甲蒙胄以会战，秦人捐甲徒裼以趋敌，左挈人头，右挟生虏。秦逐山东之卒，犹孟贲之与怯夫；以轻重相压，犹乌获之与婴儿。诸侯不料地之弱，食之寡，而听纵人之甘言好辞，比周以相饰，诖误其主，无过此者。大王不事秦，秦下甲据宜阳，断韩之地，东取成皋、荥阳，则鸿台之宫、桑林之苑，非王有也。夫塞成皋，绝上地，则王之国分矣。故为大王计，莫如为秦。秦之所欲，莫如弱楚；而能弱楚者莫如韩。非以韩能强于楚也，其势然也。今西面而事秦，以攻楚，秦王必喜。夫攻楚以利其地，转祸而悦秦，计无便于此者。”宣王听之。

【译文】

张仪又来到韩国，游说韩宣王说：“韩国山地居多，地势险恶，五谷之中，只能种植菽和麦。面积不过九百里，粮食储备也不够两年用的，士兵的数量，连勤杂人员计算在内，也不过三十万。而秦国带甲作战之士就有上百万，战车上千乘，战马上万匹，虎贲之士、无盔甲而执戟踊跃冲锋陷阵的人更是不可胜数。山东诸侯国的士兵披甲蒙胄与秦军作战，而秦军却脱去盔甲袒露着脊梁英勇赴战，他们左手提着人头，右臂挟着俘虏。秦军杀逐诸侯国的士兵，就像虎贲勇斗怯夫；以重压轻，就像大力士乌获与婴儿相搏。山东诸侯国不考虑自己的土地贫弱，粮食不足，反而听信倡导合纵之人的甜言蜜语，他们用诡辩的言辞论证合纵政策的周全，粉饰合纵政策的正确，迷惑其君主，没有比这更危险的事了。倘若大王不侍奉秦国，那么秦国就会发兵攻占宜阳，切断韩国之地，继而向东进攻成皋、荥阳，那么鸿台之宫、桑林之苑(皆为韩国宫苑)，恐怕就不属大王所有了。一旦阻绝了成皋，截断了与上党的交通，大王之国必将会被瓜分掉。所以，我为大王考虑，不如先与秦国交好。秦国最想削弱的无疑是楚国；而能够帮助秦国削弱楚国的，莫如韩国。这并非因为韩国比楚国更强大，而是由韩国所据的地势所决定的。倘若大王能够西面事秦，并进攻楚国，秦王必定很高兴。攻打楚国既能获取利益，又能转嫁祸患，还能取悦秦国，没有比这更好的计策了。”韩宣王便接受了张仪的建议。

张仪说齐湣王曰："天下强国，无过齐者。大臣、父兄殷，众富乐，欲为大王计者，皆为一时之说，不顾百代之利。纵人说大王者，必曰：'齐西有强赵，南有韩、梁，齐负海之国也，地广民众，兵强士勇，虽有百秦，将无奈齐何也。'大王贤其说，而不计其实。臣闻齐与鲁三战而鲁三胜，国以危亡随其后。虽有战胜之名，而有破亡之实。是何也？齐大而鲁小也。今秦之与齐也，犹齐之与鲁也。今秦、楚嫁女娶妇，为昆弟之国，韩献宜阳，魏效河外，赵入朝渑池，割河间以事秦。大王不事秦，秦驱韩、梁攻齐之南地，悉赵兵渡清河，指博关，临淄、即墨非王有也。国一旦见攻，虽欲事秦，不可得也。是故愿大王孰计之。"齐王许之。

【译文】

张仪又到齐国，游说齐湣王说："天下强国，没有能超过齐国的。大臣父兄们都殷实富有，且十分快乐。但他们为大王所进献的策略，都是一时的权宜之计，而不考虑国家的长远利益。倡导合纵之人劝说大王时，必定是这样说的：'齐国西面有强大的赵国，南面有韩国和魏国。齐国东临大海，幅员辽阔，人口众多，军队强大，战士勇猛，即使有一百个秦国，对齐国也是无可奈何。'大王对这种说法很是赞赏，却不考虑此种说法是否符合事实。我听说齐国曾与鲁国交战三次，而这三次都是鲁国取得了胜利，但随后鲁国却灭亡了。虽然名义上赢得了战争的胜利，事实上却是国家的灭亡。这是为什么呢？其原因在于齐国是大国，鲁国则是小国。如今的秦国与齐国的形势就好比当年的齐国和鲁国。如今秦国已同楚国互通婚姻，结为兄弟国，韩国向秦国进献了宜阳，魏国向秦国进献了河外，赵国与秦国在渑池会盟，并割让河间之地给秦国。大王倘若不侍奉秦国，秦国必定驱使韩、魏两国进攻齐国的南部，让赵军全部出动，渡过清河，直指博关，临淄、即墨就不属大王所有了。齐国一旦被攻破，大王您再想侍奉秦国，恐怕已不可能了。因此，希望大王您再仔细慎重地考虑一下。"齐王同意了张仪的意见。

张仪说赵王曰："敝邑秦王，使臣效愚于大王。大王收天下以宾秦，秦兵不敢出函谷关，是大王之威，行于山东。敝邑恐惧慑伏，缮甲励兵，惟大王有意督过之也。今以大王之力，举巴蜀，并汉中，包两周，迁九鼎，守白马之津。秦虽僻远，然而心忿含怒之日久矣。今有敝甲凋兵，军于渑池，愿渡河，据番吾，战邯郸之下，愿以甲子合战，以征殷纣之事。故使臣先以闻于左右。

凡大王之所信为纵者，恃苏秦。苏秦荧惑诸侯，以是为非，以非为是，欲反覆齐国，而自令车裂于市。夫天下之不可混一亦明矣。今楚与秦为昆弟之国，而韩、梁称为东藩之臣，齐献鱼盐之地，此断赵之右臂也。夫断右臂而与人斗，失其党而孤居，求欲无危，岂可得乎？今秦发三军，其一军塞午道，告齐使兴师渡河，军于邯郸之东；一军军于成皋，驱韩、梁军于河外；一军军于渑池，约四国而击赵。赵服，必四分其地。是故不敢匿意隐情，先以闻于左右。臣窃为大王计，莫如与秦王遇于渑池，面相见而口相约，请按兵无攻，愿大王之定计。”赵肃侯许之。

【译文】

张仪又到赵国，游说赵王说：“鄙国秦王派我来赵，向您进献不成熟的意见。大王合纵天下诸侯来对付秦国，使秦国不敢出兵函谷关，足见在山东各诸侯中，大王的声威是最高的。我们秦国慑于大王声威，恐惧慑服，整治军备，磨砺武器，唯恐大王有意责备我们的过错。如今，以大王强大的军事实力，足可以攻占巴蜀，吞并汉中，包围两周，将九鼎宝器迁出周王室，派兵据守白马津。秦国虽属偏远之国，但对此心中的怨气蓄积得已经很久了。现在，秦国驻扎在渑池的军队已经很疲惫了，他们计划渡过黄河，占据番吾，与赵军决战在邯郸城下，并计划在甲子日开战，重演武王伐纣的故事，所以秦王派我先告诉大王及您的大臣。大王所信赖掌管合纵事宜的人只有苏秦。苏秦迷惑诸侯，颠倒黑白，混淆是非，他想覆灭齐国，结果却被车裂于市。诸侯不可能结成合纵联盟已经是显而易见的事实了。如今楚、秦两国已结为兄弟盟国，韩、魏也已向秦称臣，齐国则向秦进献了盛产鱼盐的土地，这就相当于斩断了赵国的右臂。右臂已断，还要与人争斗，失去了朋党，深处孤立之境，还想解脱危险，这怎么可能呢？如今秦国已经兵分三路：一路阻塞午道，并让齐军渡过清河，在邯郸东面驻扎；一路在成皋驻扎，并调遣韩、魏两国的军队在河外（指黄河以南地区）驻扎；一路驻扎在渑池。约四国联合攻打赵国。征服赵国后，便由四国将赵国土地瓜分。因此，我不敢将真情隐瞒，先将这些消息告知大王左右。我为大王考虑，不如大王您亲自与秦王在渑池相约，当面请秦王放弃攻打赵国的计划。希望大王您早做定夺。”赵肃侯同意了张仪的主张。

张仪说燕昭王曰：“大王之所亲信，莫如赵。昔赵襄子尝以其姊为代王妻，欲并代。约与代王遇于句注之塞，乃令工人为金斗，长其尾，令可以击人。与代王饮，阴告厨人曰：‘即酒酣乐进热啜，反斗以击之。’于是酒酣乐，进热啜，厨人进斟，因反斗击代王，杀之，肝脑涂地。其姊闻之，因磨笄以自杀。故至今有磨笄之山，天下莫不闻。夫赵王之狼戾无亲，大王之所明见。且以赵为可亲乎？赵兴兵攻燕，再围燕都，而劫大王，大王割十城以谢。今赵王已入朝渑池，效河间，以事秦。今大王不事秦，秦下甲云中、九原，驱赵而攻燕，则易水、长城，非王有也。今王事秦，秦王必喜，赵不敢妄动，是西有强秦之援，南无齐、赵之患。是故愿大王孰计之。"燕王听张仪。仪归报秦。

【译文】

张仪又到燕国，游说燕昭王说："大王您最亲信的国家，莫过于赵国。从前，赵襄子曾把其姐嫁给代王为妻，想吞并代国。约定在句注要塞与代王见面，便令工匠制作金斗，且要求将斗柄做得很长，以便于击杀人。赵王与代王宴饮，却私下里告诉厨师：'等到酒喝到畅快时，你就来献热羹，用金斗趁机将代王击杀了。'于是，当宴饮最畅快时，厨师进献热羹，并为代王进斟，借机用斗柄击杀代王，顿时脑浆涂地。赵襄子的姐姐听说后，便将头上的笄子磨锋利后，自刺而死，所以至今仍有磨笄之山。这件事，天下人没有不知晓的。赵王狠毒暴戾，六亲不认，这是大王可以明见的。大王难道还认为赵王是最值得亲信的人吗？赵王曾兴兵攻燕，两次包围燕国都城，且挟持大王，大王曾割十城之地进献赵国，以示谢罪。如今赵王已经到渑池朝拜秦王，并将河间割让给秦国，以示事秦。大王倘若不侍奉秦国，秦国就会出兵云中、九原，并驱使赵军攻燕，那么易水、长城就不属大王所有了。倘若大王现在侍秦，秦王必定很高兴，这样赵国就不敢轻举妄动了，那么燕国可谓是西有强秦之援，南无齐、赵之患了。因此，请大王慎重考虑我的计策呀。"燕王听从了张仪的建议。张仪于是返回秦国，向秦王报告。

于是楚人李斯、梁人尉缭，说于秦王曰："秦自孝公已来，周室卑微，诸侯相兼，关东为六国，秦之乘胜侵诸侯，盖六代矣。今诸侯服秦，譬若郡县。其君臣俱恐，若或合纵而出不意。此乃智伯、夫差、湣王所以亡也。愿王无爱财，赂其豪臣，以乱其谋，秦不过亡三十万金，则诸侯可尽。"秦王从其计，阴遣谋士赍金玉以游诸侯。诸侯名士，可与财者，厚遗给之；不肯者，利剑刺之。离其君臣之计，乃使良将随其后，遂并诸侯。秦既吞天下，患周之败，以为弱见夺。于是笑三代，荡灭古法，削去五等，改为郡县。自号为皇帝，而子弟为匹夫。内无骨肉本根之辅，外无尺寸蕃翼之卫。吴、陈奋其白梃，刘、项随而毙之。故曰，周过其历，秦不及其数，国势然也。

【译文】

在张仪连横政策成功后，楚国人李斯、魏国人尉缭便向秦王进言："自秦孝公以来，周室日渐衰微，诸侯相互兼并，关东遂分为六国，秦国依仗国势强盛侵夺各诸侯国，至今已经有六代了。如今，各诸侯对秦国臣服，就像是秦国的郡县一样。各诸侯国君臣恐惧，万一他们合纵起来，出其不意地攻打秦国，就可能会重蹈智伯、夫差、湣王灭亡的覆辙。希望大王不要爱惜钱财，重金贿赂各诸侯的贵族权臣，打乱他们合纵抗秦的图谋。秦国无非是花费三十万黄金，而诸侯却会被我们全部吃掉。"秦王采纳了他俩的计策，私下里派遣谋士携带黄金美玉前往各诸侯国游说。凡诸侯名士，可以贿赂的，都贿以丰厚的财货；难以贿赂的，就用利剑将其刺死。最终离间了各诸侯的君臣关系，破坏了各诸侯国发愤图强的计划，随后派遣良将精兵，将各诸侯逐一吞并。秦国一统天下后，鉴于周室因衰微而被诸侯夺权的历史教训，于是嘲笑三代，将古法荡除殆尽，抛弃了五等爵位、分封诸侯的制度，改行郡县制。秦王自号为皇帝，而皇室子弟如同匹夫百姓。这样，秦皇内无骨肉亲族为根本辅助，外无藩国来护卫。所以吴广、陈胜揭竿而反，刘邦、项羽随之而起，秦朝也很快灭亡了。因此说，周朝的历史过于漫长，而秦朝却寿命极短，这是由国家行政统治的不同态势决定的。

汉兴之初，海内新定，同姓寡少。惩亡秦孤立之败，于是割裂疆土，立爵二等，功臣侯者，百有余邑，尊王子弟，大启九国。国大者，跨州兼郡，连城数十，可谓矫枉过正矣。然高祖创业，日不暇给，孝惠享国之日浅，高后女主摄位，而海内晏然，无狂狡之忧。卒折诸吕之难，成太宗之基者，亦赖之于诸侯也。夫原本以末大，流滥以致溢。小者淫荒越法，大者睽孤横逆，以害身丧国。故文帝采贾生之议，分齐、赵。景帝用晁错之计，削吴、楚。武帝施主父之策，推恩之令。景帝遭七国之乱，抑诸侯，灭黜其官。武有淮南、衡山之谋，作左官之律，设附益之法，诸侯惟得衣食租税，不与政事。至于哀、平之际，皆继体苗裔，亲属疏远，生于帷墙之中，不为士民所尊。故王莽知汉中外殚微，本末俱弱，无所忌惮，生其奸心，因母后之权，假伊、周之称，专作威福，庙堂之上，不降阶序而运天下。诈谋既成，遂据南面之尊，分遣五威之吏，驰传天下，班行符命。汉诸侯王蹶角稽首，奉上玺绂，惟恐居后，岂不哀哉！及莽败，天下云扰。

【译文】

汉朝初兴，海内新定，刘姓很少。鉴于秦朝灭亡是因孤立无援所致，于是汉朝开始裂土封疆，设立二等爵位（王和侯），开国功臣中被封侯的有百余人，王室子弟中被封王的有九人，即分封了九个国家。其中封国较大的，跨州兼郡，拥有数十座城池，真可谓是对秦朝政治矫枉过正了。然而高祖创建帝业，日不暇给，汉惠帝在位时间较短，吕后以女主摄政，此时海内太平无事，也没有值得担忧的狂暴狡诈之事发生。最终铲除诸吕，成就汉文帝的基业，所依靠的仍是各诸侯的力量。考究其本源，仍有流滥横溢、尾大不掉之势。诸侯王中，轻则荒淫无耻、越轨犯法，重则觊觎皇位、横暴造反，以致身死国亡。因此，汉文帝听取了贾谊的建议，将齐、赵等大诸侯国分割成小国。汉景帝又采用了晁错的计策，削弱了吴、楚等诸侯国的势力。汉武帝接受了主父偃的策略，施行推恩令。汉景帝时，发生了七国之乱，于是压制诸侯，并减免罢黜诸侯国的官员。汉武帝时，淮南王刘安、衡山王刘赐意欲造反，汉武帝于是制定颁布了旨在限制诸侯王权力的左官律（在诸侯国做官称左官）和附益法（封诸侯过限称附益），诸侯王只能得衣食及其封国的租税，不得参与政事。到了汉哀帝和汉平帝时，经过数代繁衍，诸侯王的后裔逐渐相互疏远，且他们生于深宫之中，不被士民尊重。王莽注意到汉家皇室内外衰微，皇室根本和诸侯辅翼皆已衰弱无力，所以无所忌惮地专擅朝政，萌生了篡权的野心。他依靠皇太后的权力，假借尹伊、周公摄政的故事，作威作福，高居庙堂之上，却指挥着天下局势。他的阴谋得逞后，便篡汉自立、南面称尊，并分派官吏，驰传天下，颁行王莽新政。汉诸侯王全都叩头稽首，将印玺绶绂进献，生怕居人之后。诸侯王本是皇室辅翼，最后竟出现如此境况，岂不令人伤心呀！后来，王莽失败，天下大乱。

光武中兴，纂隆皇统，而犹遵覆车之遗辙，养丧家之宿疾。仅及数世，奸宄充斥，率有强臣专朝，则天下风靡；一夫纵横，则城池自夷，岂不危哉！在周之难兴王室也，放命者七臣，干位者三子，嗣王委其九鼎，凶族据其天邑，钲鼙震于阃宇，锋镝流于绛阙，然祸止畿甸，害不覃及，天下晏然，以治待乱。是以宣王兴于共和，襄、惠振于晋、郑，岂若二汉阶闼暂扰，而四海已沸；孽臣朝入，而九服夕乱哉！远惟王莽篡逆之事，近鉴董卓擅权之际，亿兆悼心，愚智同痛。岂世乏曩时之臣，士无匡合之志欤？盖远绩屈于时异，雄心挫于卑势耳。

【译文】

汉光武帝中兴汉室，继承皇统，但走的仍是西汉招致覆亡的老路，患的仍是丧家亡国的旧疾。仅传了数代，奸佞之徒便充斥朝廷，一旦权臣专擅朝政，天下皆风靡而从；一旦武夫纵横不轨，城池就会夷为平地。这岂不是太危险了吗？从前，周王室蒙难时，有七个大臣不听王命，三人扰乱朝政，周天子便放弃了九鼎，弃国出奔。叛族占据王城，钲鼓震四方，箭镞穿宫室，但祸乱只限于京畿之内，并没有延及全国，天下很快便安宁无事了。因此，周宣王在共和时期中兴王室，周襄王、周惠王在晋、郑两国的帮助下复振王室，哪像两汉时期，宫廷之内稍有纷扰，四海之内便已鼎沸，孽臣早晨入朝秉政，晚上天下就大乱了。远鉴王莽谋逆篡汉之史，近观董卓擅权之事，足以令或愚或智的亿万百姓痛心疾首。难道这是因为当世缺乏周时济世的大臣，士人没有匡扶社稷之志吗？大概是因时代有别而难以建立功绩，雄心壮志因位贱势卑而受挫的缘故吧。

魏太祖武皇帝躬圣明之姿，兼神武之略，龙飞谯沛，凤翔兖豫。观五代之存亡，而不用其长策；睹前车之倾覆，而不改其辙迹。子弟王空虚之地，君不使之人，权均匹夫，势齐凡庶。内无深根不拔之固，外无磐石宗盟之助，非所以安社稷，为万世之业也。且今之州牧、郡守，古之方伯、诸侯，皆跨有千里之土，兼军武之任。或比国数人，或兄弟并据。而宗室子弟，曾无一人间厕其间，与相维持，非所以强干弱枝，备万一之虑也。时不用其计，后遂凌夷。此周、秦、汉、魏立国之势。是以究其始终强弱之势，明鉴戒焉。

【译文】

魏太祖武皇帝曹操有圣明之姿，兼神武韬略，出生于谯沛，发迹于兖、豫。他历览五代（夏、商、周、秦、汉）存亡的经验教训，却不能引以为鉴；目睹前代倾覆的道路，却不改前代倾覆的辙迹，仍是循旧迹。他的子弟做的都是空虚之地的诸侯王，重用的也是些难堪大任的人，诸侯王权犹如匹夫，势如百姓。朝内没有根深不拔的坚固牢靠的统治基础，朝外没有如磐石一样稳固的宗室援助。这并非安定社稷、建立万世基业的统治方法。如今的州牧郡守，犹如古代的方伯诸侯，他们占据着广阔的疆土，掌握着庞大的军队，他们的兄弟宗亲或同据一郡，或分别占据着不同的州郡，而曹魏皇室子弟却没有一人是州牧郡守或参与掌握地方政权。这不是强干弱枝、以备万一的统治方法。当时不用藩国辅助王室之制度，后来这种制度便逐渐衰微了。以上是周、秦、汉、魏立国之形势。对它们发展变化强弱得失的形势的考察可以供人参考借鉴。

论曰：周有天下八百余年，后代衰微，而诸侯纵横矣。至末孙王赧降为庶人,犹能枝叶相持,名为天下共主。当是时也,楚人问鼎,晋侯请隧,虽欲阚周室,而见厄诸姬。夫岂无奸雄?赖诸侯以维持之也。故语曰:“百足之虫,至死不僵,扶之者众。”此之谓乎?及嬴氏擅场,惩周之失,废五等,立郡县,君有海内,而子弟为匹夫,功臣效勤,而干城无茅土,孤制天下,独擅其利。身死之日,海内分崩。陈胜偏袒唱于前,刘季提剑兴于后,虎啸龙睇,遂亡秦族。夫刘、陈诸杰,布衣也,无吴、楚之势,立锥之地,然而驱白徒之众,得与天子争衡者,百姓思乱,无诸侯勤王之可惮也。故谚曰:“夫乱政虐刑,所以资英雄而自速祸也。”此之谓矣。夫伐深根者难为功,摧枯朽者易为力。今五等,深根者也;郡县,枯朽者也。故自秦以下,迄于周隋,失神器者非侵弱,得天下者非持久,国势然也。呜呼!郡县而理,则生布衣之心;五等御代,则有纵横之祸。故知法也者,皆有弊焉。非谓侯伯无可乱之符,郡县非致理之具。但经始图其多福,虑终取其少祸,故贵于五等耳。圣人知其如此,是以兢兢业业,日慎一日,修德以镇之,择贤而使之。德修贤择,黎元乐业。虽有汤、武之圣,不能兴矣,况于布衣之细,而敢偏袒大呼哉?不可不察。

【译文】

作者赵蕤总结议论说:周朝统治天下八百多年,后代衰落,诸侯合纵连横,相互征伐,周赧王最后更是被降为普通百姓。但是,东周王室虽然衰微,但各国诸侯仍能够扶持周王室的枝叶,周王在名义上仍是天下共主。在周王室衰微时,楚王曾向周王询问象征天子威严的九鼎的情况,晋国曾请求以天子葬仪安葬故去的晋侯,他们都以此举图谋颠覆周王朝,但都被姬姓诸侯所扼制。难道说当时没有奸雄之辈吗?周王室得以维持下去,依赖的正是姬姓诸侯的力量呀。俗语说:“百足之虫,至死都不僵硬,这是由于扶持它的腿多的缘故。”说的不也正是这个道理吗?到秦始皇一统天下,鉴于周朝政治的缺失,废除了五等爵位和封建诸侯的制度,改为郡县制,其宗室子弟则沦为平民百姓,其功臣虽勤勉效力,却没有一尺一寸的封地,秦始皇一人统治天下,独擅其利。以至于他一驾崩,海内便分崩离析。陈胜揭竿而起,为天下倡,刘邦起兵于其后,虎啸龙视,秦朝很快就被消灭了。刘邦、陈胜诸豪杰,无非是一介平民,既无吴、楚诸侯那样的强大势力,更无立锥之地,然而他们却能够率领手无寸铁的百姓与天子相抗衡,这是因为百姓思乱,又无诸侯勤王的忧虑呀。谚语说:“夫乱政虐刑,所以资英雄而自速祸也。”说的就是这个道理。砍伐根深粗壮的大树很是困难,而摧折朽木则比较省力。五等分封制犹如一棵深根大树,郡县制好比是一根枯木。所以自秦朝以来,一直到周(指北周)、隋,丧失国家政权并不是由于逐渐衰弱造成的;得到天下的也不一定维持长久,这是由国家政权的统治形势所决定的。采用郡县制治理国家,布衣百姓容易萌生篡逆之心;采用五等封建制来统治国家,又容易产生诸侯纵横征伐的祸端。所以,要清楚地知道每种方法都是有弊端的。不能说侯伯分封制就没有致乱的因素和机会,也不能说郡县制绝不可能使天下大治。但若以福多祸少的标准来衡量,五等封建制还是要优于郡县制的。圣明的人深知这个道理,因此他们兢兢业业,日慎一日,修德律己,择贤而用。德政已修,贤才已得,人民才能安居乐业。这时,即便是商汤、周武那样的圣贤也不会有兴兵谋权的念头,更何况区区布衣小民,谁敢袒臂大呼倡导造反呢?这其中的道理,治国者必须要深思呀。

卷六　霸纪下

三国权

论曰：臣闻昔汉氏不纲，网漏凶狡。袁本初虎视河朔，刘景升鹊起荆州，马超、韩遂雄据于关西，吕布、陈宫窃命于东夏。辽河海岱，王公十数，皆阻兵百万，铁骑千群，合纵缔交，为一时之杰也。然曹操挟天子令诸侯，六七年间，夷灭者十八九，惟吴、蜀蕞尔国也。以地图按之，才四州之土，不如中原之大都。人怯于公战，勇于私斗，轻走易北，不敌诸华之士。角长量大，比才称力，不若二袁、刘、吕之盛。此二雄以新造未集之国，资逆上不侔之势，然能抚剑顾眄，与曹氏争衡，跃马指麾，而利尽南海，何哉？则地利不同，势使之然耳。故《易》曰："王侯设险，以守其国。"古语曰："一里之厚，而动千里之权者，地利也。"故曹丕临江，见波涛汹涌，叹曰："此天所以限南北也。"刘资称南郑为天狱，斜谷道为五百里石穴，稽诸前志，皆畏其深阻矣。虽云天道顺，地利不如人和，若使中材守之，而延期挺命可也。岂区区艾、濬得奋其长策乎？由是观之，在此不在彼。於戏，智者之虑，必杂于利害，故"不尽知用兵之害，则不能知用兵之利"，有自来矣。是以采摭其要，而为此权耶。夫囊括五湖，席卷全蜀，庶知害中之利，以明魏家之略焉。

【译文】

作者赵蕤议论说：我听说东汉末年政治混乱，纲纪废弛，疏漏了凶顽狡诈之徒。袁本初（袁绍）虎视河朔；刘景升（刘表）鹊起于荆州；马超、韩遂占据着关西；吕布、陈宫篡夺了东夏。辽河、沿海一带，诸侯数十位，都是拥兵百万、铁骑千群，他们相互合纵缔交，可谓一时豪杰。然而，曹操挟持天子（汉献帝）号令天下诸侯，六七年间，将群雄歼灭了十之八九，仅剩吴、蜀两个小国。从地图上看，这两个小国仅拥有四个州那么大的地盘，尚且比不上中原的一个大都市。并且吴、蜀两国的百姓怯于公战而勇于私斗，一触即溃，难以同中原的战士相匹敌。即使比个头，比体重，比才能，比力气，他们也远不如袁术、袁绍、刘表、吕布手下的将士。吴、蜀尚不具有雄厚的建国基础，且冒着悖逆天子的罪名，可谓是毫无优势可言，但这两国却能够按剑顾盼，同曹氏相抗衡,跃马横行,占尽南海之利,这是什么原因呢?这是由南北地理形势不同、三国鼎足的总态势所致。所以《易经》说:"王侯凭借险要的地理形势来固守其国家。"古语还说:"依靠一里之小却能抗衡千里之大,是因为占尽了地利因素。"所以魏文帝曹丕面对长江,望着滔滔江水,不由得感叹道:"这是上天划定的南北界线啊!"刘资称南郑为"天狱",称斜谷道为"五百里石穴",再考察以前的史志,前人都畏惧艰深险阻之地。虽然说若顺应了天道,地利就不如人和,但如果让才能中等的将领去守护这些地方,延长朝代的寿命还是能够做到的。怎么能让邓艾、王濬这样的无名将领轻易跨越天险,建立了灭蜀、灭吴的赫赫大功呢?由此而观,胜败的关键在于人和而非地利。戏搏下棋,智者每行一步都要考虑利、害两个方面的因素,所以说"不通晓用兵的害处,就不可能真正通晓用兵的好处",这句话是有充分根据的。因此从三国浩瀚繁多的历史中采摘其要,作此《三国权》一卷。探究揭示出魏晋囊括五湖、席卷全蜀的战略,从中分析出其中的利害关系,以阐明魏国统一的谋略。

天帝布政房、心,致理参、伐。参、伐则益州分野。按《职方》则雍州之境,据《禹贡》则梁州之域。地方五千里,提封四十郡,实一都会也。故古称天府之国,沃野千里,其有以矣。王莽末,公孙述据蜀,益部功曹李熊说述曰:"方今四海波荡,匹夫横议。将军割据千里,地什汤、武。若奋发威德,以投天隙,霸王之业成矣。今山东饥馑,人民相食,兵所屠灭,城邑丘墟。蜀地沃野千里,土壤膏腴,果实所生,无谷而饱。女工之业,覆衣天下。名材竹干,器械之饶,不可胜用。又有鱼盐铜铁之利,浮水转漕之便。北据汉中,杜褒斜之隘;东守巴郡,拒捍关之口。地方数千里,战士不下百万。见利则出兵而略地,无利则坚守而力农。东下汉水,以阚秦地;南顺江流,以震荆扬。所谓用天因地,成功之资。今君王之声闻于天下,而位号未定,志士狐疑,宜即大位,使远人有所归依。"建武元年四月,遂自立为天子,号成家,色尚白。

【译文】

天帝在房、心二星的方位布政,在参、伐二星的方位上治理政事。参、伐是益州的分野。按《职方》的说法,蜀在雍州境内,按《禹贡》的说法,蜀则在梁州的地域内。它方圆有五千里,内设四十郡,确实算得上是个大都会。因此古人称蜀地为天府之国,谓其沃野千里,这是很有道理的。王莽末年,公孙述驻守蜀地,益部功曹李熊向公孙述进言道:"当今之世,国家动荡不安,匹夫横行，议论肆意。将军割据千里，所拥有的地方是商汤周武的十倍。倘若能奋发图强，广施威德，趁着天下大乱的天赐良机，必定能成就霸业。如今中原正闹饥荒，人们自相残食，战火不断，生灵涂炭，城邑成墟。而蜀地却沃野千里，土地肥沃，果实丰富，即便不种五谷，人民也能吃饱。妇女纺织的布匹之多，足可覆盖天下。长满了名贵的木材和竹竿，丰富的器械更是不可胜用。还有鱼盐铜铁之利，水路运输之便。就军事而论，倘若北部固守住汉中，便可堵住褒斜道的关隘；东边驻守巴郡，便可拒守捍关之口。蜀地方圆数千里，战士不下百万。若形势有利，则可出兵攻城略地；形势不利，则可固守关口，致力于农业发展。沿汉水向东，便可占领秦地；顺长江南下，则可威震荆州和扬州。这正是所谓的'用天时，因地利'，亦是成功的资本。现在大王您名扬天下，但号位尚未确定，便会使有志之士心存狐疑，大王应立即帝位，使远方来投奔的人有所归依。"建武元年四月，公孙述自立为天子，国号"成家"，以白色为贵。

自更始败后，光武方事山东，未遑西伐，关中豪杰，多拥众归述。其后平陵人荆邯见东方将平，兵且西向，说述曰："兵者，帝王之大器，古今所不能废也。隗嚣遭遇运会，割有雍州，兵强士附，威加山东。不及此时摧危乘胜，以争大命，而退欲为西伯之事，偃武息戈，卑辞事汉，喟然自以文王复出也。今汉帝释关陇之忧专精东伐，四分天下而有其三，使西州豪杰，咸居心于山东，发间使，招携贰，则五分而有其四。若举兵天水，必至沮溃。天水既定，则九分而有其八。陛下以梁州之地，内奉万乘，外给三军，百姓愁困，不堪上命，将有王氏自溃之变。臣之愚计，以为宜及天人之望未绝，豪杰尚可招诱，急以此时发国内精兵，令田戎据江陵，临江南之会，倚巫山之固，筑垒坚守，传檄吴楚，长沙以南，必随风而靡。令延岑出汉中，定三辅，天水、陇西拱手自服，如此海内震摇，冀有大利。"述不听邯计。光武乃使岑彭、吴汉伐蜀，破荆门，长驱入江关。军至成都，述出战，初败被刺，洞胸死。夷述妻子，焚其宫室。至灵帝时，政理衰缺，王室多故，雄豪角逐，分裂疆宇，以刘焉为益州牧。焉死，子璋立，为刘备所围，遂降。

【译文】

自更始皇帝刘玄失败后，汉光武帝正致力于平定山东战乱，无暇顾及西伐，关中豪杰大多率其部众归附公孙述。后来，平陵人荆邯看到汉光武帝即将平定东方，兵锋将要转向西方，便向公孙述进言说："军队是帝王成就大业的宝器，自古以来尚无帝王主动放弃军队。隗嚣曾遇良机，割据雍州，兵强马壮，众人归附，威加山东。但他却不乘此良机消灭群雄，争夺帝位，反而退守雍州，想效仿周文王故事，偃武息戈，低声下气地侍奉汉室，感叹自己是周文王再世。如今汉帝消除了关、陇地区的忧虑，专心东伐，天下地盘已经拥有四分之三了，关陇地区的豪杰也开始心向山东了，倘若刘秀再遣离间的使臣到关陇地区，收揽对隗嚣心怀二心之人，这样刘秀就拥有天下的五分之四了。倘若再举兵进攻天水，隗嚣的军队必败无疑。天水平定后，刘秀就拥有天下的九分之八了。现在陛下占据梁州之地，对内要满足王室的百万之需，对外又要供养军队，百姓已经愁苦不堪，如此下去，将会重蹈王莽自我败亡的覆辙。臣为陛下献一愚计：应当趁上天和百姓对您尚未绝望、四方豪杰尚可招诱之机，赶快发国内精兵，命令田戎据守江陵，进可东下江南，退可凭借巫山之险，筑垒坚守，同时给吴楚发檄文，长沙以南必定会望风披靡。再命令延岑进攻汉中，平定三辅，天水、陇西便可自动投降。这样便会使天下震荡，将对陛下大有好处。”公孙述没有听从荆邯的建议。光武帝刘秀于是派岑彭、吴汉讨伐蜀，攻克荆门，长驱直入，攻陷江关。汉军进逼成都，公孙述出兵迎战，兵败，被汉军刺胸而死。他的妻子儿女也被汉兵所杀，宫室尽被焚毁。汉朝传至汉灵帝时，政治衰微，王室多事故，豪强群起，分裂疆土，拥兵自重。当时，刘焉为益州牧。刘焉死后，其子刘璋继任，刘璋后来被刘备围困，遂投降刘备。

初，刘备为豫州牧也，为曹公所破，走屯新野。闻诸葛亮躬耕南阳，乃三诣亮于草庐之中，屏人言曰：“汉室倾颓，奸臣窃命，主上蒙尘。孤不度德量力，欲信大义，行于天下，而智术浅短，遂用猖蹶，至于今日。然意犹未已，君谓计将安出？”亮答曰：“自董卓已来，豪杰并起，跨州连郡者，不可胜数。曹操比于袁绍，名微而众寡，然遂能克绍，以弱为强者，非惟天时，抑亦人谋也。今操已拥百万之众，挟天子而令诸侯，此诚不可与争锋。孙权据有江东，已历三代，国险而民附，贤能为用，此可与为援，而不可图也。荆州北据江汉，利尽南海，东连吴会，西通巴蜀，此用武之国，而其主不能守，此殆天所以资将军也。益州险塞，沃野千里，天府之国，高祖因之以成帝业。刘璋暗弱，张鲁在北，民殷国富，而不知恤。智能之士，思得明后。将军既帝室之胄，信义著于四海，总览英雄，思贤如渴。若跨有荆、益，保其岩岨，西和诸戎，南抚夷越，结好孙权，内修政理。天下有变，则命上将将荆州之军，以向宛、洛；将军身率益州之众，出于秦川，百姓孰不箪食壶浆，以迎将军者乎？诚如是，则霸业可成，汉室可兴矣。”

【译文】

当初，刘备为豫州牧，被曹操打败，遂逃至新野，并在那里屯兵。刘备听说诸葛亮在南阳种田，于是三顾茅庐，最终见到了诸葛亮，屏退左右并对诸葛亮说："当今汉室衰败，奸臣篡权，皇帝蒙难。我本人不自量力且德能浅薄，想推行诚信大义于天下，但自感智谋浅短，才能有限，以至于招致今日狼狈。但我意犹未尽，并不甘心，先生认为我该怎么做呢？"诸葛亮回答道："自董卓专擅朝政以来，豪杰群起，跨州连郡的豪强更是不可胜数。曹操与袁绍相比，名声卑微，且兵力又少，然而却能打败袁绍，由弱变强，其原因除天时外，还在于人的智谋。如今，曹操已拥兵百万，挟天子以令诸侯，确实不能同他一争高低。孙权割据江东，已历经三代，其地势险要，又深得民心，且知人善用，可以利用他援助我们，但不可图谋夺取他。荆州北靠长江、汉水，可尽取南海（泛指南方）之利，东面与吴、会相连，西接巴蜀，可谓是英雄用武之地，但其主却无能力守住它，这大概是上天要将此地献给将军吧。益州地势险要闭塞，沃野千里，自古有天府之国的美誉，汉高祖就是凭借此地成就了帝业。但其主刘璋却昏庸无能，张鲁居其北，怀吞并之心。益州民殷国富，但刘璋却不知道抚恤百姓。有智之士都在思盼着贤明之主的到来。将军既是汉家帝王之后，又以信义之举闻名四海，且能够广纳英雄，求贤若渴。倘若能雄跨荆州和益州，以其境内山川险阻为屏障，向西与诸戎族部落交好，向南善待夷越部族，并同孙权结好，对内则励精图治。这样，天下一旦有变，即可遣一上将率荆州之兵进攻宛、洛；将军亲自统率益州的军队进攻秦川，天下百姓谁不送上酒食以欢迎将军的到来呢？倘若真能如此，那么将军的霸业便可成功，汉家王室也就可以复兴了。"

时曹公破荆州，先主奔吴。备用亮计，结好孙权，共拒曹公于赤壁，破之。曹公北还，权乃以荆州业备。庞统说备曰："荆州荒残，人物殚尽，东有吴孙，北有曹氏，鼎足之计，难以得志。今益州国富人强，户口百万，郡中兵马，所出毕具，宝货无求于外，今可权借以定大事。"备曰："今指与吾为水火者，曹操也。操以急，吾以宽；操以暴，吾以仁；操以谲，吾以忠。每与操反，事乃可成耳。今以小故而失信义于天下者，吾所不取也。"统曰："权变之时，固非一道所能定也。兼弱吞昧，五伯之事；逆取顺守，报之以义；各事定后，封以大国，何负于信？今日不取，终为人利耳。"备乃使关羽守荆州，欲自取蜀。

【译文】

此时,曹操攻占了荆州,刘备只能逃奔吴国。刘备采用诸葛亮的策略,与孙权交好,在赤壁共同抗拒曹操,结果大破曹军。曹操被迫北还,孙权便将荆州借给刘备作为基业。庞统向刘备进言说:“荆州因战乱,已是荒败残破,人口稀少,物产匮乏,东有孙权,北有曹操,若想以此为据点,实现三国鼎立的局势,恐怕是很难实现的。如今益州国富民强,人口百万,郡中所需兵马粮草,皆能自足,各种珍货宝物无须外求,现在可将益州夺过来作为成就大业的基础。”刘备说:“如今人们说我与曹操犹如水火,互不相容:曹操为人急躁,我为人宽厚;曹操对人残暴,我待人仁爱;曹操以诡诈待人,我以忠信待人。处处与曹操相反,我方能成就事业。如今却要让我因小事而失信于天下人,我不能这样做呀。”庞统说:“身处急剧变化的社会中,本来就不能用一种道德标准去衡量决定一切事情。兼并弱小的国家,吞噬混乱的国家,是春秋五霸该做的事情;逆取顺守,人们都会认为是正义之举;等大事稳定之后,再分封他以大国,岂能说不符合信义呢?即使今天我们不夺取益州,终究还会落到他人的手中。”刘备于是派关羽驻守荆州,打算亲自夺取益州。

会刘璋闻曹公向汉中讨张鲁,内怀恐惧。别驾张松说璋曰:“曹公兵强,无敌于天下,若因张鲁之资,以取蜀土,谁能御之?刘豫州,使君之宗室,而曹公之深仇也。若使之讨鲁,鲁必破;鲁破则益州强。曹公虽来,无能为也。”璋然之。遣法正迎先主。先主与璋会涪。璋既还成都,先主当为璋北征汉中。统复说备曰:“阴选精兵,昼夜兼道,径袭成都,璋既不武,又素无豫备,大军卒至,一举便定,此上计也。杨怀、高沛,璋之名将,各仗强兵,据守关头,闻数有笺来谏璋,使发遣将军还荆州,将军未至,遣与相闻,说荆州有急,欲还救之,并使装束,外作归形。此二子俱服将军英名,又喜将军之去,必乘轻骑来见将军,因此执之,进取其兵,乃向成都,此中计也。返还白帝,连引荆州,徐还图之,此下计也。若沉吟不去,将致大困,不可久矣。”先主然其中计,即斩怀等。自葭萌南还取璋。

时郑度说璋曰:“左将军袭我,兵不满万,士众未附,野谷是资。计莫若尽驱巴西、梓潼人,内涪水以西,其仓廪野谷,一皆烧除,高垒深沟,静以待之。彼请战不许,久无所资,不过百日,必将自走,走而击之,则必禽矣。”璋不用度计。先主遂长驱,所过必克,而有巴蜀。

【译文】

当时正值刘璋听说曹操准备进军汉中，征讨张鲁，内心恐慌畏惧。别驾张松向刘璋进言说："曹操兵强马壮，天下无敌，如果他打败了张鲁，并以汉中做据点，再攻打蜀地，谁能抵挡得住呢？刘豫州刘备和您是同宗，且同曹操有着深仇大恨。如果让刘备讨伐张鲁，张鲁必败无疑；击破了张鲁，益州就会更强大了。曹操即便是出兵蜀地，也是很难有作为的。"刘璋接受了张松的建议，便遣法正去迎接刘备。刘备同刘璋会见于涪县，随后刘璋返回成都。刘备准备为刘璋北伐汉中，庞统又向刘备谏言说："私下里选派精兵，日夜兼程，直袭成都，刘璋既不精于统兵打仗，又毫无防备，大军突然袭击，必将一举夺取成都，此为上计。杨怀、高沛是刘璋手下名将，各依仗强兵据守关口。听说他们屡次上书刘璋，劝谏刘璋让将军您返回荆州。将军可派人给他们送信，就说荆州局势危急，我军想回师救援，并让军队装作要班师回荆州的样子。杨怀、高沛二人都佩服将军的英名，又为您撤军离去而高兴，必定轻骑来见将军，为您送行，可借此机会，将二人生擒，进而夺其士卒，然后再兵发成都，此为中计。返回白帝城，与荆州连接策应，再慢慢谋划以后的进取办法，此为下计。您如果犹豫不决，沉吟不行，必将招致严重的困难，难以作长久之计。"刘备采用了庞统所说的中计，斩了杨怀等人后，自葭萌出发，向南进攻成都的刘璋。

此时郑度向刘璋进言说："左将军刘备袭击我们，其兵不足万人，当地百姓并未真心归附他，因此只能吃野谷子度日。依我之计，不如将巴西、梓潼的百姓全部赶走，并将涪水以西的仓库野谷全部烧毁，筑高垒，挖深沟，坚守不战。他们请战，我军不应，对峙久了，又无粮草，不到百日，必将自退，此时我军再主动出击，必定能生擒刘备。"刘璋不采用郑度的计策，刘备于是便长驱而下，攻无不克，很快便占领了巴蜀。

群臣劝先主称尊号，先主未许。诸葛亮曰："昔吴汉、耿纯等劝世祖即帝位，世祖辞让，前后数四。耿纯进言曰：'天下英雄，喁喁冀有所望，如不从议者，士大夫各归求主，无为从公也。'世祖感纯言深至，遂然诺之。今曹氏篡汉，天下无主。大王刘氏苗族，绍世而起，即帝位，乃其宜也。士大夫久勤苦者，亦望尺寸之功名，如纯言耳。"先主于是即帝位。

【译文】

群臣都劝说刘备称帝号，刘备没有答应。诸葛亮说："从前，吴汉、耿纯等劝说世祖刘秀即皇帝位，世祖推辞不就，前后推辞了四次。于是耿纯谏言说：

‘天下英雄迫切希望您能够即帝位，如果您拒绝了众人的建议，士大夫将会离开，再寻求新主，没有人再跟随主公了。’世祖感到耿纯所言甚有道理，便答应了群臣的请求。如今曹操篡汉，天下无主。大王您是刘氏后裔，继先世而起，即帝位是理所当然的。士大夫长期为您勤苦效力，也希望能够得到尺寸之功名呀，这和耿纯所说的一样啊！”刘备于是即皇帝位。

时曹公拔汉中。法正说先主曰：“曹操一举降张鲁，定汉中，不因此势以图巴蜀，而留夏侯渊、张郃屯守，身遽北还。此非其智不逮，力不足也，将内有忧逼故耳。今算渊、郃才略，不胜国之将率，举众往讨，则必克之。克之日，广农积谷，观衅伺隙，上可以倾覆寇敌，尊奖王室；中可以蚕食雍、凉，广境拓土；下可以固守要害，为持久之计。此盖天以与我，时不可失也。”先主善其策。乃率诸将进兵汉中，正亦从行。先主由阳平南渡沔水，缘山稍前，于定军山岭作营。渊将兵来争其地。正曰：“可击矣。”先主命黄忠乘高鼓噪，攻之，大破渊军。渊等授首，遂奄有梁汉。时魏使夏侯楙镇长安，蜀将魏延就诸葛亮请兵从褒中出，循秦岭而东，当子午而北，以袭长安，亮不许。

【译文】

此时，曹操已经攻占了汉中。法正向刘备进言说：“曹操一举将张鲁降服，扫平了汉中，但他却不趁此良机进攻巴蜀，而是让夏侯渊、张郃留下屯守，自己却急忙北返。这并非因为他智能低下，实力不足，恐怕是他的朝内发生了使他担忧的事情，所以他才急忙北归。现在分析夏侯渊和张郃的才略，尚比不上我国的将帅，如果我们乘机挥军征讨，必定能攻克汉中。占领汉中后，我们便可利用汉中的优势大力发展农业，积储粮食，等待时机，准备出击。最好的结果是消灭曹寇，复兴汉室；其次的结果是蚕食雍州、凉州，拓展疆土；最差的结果是固守汉中要害之地，做长远的打算。这正是上天赐给我们的良机，千万不要失掉这个机会呀。”刘备对法正的计策尤为赞赏，于是率领诸将进攻汉中，法正也跟随前往。刘备由阳平关南渡沔水，沿山前进，在定军山岭安营扎寨。夏侯渊率兵前来争夺山岭，法正说：“可以出击了。”刘备便命令黄忠乘鼓声出击，鼓噪而攻，大破夏侯渊。夏侯渊等被斩首，刘备于是将梁汉之地据为己有。此时，魏国派夏侯楙镇守长安，蜀将魏延向诸葛亮请兵，从褒中出发，沿着秦岭东进，从子午道北上，袭击长安，诸葛亮没有同意。

其后吴孙权袭关羽，取荆州。先主怒吴，伐之。败绩，还蜀，至永安而崩。后主禅即位。先是，吴主孙权请和，丞相诸葛亮虑权闻先主殂，有异计，乃遣邓芝修好于权。权果狐疑，不时见芝。芝自表请见，权语芝曰："孤诚愿与蜀和亲，然恐蜀主幼弱，国小势逼，为魏所乘，不自保全，以此犹豫耳。"芝对曰："吴、蜀二国，四州之土。大王命世之英，诸葛亮一时之杰也。蜀有重险之固，吴有三江之阻。合此二长，共为唇齿，进可兼并天下，返可鼎足而立。此理势之自然也。大王今若委质于魏，魏必上望大王之入朝，下求太子之内侍。若其不从，则奉辞伐叛，蜀必顺流见可而进。如此，江南之地，非复大王之有也。"权默然良久曰："君言是也。"遂自绝魏，与蜀连和。

【译文】

其后，吴主孙权袭击了关羽，夺回了荆州。刘备很恼怒吴国的这一举动，于是对吴国进行讨伐，结果大败，被迫返蜀，途至永安时驾崩，刘禅即位，世谓后主。此前，吴主孙权主动求和，丞相诸葛亮担心孙权听到刘备驾崩的消息后，会有所图谋，于是就派邓芝到吴国与孙权修好。孙权果真狐疑不决，不立即接见邓芝。邓芝只得主动上表求见，孙权向邓芝说："我确实很愿意同蜀国亲睦和好，然而又害怕蜀主幼弱，国小势微，倘若为魏国所乘，蜀国恐难以自保，因此我才颇为犹豫。"邓芝回答道："吴、蜀两国，据有四州之地，大王您是当世的英才，诸葛亮又是当代的俊杰。蜀国周边有重险之固，吴国又有三江之阻。综合两国的优势，结为唇齿之交，进可以兼并天下，退可以鼎足而立。这是由目前天下总的局势决定的。大王倘若委附于魏国，魏国必定希望大王您亲自入朝拜觐，还会要求太子到魏国做人质。如果不听从他的要求，那么他就会找借口讨伐叛逆，蜀国便可顺流而下，见机而进。这样下去，江南之地，恐怕就不再属于大王了。"孙权沉默许久，然后说："您讲得很有道理。"于是孙权同魏国断交，与蜀国结盟。

时司徒华歆、司空王朗等，与诸葛亮书，陈天命，欲使举国称蕃。亮不答书，作正议曰："昔在项羽，起不由德，虽处华夏，秉帝者之势，卒就汤镬，为后来戒。魏不审鉴，今次之矣。免身为幸，灭在子孙。而二三子多逞苏、张诡靡之说，奉进驩兜滔天之辞，欲以诬毁唐帝，讽解禹、稷，所以徒怀文藻，烦劳翰墨。大雅君子，所不为也。又《军志》曰：'万人必死，横行天下。'昔轩辕氏挈卒数万，制四帝，定海内。况以数十万之众，据正道而临有罪，可得干拟者哉？"亮死后，魏令邓艾伐蜀，蜀兵败。后主用谯周策降魏。晋时，李特复据蜀，晋桓温灭之。至宋义熙中，谯纵又杀益州刺史毛璩于成都，称成都王。宋使朱龄石灭之。此蜀国形也。

【译文】

此时，魏国司徒华歆、司空王朗等人给诸葛亮写信，陈述魏国代汉而立是天命所归，想让蜀国向魏国称臣。诸葛亮没有给他们回信，作《正议》说："从前，项羽兴兵不依靠德行，虽然占有华夏之地，手握帝王之业的权力，但最终就像被扔进盛满开水的大锅一样，惨败而亡，成为后世之戒。魏若不借鉴这一历史教训，必将成为第二个项羽。即便现在能身免一死，但其子孙必定被人所灭。而你们这些人就像战国时的苏秦、张仪一样，喜进诡辩之说，奉进驩兜滔天之辞，企图诬蔑诋毁唐尧，讥讽嘲笑大禹、后稷，所以你们的结果也只能是空有华丽的辞藻，浪费翰墨罢了。这些事情都是大雅君子耻于做的。《军志》上说：'万人必死，横行天下。'从前轩辕氏率领数万士卒，就能制伏四帝，扫平海内。更何况蜀汉拥兵数十万，居正义之道去讨伐有罪之国，谁能与我们相匹敌呢？"诸葛亮死后，魏国命令邓艾率军伐蜀，蜀兵大败。后主刘禅接受了谯周的计谋，投降魏国。晋朝时，李特重新占据蜀地，又被晋将桓温所灭。至宋义熙年间，谯纵在成都杀死了益州刺史毛璩，自称成都王。宋又派朱龄石率兵剿灭了谯纵。以上所讲的是蜀国的情形。

丑为星纪，吴、越之分。上应斗、牛之宿，下当少阳之位。古人有言曰："大江之南，五湖之间，其人轻心，扬州保强。三代要服，不及以正。国有道则后服，无道则先叛。"故《传》曰："吴为封豕长蛇，荐食上国。"为上国之患，非一日之积也。

汉高帝时，淮南王英布反，反书闻。上召诸将，问布反为之奈何，汝阴侯滕公曰："臣客故楚令尹薛公有筹策，可问。"上乃召见，问薛公，薛公对曰："布反，不足怪也。使布出于上计，山东非汉之有也；出于中计，胜败之数，未可知也；出于下计，陛下安枕而卧矣。"上曰："何谓上中下计？"令尹曰："东取吴，西取楚，并齐取鲁，传檄燕赵，固守其所，山东非汉之有也。何谓中计？东取吴，西取楚，并韩取魏，据敖仓之粟，塞成皋之口，胜败之数，未可知也。何谓下计？东取吴，西取下蔡，归重于越，身归长沙，陛下安枕而卧，汉无事矣。"上曰："是计将安出？"令尹对曰："出下计。"上曰："何为废上中计而出下计？"令尹曰："布故郦山之徒也。自致万乘之国，此皆为身不顾其后，为万世虑者。故曰出下计。"上曰："善。"果如策。

【译文】

丑为星纪，是吴越的分野，其位置上应斗、牛星宿，下当少阳之位。古人曾经说过："生活在大江之南及五湖之间的人，个性轻浮，又依仗扬州逞强好胜。尧、舜、禹三代时，这个地区属于偏远地区，尚不属正式的管辖区域。当中原王朝政治清明，国家强盛时，这个区域最晚表示服从领导。当中原王朝政治腐败，国家衰弱时，此地往往最先反叛。"所以《左传》说："吴国如同大猪长蛇，不断吞食着北方上国。"由此可见，吴为北方国家的大患，非一天两天的事情了。

汉高祖时，淮南王英布起兵谋反，反书传至朝廷，皇上召集诸将，对英布谋反一事进行商议。汝阴侯滕公进言说："我的门客前任楚令尹薛公有策略，可以询问他。"汉高祖于是召见薛公并询问他，薛公回答道："英布谋反，不足为怪。假如英布采用上策，那么山东地区就不属汉家所有了；如果采用中策，孰胜孰败，难以预料；如果采用下策，陛下便可以高枕无忧了。"汉高祖问："什么是上中下三计？"薛令尹回答道："向东攻占吴地，向西夺取楚地，兼并齐、鲁，向燕、赵传达檄文，然后将已取得的地盘牢固地坚守起来，这样山东就非汉家所有了。什么是中计呢？向东攻占吴地，向西夺取楚地，兼并韩、魏，占据敖仓粮食，把守阻塞成皋的关口，孰胜孰败，就难以预料了。什么是下计呢？向东攻占吴地，向西夺取下蔡，又回身把重点放在越地，最后又返回长沙，这样陛下就可以高枕无忧了，汉家也就平安无事了。"汉高祖说："英布将采用何计呢？"令尹回答说："英布必定采用下计。"汉高祖问："为什么英布将采用下计而舍弃上中计呢？"令尹答道："英布本是郦山下为秦始皇修陵墓的工徒，他所追求的是做万乘之国的皇帝，可见他是一位只顾自身而不为后代、注重眼前利益而忽视长远利益的人，所以说他必定采用下计。"汉高祖说："你讲得很在理。"后来英布的行动果然被薛公所言中。

是后，吴王刘濞以子故而反。初发也，其大将田禄伯曰："兵屯聚而西，无他奇道，难以就功。臣愿得奇兵五万人，别循江淮而上，收淮南长沙，入武关，与大王会，此亦一奇也。"吴王太子谏曰："王以反为名，此兵难以藉人，藉人亦且反王。"吴王不许。其少将桓将军复说吴王曰："吴多步兵，步兵利险阻；汉多车骑，车骑利平地。愿大王所过城邑，不下，宜弃去，疾西据洛阳武库，食敖仓之粟，阻山河之险，以令诸侯。虽无入关，天下固已定矣。即大王徐行，留下城邑，汉车骑至，驰入梁、楚之郊，事败矣。"王问诸老，诸老曰："此年少摧锋之计耳，安知大虑！"吴王不从桓将军之计，乃自并将其兵。汉以太尉周亚夫击吴、楚。亚夫用其父客计，遂败吴。

【译文】

其后，吴王刘濞因其子被皇太子所杀的缘故而起兵谋反。起兵之初，他的大将田禄伯说：“兵马囤聚后即向西进军，如果没有其他奇道可行，就难以成功。我请求您给我五万奇兵，另沿着江淮而上，夺取淮南长沙，攻入武关，最后与大王会师，这也是一条奇策。”吴王太子却进谏说：“大王以谋反为名，那么这支奇兵就不能由他人率领指挥，如果由他人率领指挥，他人也有可能以此奇兵反叛大王。”所以吴王没同意田禄伯的请求。吴王少将桓将军又向吴王谏言说：“我们吴国多步兵，步兵善于攀越险阻；汉军多战车和骑兵，车骑善于在平地作战。希望大王进军途中经过的城邑，倘若不能攻取，便舍城而去，快速攻占洛阳武库，并占领敖仓的粮食，依靠山河险阻，号令诸侯，即便没有入关，但天下大局已经确定了。如果大王进军缓慢，攻克城邑，便留兵驻守，汉军骑兵赶来，进驻梁、楚城郊，那么大事就失败了。”吴王将此计请教于诸位老将，老将们说：“这是年轻人猛冲猛打的摧锋之计，哪里知道深思熟虑？”于是吴王又未采用桓将军的计策，并亲自率兵进军。汉朝任命太尉周亚夫率军攻击吴、楚。周亚夫采用其父周勃门客的计策，打败了吴王。

淮南王刘安怨望其父厉王长死，谋为叛逆。问伍被曰：“吾举兵西向，诸侯必有应者，即无，奈何？”被曰：“南收衡山，以击庐江，有浔阳之船，守下雉之城，结九江之浦，绝豫章之口，强弩临江而守，以禁南郡之下，东收江都、会稽，南通劲越，屈强江淮间，犹可一举得延岁月之寿。”王曰：“善。”未得发，会事泄，诛至。

【译文】

淮南王刘安对其父厉王刘长被汉文帝废黜、不食而死一事怀恨在心，意欲谋反。他问伍被说：“我如果举兵向西进军，诸侯中必定有人响应，如果没人响应，我该怎么办呢？”伍被答道：“您应该向南占领衡山，然后再攻击庐江，据有浔阳船只，在下雉城固守，安营扎寨在九江边上，阻断豫章关口，派强弩手沿江守御，禁防南郡汉军向东进发，东取江都（即扬州）、会稽，南通劲越，顽强支撑在江淮间，还可能延长些时日。”淮南王说：“你说得很有道理。”但尚未发兵，阴谋便被败露，遂被诛杀。

后汉灵、献时，阉人擅命，天下提契，政在家门。时长沙太守孙坚杀南阳太守张咨，袁术得据其郡。坚与术合纵，欲袭夺刘表荆州，坚为流矢所中，死。孙坚死，子策领其部曲，击扬州刺史刘繇，破之，因据江都。策闻魏太祖与袁绍相持于官渡，将渡江袭许，未济，为冼贡客所杀。策死，弟权领其众。属曹公破袁绍，兵威日盛，乃下书责孙权，求质。张昭等会议不决，权乃独将周瑜，诣其母前定议。瑜曰："昔楚国初封于荆山之侧，不满百里之地。继嗣贤能，广土开境，立基于郢，遂据荆、扬，至于南海，传业延祚，九百余年。今将军承父兄余资，兼六郡之众，兵精粮多，将士用命，铸山为铜，煮海为盐，境内富饶，人不思乱，泛舟举帆，朝发夕到，士风劲勇，所向无前，有何逼迫，而欲送质？质子一入，不得不与曹氏；曹氏命召，不得不往，便见制于人也。岂与南面称孤同哉？不如勿与，徐观其变。若曹氏率义以正天下，将军事之未晚；若图为暴乱，兵犹火也，不戢，必将自焚。韬勇枕威，以待天命，何送质之有！"权母曰："公瑾议是也。"遂不送质。

【译文】

后汉灵帝、献帝当政时，宦官专权，权倾天下，国家的行政大权掌握在臣下手中。当时长沙太守孙坚杀了南阳太守张咨，袁术趁机占据南阳郡。孙坚与袁术联合，计划攻取刘表据有的荆州，孙坚却被乱箭射中而死。孙坚死后，其子孙策率领其父亲的部众，袭击扬州刺史刘繇，大败刘繇，趁机占据了江都。孙策听说魏太祖曹操在官渡与袁绍对峙，便准备渡江北上袭取曹操的许都，可惜尚未来得及渡江北上，便被冼贡客所杀。孙策死后，其弟孙权率领其部众。当时曹操刚在官渡大败袁绍，兵威日盛。于是下书斥责孙权，并向孙权索要人质。孙权的谋臣张昭等人会议商讨，难以决断。孙权于是带着周瑜去见他的母亲，共商大事。周瑜说："从前，楚国初封在荆山之侧，方圆不足百里。然而他的后代们非常贤能，拓土开疆，以郢都为据点，逐渐占据了荆、扬地区，一直延伸到南海，基业相传，达九百多年。如今将军上承父兄之余业，率领六郡之众，兵精粮足，将士乐于效命，铸山为铜，煮海为盐，境内富饶，民心安定，泛舟举帆，朝发夕至，战士英勇善战，所向披靡，为什么要被逼迫得非要向曹操送人质不可呢？质子一旦入曹，东吴就不得不服从曹操；曹操召见大王，大王就必须前往，这样就受制于人。这岂能与南面称王相比呢？不如先不送人质，慢慢地观察局势变化。倘若曹操确实要以大义来匡正天下，那时将军再侍奉曹氏也不算晚；倘若曹氏图谋不轨，以下犯上，那么战争就会如同烈火，如果不收敛，将会引火烧身。我们暂时收敛兵勇，保存实力，静候天命所归，何必送人质呢！"孙权的母亲说："公瑾说得很有道理。"孙权于是决定不送人质给曹操。

后曹公入荆州，刘琮举众降，曹操得其水军船、步卒数十万。吴将士闻之皆恐，孙权延见群下，问以计策。议者咸曰："曹公，豺虎也。托名汉相，挟天子以征四方，动以朝廷为辞。今日拒之，事更不顺。且将军大势可以拒操者，长江也，今操得荆州，奄有其地，刘表治水军，艨艟斗舰，乃以千数。操悉以沿江，兼有步兵，水陆俱下，此为长江之险，已与我共之矣。而势力众寡，又不可论。愚谓大计，不如迎之。"

周瑜曰："不然，操虽托名汉相，其实汉贼。将军以神武之雄才，兼仗父兄之烈，割据江东，地方数千里，精兵足用，英豪乐业，尚当横行天下，为汉家除残去秽，况操自送死，而可迎之耶？请为将军筹之。今使北土已安，操无内忧，能旷日持久，来争疆场，又能与我决胜负于舟楫，可也。今北方既未安，马超、韩遂尚在关西，为操后患；且舍鞍马，杖舟楫，与吴、越争衡，本非中国所长；又今盛寒，马无藁草；驱中国士众，远涉江湖之间，不习水土，必生疾病。此数四者，用兵之患也，而操皆冒行之。将军擒操，宜在今日。瑜请得精兵三万人，进住夏口，保为将军破之。"

权曰："老贼欲废汉自立久矣，徒忌二袁、吕布、刘表与孤耳。今数雄已灭，惟孤尚存，孤与老贼，势不两立。君言当击，甚与孤合，此天以君授孤也。"周瑜等水军三万，与刘备并力距曹公，用黄盖火攻策，遂破曹公于赤壁。曹公败，径北还。权遂虎视江表。

【译文】

后来曹操攻破荆州，刘琮率部众投降，于是曹操得到了荆州战船及步卒数十万。东吴将士闻讯，非常恐慌。孙权召见群臣，询问对策。大家都说："曹操就像豺虎，假托汉家丞相，实则挟天子以征讨四方，动不动就打着朝廷的旗号。今天若抵抗曹操，名义上不顺利。且将军抗衡曹操的唯一优势就是长江，如今曹操据有荆州，并拥有了荆州全境，刘表治水军，有艨艟斗舰上千艘。曹操将其全部投入长江之上以待命，同时又有步兵，水陆两军，双管齐下，这说明曹操已与我们一样拥有了长江天险。且论军事实力，敌众我寡，不可相提并论。因此我们认为，不如迎接曹操。"

周瑜说："其实形势并非像你们说的那样严重。曹操虽托名汉相，实则汉贼。将军以神武雄才，仰仗父兄的功业，割据江东，方圆数千里，精兵足够使用，英雄豪杰乐于建立功业，当下我们更应该横行天下，为汉朝除残去秽。况且曹操自来送死，难道要迎接他，投降他吗？请让我为将军分析筹划一下。假设北方现已安定，曹操则无内顾之忧，可以旷日持久与我们作战，又假设他有能力与我们在水战上一决胜负，那么便可以迎接曹操。但如今的情况是：曹操的北方尚未安定，马超、韩遂仍占据着关西，成为曹操的后方之患；况且舍弃鞍马骑战,凭借舟楫与吴越一争高低,这本非中原的优势;时下又值天气寒冷,马无蒿草;驱使北方士众,远涉江湖之间,不习水土,必生疾病。这四者都是用兵之大患,但曹操却冒险行事。将军生擒曹操,就在今日,我请求拨三万精兵,进驻夏口,保证为将军大破曹操。"

孙权说:"曹操老贼早就想废汉自立了,只是顾忌二袁、吕布、刘表和我而已。现在数雄俱被消灭,唯我尚存。我与老贼势不两立。您认为应当抗击曹操,正合我意,这正是上天把您授予我的啊!"周瑜等率三万水军,与刘备联合抗曹,并采用黄盖火攻之计,大破曹军于赤壁。曹操战败,向北逃走。此后,孙权便虎视江表,声名大振。

初,周瑜荐鲁肃才宜佐时。权即引肃对饮曰:"今汉室倾危,四方云扰,孤承父兄遗业,思有桓、文之功,君既惠顾,何以佐之?"肃对曰:"昔高帝区区,欲尊事义帝而不获者,以项羽为害也。今之曹操,犹昔项羽,将军何由得为桓、文乎?肃窃料之,汉室不可复兴,犹曹操不可卒除。将军为计,惟有鼎足江东,以观天下之衅。规模如此,亦自无嫌。然后建号帝王,以图天下,此高帝之业也。"及是平一江浒,称尊号,临坛顾谓公卿曰:"昔鲁子敬尝道此,可谓明于事势矣。"黄武元年,魏使大司马曹仁步骑数万向濡须,濡须督朱桓破之。七年,又使大司马曹休骑十万至皖城,迎周鲂,鲂欺之,无功而返。至权薨,皓即位,穷极淫侈,割剥蒸人,崇信奸回,贼虐谏辅。晋世祖令杜预等伐吴,灭之。至晋永嘉中,中原丧乱,晋元帝复渡江,王江南。宋、齐、梁、陈皆都焉。此吴国形也。

【译文】

当初,周瑜向孙权举荐鲁肃,说他有辅佐时世之才。孙权随即邀请鲁肃饮酒,说道:"如今汉朝衰微,天下大乱,我继承父兄的遗业,想要建立齐桓、晋文那样的霸业功勋。您既然惠临相助,将用什么策略来帮助我呢?"鲁肃回答说:"昔日汉高祖区区一将,本想一心尊事义帝,但却未能如愿,那是为项羽所害的缘故。如今的曹操如同昔日的项羽,将军如何能建立齐桓、晋文那样的霸业呢?依我之见,汉室不可能复兴了,就像曹操不可能迅速被除掉一样。将军制定策略,唯有鼎足江东,静观天下之变。天下的大势就是如此,将军也不要有什么心理上的顾虑和嫌忌。然后建帝号,即帝位,图谋天下,这是汉高祖那样的功业呀。"到后来孙权统一了江东地区,称帝王尊号,在祭坛上对公卿说:"以前鲁子敬曾预见今日的局面,真可谓是一位明于事势的人呀。"黄武元年,魏国派大司马曹仁率数万步骑进攻濡须,濡须督朱桓大败曹仁。黄武七年，魏国又派大司马曹休率骑兵十万进攻皖城，周鲂迎战，曹休中周鲂之计，无功而返。孙权驾崩后，孙皓即位。孙皓穷极淫侈，残忍暴虐，崇信奸臣，残害忠贤谏辅之臣。晋世祖司马炎命令杜预等率军讨伐吴国，将吴国灭掉。一直到晋永嘉年间，中原发生战乱，晋元帝渡过长江，在江南称帝。宋、齐、梁、陈，皆在此建都。以上所讲的是吴国的情形。

古者天子守在四夷，天子卑弱，守在诸侯。当汉之季，奸臣擅朝，九州不澄，四郊多垒。虽复诸侯释位，以间王政，然皆包藏祸心，各图非冀。魏太祖略不世出，灵武冠时。值炎精幽昧之期，逢风尘无妄之世，瞋目张胆，首建义旗。时韩暹、杨奉挟献帝自河东还洛阳。太祖议迎都许。或以为山东未定，不可。荀彧劝太祖曰："昔晋文纳周襄王，而诸侯景从；高祖东伐，为义帝缟素，天下归心。自天子播越，将军首唱义兵，以山东扰乱，未能远离关右。然犹分遣将帅，蒙险通使。虽御外难，乃心无不在王室。是将军匡天下之素志也。今车驾旋轸，义士有存本之思，百姓感旧而增哀。诚因此时奉主上以从人望，大顺也；秉至公以服雄杰，大略也；挟宏义以致英俊，大德也。天下虽有逆节，不能为累明矣。韩暹、杨奉其敢为害，若不时定，四方生心，后虽虑之无及。"太祖至洛阳，奉天子都许，维其弛紊，纫其赘旒，俾我汉家不失旧物矣。于是运筹演谋，鞭挞宇内，北破袁绍，南虏刘琮，东举公孙康，西夷张鲁。九州百郡，十并其八，志绩未究，中世而殒。未能扶天下之危者，则据天下之安；能除天下之忧者，则享天下之乐；能救天下之祸者，则得天下之福。曹氏率义拨乱，代载其功。至文帝时，天人与能矣，遂受汉禅。

【译文】

古时候，天子强大，便用四夷做守卫，后来天子卑弱，就只能倚靠诸侯做守卫了。汉朝末年，奸臣专政，九州混乱，四方多难。虽然也有诸侯离开其封国直接参与朝政，但都包藏祸心，各怀非分之想。魏太祖曹操有旷世大略，神武冠绝于当时。正值汉朝昏暗不明之时，恰逢风尘无妄之世，曹操瞋目张胆，率先举起义旗。当时韩暹、杨奉挟持汉献帝自河东还驾洛阳。曹操与诸将商议，计划迎汉献帝在许昌建都。有人认为山东尚不安定，不可迁都。荀彧劝谏曹操说："从前，晋文公迎接周襄王，诸侯便对晋文公如影随形；汉高祖东伐项羽，为义帝披麻戴孝，天下人都归顺了汉高祖。自从天子蒙难后，将军您率先举兵，因山东混乱，无法远离关右。但仍然分派将帅，冒险通使。即便是抵御外难，您心中也时刻关心着王室。足见将军有匡扶天下之志。如今天子车驾返京，义士们都心存复兴汉室的想法，老百姓也因感念旧情而倍感哀痛。倘若能借此机会奉迎天子以顺从天下人的真诚愿望，可堪是大顺天下的举动；秉公之心，使天下英雄豪杰服从自己，可谓‘大略’；倡导大义，以招徕天下英才俊士，可谓‘大德’。这样，即便天下有与您相对抗的事情发生，也不足为患，这是显而易见的。韩暹、杨奉很可能制造祸端，若不及时拿定主意，一旦四方发生叛乱之心，那时即使想这样做，也来不及了。”曹操到洛阳，亲自奉迎天子在许昌建都。重整朝纲，恢复旧制，使汉家重新树立了王朝威严，不致倾覆。自此以后，曹操运筹帷幄，征讨四方，北破袁绍，南掳刘琮，东收公孙康，西平张鲁。天下九州百郡，曹操已据十分之八，但壮志未酬，中途身死。能匡扶天下危难之人，才能据天下之安；能够消除天下忧患之人，才能享受天下之乐；能够拯救天下祸端之人，才能得到天下之福。曹操首举义旗，拨乱反正，世载其功。到魏文帝时，天命人心归于贤能之人，于是就接受了汉献帝的禅让。

王室虽靖，而二方未宾，乃问贾诩曰："吾欲伐不从命，以一天下，吴、蜀何先？"对曰："攻取者先兵权，建本者尚德化，陛下应期受禅，抚临率土，若绥之以文德，而俟其变，则平之不难矣。吴、蜀虽蕞尔小国，依山阻水，刘备有雄才，诸葛亮善治国，孙权识虚实，陆逊见兵势，据险守要，泛舟江湖，皆难卒平也。用兵之道，先胜后战，量敌论将，故举无遗策。臣窃料群臣无权、备对，虽以天威临之，未见万全之势。昔舜舞干戚而有苗服。臣以为当今宜先文后武。"文帝不纳，后果无功。

【译文】

魏虽代汉而立，王室暂得安宁，但吴、蜀两国仍未臣服。魏文帝于是问贾诩说："我准备对不从命的吴、蜀进行讨伐，统一天下，你认为吴国和蜀国，该先讨伐哪个国家呢？"贾诩回答道："若要出兵征战，必须将兵权放在首位；若要建国立本，务必推行德化。陛下顺应天命，受禅即位，统治国家，倘若能够施行文德让天下安定，等待吴、蜀自行变乱，那么平定两国并非困难的事情。吴、蜀虽是小国，但依山阻水，形势险要，刘备有雄才，诸葛亮善治国，孙权明虚实，陆逊擅兵法。他们据守险要之地，泛舟江湖，这些因素致使我们很难迅速平定他们。用兵之道，首先是具备胜利的条件，稳操胜券后，再出兵攻伐，并认真分析敌方的力量，比较双方将领的优劣，并列出各种对策，再经过反复比较权衡，才能做到战必胜。臣以为，在群臣中，尚没有孙权、刘备的对手，即使陛下以天威征讨两国，也未见万全必胜之势。从前，舜舞动兵器，使能使苗氏诚心归服。臣认为当前应该先推崇文德,再施行武功。”文帝没有听取贾诩的建议,后来果然无功而返。

至甘露元年,始以邓艾为镇西将军,拒蜀将姜维,维军败,退守剑阁。钟会攻维不能克,艾上言曰:“今贼摧折,宜遂乘之。从阴平由邪径经汉、德阳亭,趣涪,出剑阁西四百里,去成都三百余里,奇兵冲其腹心,剑阁之守必还赴涪,则会方轨而进;剑阁之军不还,则应涪之兵寡矣。《军志》有言:‘攻其不备,出其不意。’今掩其空虚,破之必矣。”冬十月,艾自阴平行无人之地七百余里,凿山通道,山高谷深,艾以毡自裹,推转而下,将士皆攀木缘崖,鱼贯而进,先登至江油。蜀将诸葛瞻自涪还绵竹,列阵待艾。艾遣子忠等出战,大破之,斩瞻。进军到洛县,刘禅遂降。至晋末,谯纵复窃蜀,宋刘裕使朱龄石伐蜀,声言从内水取成都,败衣羸老进水口。谯纵果疑其内水上也,悉军新城以待之。乃配朱龄石等精锐,径从外水,直至成都,不战而禽纵。此灭蜀形也。

【译文】

时至甘露元年,魏国任命邓艾为镇西将军,与蜀将姜维对阵,姜维战败,退守剑阁。魏将钟会进攻姜维,却未能成功。邓艾上书魏帝说:“蜀贼已遭重创,我军应该乘胜追击。从阴平(今甘肃文县境内)由小道经汉(治所在今四川剑阁县东北)、德阳亭(今四川江油县东北)直奔涪县,出剑阁向西四百里,距离成都三百余里,出奇兵直捣蜀国心脏,剑阁守军必定会去救援涪县,那时,钟会即可长驱直入了;剑阁守军若不去救援涪县,那么涪县守军就难以支撑。《军志》上说:‘攻其不备,出其不意。’我直入其空虚之处,必能破蜀。”景元四年冬十月,邓艾自阴平穿过七百余里的无人之地,凿山通道,山高谷深,邓艾用毡裹住身体,从山上滚转而下,将士都攀木缘崖,鱼贯而进,行至江油城。蜀将诸葛瞻从涪县还军绵竹,摆好阵势等候邓艾。邓艾派其子邓忠出战,大败蜀军,并将诸葛瞻斩首。随后进军洛县,蜀主刘禅遂投降魏国。到晋朝末年,谯纵占据蜀地,宋刘裕派朱龄石率军讨伐,扬言要从内水进去成都,却派老弱残兵上船入水口,造成要从水路进攻的假象。谯纵果然认为朱龄石要从内水(今四川涪江及其下游嘉陵江)而上,于是把全军都屯扎在新城严阵以待。而刘裕却给朱龄石等精兵,从外水(今四川成都市府河及其下游岷江)直捣成都,不战而擒获谯纵。这是灭蜀的情形。

魏嘉平中,孙权死。征南大将军王昶、征东大将军胡遵、镇南将军毌丘俭等表征吴。朝廷以三征计异，诏访尚书傅嘏，嘏对曰："昔夫差胜齐陵晋，威行中国，不能以免姑苏之祸；齐闵辟土兼国，开地千里，不足以救颠覆之败。有始者不必善终，古事之明效也。孙权自破蜀兼荆州之后，志盈欲满，凶亢已极。相国宣、文王先识取乱侮亡之义，深达宏图大举之策。今权已死，托孤于诸葛恪。若矫权苛暴，蠲其虐政，民免酷烈，偷安新惠，外内齐虑，有同舟之惧，虽不能终自保完，犹足以延期挺命于深江之外矣。今议者或欲泛舟径济，横行江表；或欲倍道并进，攻其城垒；或欲大佃疆场，观衅而动。此三者皆取贼之常计。然施之当机则功成；若苟不应节，必贻后患。自治兵已来，出入三载，非掩袭之军也。贼丧元帅，利存退守。若罗船津要，坚城清野，横行之计，其殆难捷也。贼之为寇几六十年，君臣伪立，吉凶同患。若恪蠲其弊，天夺之疾，崩溃之应，不可卒待也。今贼设罗落，又持重密。间谍不行，耳目无闻。夫军无耳目，投察未详，而举大众以临巨险，此为希幸徼功，先战而后求胜，非全军之长策也。惟有大佃最差完牢，兵出民表，寇钞不犯；坐食积谷，不烦运士；乘衅讨袭，无远劳费。此军之急务也。夫屯垒相逼，巧拙得用。'策之而知得失之计，角之而知有余不足之处。'情伪将焉所逃？夫以小敌大，则役烦力竭；以贫敌富，则敛重财匮。故'敌逸能劳之，饱能饥之'，此之谓也。然后盛众厉兵以振之，参惠倍赏以招之，多方广似以疑之。由不虞之道，以间其不戒。比及三年，左提右挈，虏必冰散瓦解，安受其弊，可坐算而得也。昔汉氏历世常患匈奴。朝臣谋士，早朝晏罢；介胄之将，则陈征伐；搢绅之徒，咸言和亲；勇奋之士，思展搏噬。故樊哙愿以十万横行匈奴，季布面折其短；李信求以二十万独举楚人，而果辱秦军。今诸将有陈越江陵之险，独步虏庭，即亦向时之类也。以陛下圣德，辅相贤智，法明士练，错计于全胜之地，振长策以御之，虏之崩溃，必然之数。故兵法曰：'屈人之兵而非战也，拔人之城而非攻也。'若释庙胜必然之理，而行百一不全之略，诚愚臣之所虑也。故谓大佃而逼之计最长。"时不从嘏言。诏昶等征吴。吴将诸葛恪拒之，大败魏军于东关。魏后陵夷，禅晋。太祖即位。

【译文】

魏嘉平年间，孙权驾崩。魏国征南大将军王昶、征东大将军胡遵、镇南将军毌丘俭等上表朝廷，请求讨伐吴国。朝廷因三位将军所制定的讨吴方略各不相同，便下诏征求尚书傅嘏的意见。傅嘏说："从前，吴王夫差曾战胜齐国、侵凌晋国，威震中原，但最终不能避免姑苏之祸；齐闵王开拓疆土，兼并邻国，方圆千里，却免不了自己被颠覆的命运。有良好的开端，未必就会有良好的结尾，先前的历史已经证明了这一点。孙权自从大破蜀军收回荆州后，骄傲自满，凶残暴虐。相国宣王和文王最先认识到吴国必定有自乱的一天，心中早已明确了攻取吴国的策略。如今孙权已死，将儿子孙皓托付给诸葛恪。倘若吴国能够将孙权的苛暴政治加以矫正，推行新政，让人民不再遭受苛政的困苦而暂且偷安，让吴人内外齐心，有同舟共济的忧患意识，那么吴国即使最终难逃灭亡的命运，但尚能够在大江之外延续些时日。现在筹划讨伐吴国的人，有的主张乘船渡江强攻，横行江表；有的打算绕道并进，进攻东吴的城堡；还有的计划军屯疆场，观衅而动。这三者都是进攻敌人的一般策略。倘若使用时机得当，就可能成功；倘若施行的时机不够成熟，则必有后患。自从与吴国交兵，已历经三载，看来靠掩杀突袭是难以对付吴军的。况且吴贼新丧元帅，必定以收缩固守为主要战略。如果吴人把战船集中在要津之上，实行坚城清野，我军渡江强攻、横行江表之计恐难以奏效。吴国为寇近六十年，君臣关系已经稳固，能够做到上下同吉凶共患难。如果诸葛恪能够去其弊政，老天又不降吴灾祸，是不可能立刻等到吴国自身崩溃的。如今吴贼遍设网罗，又防守严密，间谍根本进不去，以至于我们耳目闭塞。用兵打仗，若无耳目，便不可能详察敌情。在这种情况下，举兵南进，企图穿越长江天险，这是将成功寄希望于侥幸，先战而后胜，并非保全军队、稳操胜券的良策。唯有让军队屯田疆场的计策最为牢靠。兵出于民，秋毫无犯；自足自给，无须麻烦士卒运粮；乘衅击敌，无远来劳顿之弊。这些都是军队的当务之急。屯扎设垒逼近敌人，巧妙和笨拙的方法都得以运用。'通过运用计策探知敌我双方的得失，通过与敌人进行小小的交锋，来探知敌人兵力的虚实强弱。'这样的话，敌情的真实或伪诈又怎能逃过我们的眼睛呢？以弱小的力量去抗衡强大的力量，就会使弱小的一方役繁力竭；以贫穷去抗衡富裕，必将使贫穷的一方敛重财匮。所以兵法上说：'敌人安逸，能使其疲劳；敌人粮食充足，能让其无粮可食。'说的正是这个道理。然后征调大军，秣马厉兵，通过军威来震慑敌军，通过恩惠重赏来招降敌军，通过多方布兵来迷惑敌人。从敌人毫无防备的道路出击，攻击其不戒备之处。这样下去，等到三年后，便能让敌人冰散瓦解，自取败亡。我军便可坐算庙堂之上，毫不费力地夺取胜利了。从前，汉朝历代都有匈奴侵扰的大患，朝臣谋士，早朝刚散，便讨论匈奴之事：将军们提倡征讨匈奴；文官则大都主张和亲；奋勇之士则想征战沙场。所以樊哙愿请精兵十万讨伐匈奴，季布则当面驳斥出兵攻打匈奴的短处；李信请以精兵二十万攻取楚人，结果使秦军败辱。如今有人上书朝廷，自称能越过长江，跨越险阻，独步于吴王宫廷之上，也与上面的例子同属一类。以陛下之圣德，宰辅丞相之贤智，严明法纪，将士干练，将进兵大计建立在全胜的基础之上，以长远之策来驾驭时局，吴国崩溃，实属必然。所以兵法上说：‘使敌人的军队屈服并非通过战争，占领敌人的城池并非靠强攻。’倘若放弃庙堂胜算的策略，却去执行没有百分之一成功希望的用兵计划，这确实是我做臣下的最为忧虑的事情呀。因此我认为屯田疆场、步步逼近敌人的计策最为突出。”当时魏帝并未采纳傅嘏的策略，而是诏命王昶等率兵伐吴。吴国将领诸葛恪抵抗魏军，大败魏军于东关。此后魏国日渐衰弱，最终将帝位禅让于晋，晋太祖即位。

至世祖时，羊祜上平吴表曰：“先帝顺天应时，西平巴蜀，南和吴会，海内得以休息，兆庶有乐安之心。而吴复背信，使边事更兴。夫期运虽天所授，而功业必由人而成。不一大举扫灭，则众役无时得安。非所以隆先帝之勋，成无为之化也。故尧有丹水之伐，舜有有苗之征，咸以宁静宇宙，戢兵和众者也。蜀平之后，天下皆谓吴当并亡。自此来十三年，是谓一周，平定之期，复在今日。议者常言吴楚有道后服，无礼先强，此乃诸侯之时耳。当今一统，不得与古同论。夫适道之论，皆未应权。是故谋之虽多，而决之欲独。凡以险阻得存者，谓所敌者同力，足以自固。苟其轻重不齐，强弱异势，则智士不能谋，而险阻不可保也。蜀之地，非不险也，高山寻云霓，深谷肆无景，束马悬车，然后能济。皆言一夫荷戟，千人莫当。及进兵之日，曾无藩篱之限，斩将搴旗，伏尸数万，乘胜席卷，径至成都。汉中诸城，皆鸟栖而不敢出。非皆无战心，诚力不足相抗。至刘禅降服，诸营堡者，索然俱散。今江淮之难，不过剑阁；山川之险，不过岷汉；孙皓之暴，侈于刘禅；吴越之困，甚于巴蜀。而大晋兵众，多于前世；资储器械，盛于往时。今不于此平吴，而更阻兵相守，征夫苦役，日寻干戈，经历盛衰，不可长久。宜当时定，以一四海。今若引梁、益之兵，水陆俱下；荆楚之众，进临江陵；平南、豫州，直指夏口；徐、扬、青、兖并向秣陵，鼓旆以疑之，多方以误之。以一隅之吴，当天下之众，势分形散，所备皆急。巴汉奇兵，出其空虚，一处倾坏，则上下震荡。吴缘江为国，无有内地，东西数千里，以藩篱自持。所敌者大，无有宁息。孙皓恣情任意，与下多忌；名臣重将，不复自信。是以孙秀之徒，皆畏逼而至。臣疑于朝，士困于野，无保势之计，一定之心。平常之日，犹怀去就；兵临之际，必有应者。终不能齐力致死，已可知也。其俗急速，不能持久，弓弩戟楯，不如中国。惟有水战，是其所便。一入其地，则长江非复所固。还保城池，则去长入短。而官军悬进，人有致节之志；吴人战于其地，有凭城之心。如此，军不逾时，克可必矣。”帝深纳焉。乃令王濬等灭吴。天下书同文，车同轨矣。

【译文】

晋世祖执政时，羊祜上《平吴表》说："先帝顺应天时，西面平定了巴蜀，南面则与吴国交好，海内得以休养生息，天下百姓安居乐业。而如今吴国却背弃信义，让边境再生祸端。朝代循环的周期和命运虽是由上天所授，但利用这一时机建立功勋则必须由人去实现。如果现在不大举义兵彻底歼灭吴国，那么老百姓就无法摆脱无休止的劳役、兵役之苦，生活也永远得不到安宁。不这样做也无法光大先帝的功勋、实现教化人民的业绩。所以唐尧有讨伐南蛮的丹水之战，虞舜有征讨有苗氏的战争，他们的目的在于使宇宙安宁、息兵和众。平定蜀汉后，天下人全都认为吴国也将随之而亡，从那时起到现在已经十三年了，岁星恰好循环了一个周期，因此平定东吴就在现在。论者常言：吴、楚两国在中原王朝政治清明强盛时，往往是最后表示臣服的国家，当中原王朝政治腐败衰微时，又常常是最先图谋反叛的国家。这说的是春秋战国诸侯争霸时期的情形。如今一统天下，当然不能与那时候相提并论了。符合一般道理原则的论点都未必与特殊情形相符合。因此献计献策的人虽然很多，但最终更需要决策者的独断。凡是依赖险要之势才得以幸存的国家，则是因为敌国的实力与他相当，所以他才能利用险要之势来自固。倘若双方轻重不齐、强弱悬殊，那么即便是智能之士也很难为他谋求生存，险阻之势也很难让它保全。巴蜀之地，不可谓不险，高山林立，直入云端，山谷幽深，难以见影。蜀道之难，马不得并过，车不得横行，只有将马捆绑约束起来，将车辆悬起来才能通过蜀道。所以人们都说蜀道一人当关，万夫莫开。但举兵攻打蜀国时，这些险峻的地形连一道篱笆的限制作用都不如，魏军斩将夺旗，杀得蜀军伏尸数万，乘胜席卷蜀地，直捣成都。汉中诸城犹如小鸟一样，栖息在窝中不敢迎战。并非因为他们全无战斗之心，而是因为他们的实力确实难以与魏军相抗衡。等后主刘禅投降后，蜀地诸营堡都索然消散。如今，江淮之难，难不过剑阁；山川之险，也抵不过岷江和汉江；吴主孙皓的残暴，远超过刘禅；吴越的困境，比巴蜀更甚。而我们大晋朝的兵马比前世多，财资器械更比以前充实。不趁此良机讨伐吴国，却屯兵相守，那么征夫深受兵役差役之苦，便会寻滋闹事，战斗力势必衰竭，不应该长久相持。而应该抓住战机，统一天下。如果现在派梁州、益州的军队，水陆俱下；派荆楚的军队兵临江陵；平南、豫州的军队直达夏口（在今武汉市黄鹤山上，为历代兵家必争之地）；徐、扬、青、兖四州的军队同时向秣陵（今南京市）进发。用战鼓旌旗来迷惑敌人，用多种方法致使敌人的判断失误。以小小的吴国之兵去抵挡天下庞大的军队，势必造成吴国兵力分散、处处设防、到处告急的被动局面。另外命令巴汉奇兵直捣吴国空虚之处，攻破一处，必将让吴国上下震荡。吴国沿江立国，没有内地，东西有数千里长，以长江作为护国的藩篱。因为其抵御的战线太长，所以就难有安宁之处了。吴主孙皓恣情任意，猜忌下属，名臣重将也不再有自信心，因此孙秀之流，皆被畏逼而逃至晋国。吴国的大臣被朝廷猜疑，战士被困于疆场，已经没有保住自己的计策，也失去了誓死抵抗的决心。在和平时，人心犹怀去意；等我大军压境时，其内部必有响应者。吴人终不能齐心协力誓死抵抗，这一点是可以预见的。吴人性格是急躁且难以持久，他们操持弓弩戟楯的能力还不如中原。水战是他们唯一的优势。我们一旦跨越长江，进入吴地，那么长江就失去了作为吴国屏障的作用；吴人被迫退守城池，即是去长用短。而晋军悬军深入，人人皆有效命守节之志；吴人在其国土上作战，有凭借城池固守的心理。这样就用不了多长时间，便能攻克吴国了。”晋帝对羊祜的建议尤为赞赏，于是命令王濬等率军消灭了吴国。自此，天下书同文、车同轨，实现了国家统一。

至晋惠庸弱，胡乱中原，天子蒙尘，播迁江表。当时天下复分裂矣。出入五代，三百余年。隋文帝受图，始谋伐陈矣。尝问高颎取陈之策，颎曰：“江北地寒，田收差晚。江南土热，水田早熟。量彼收获之际，微征士马，声言掩袭，贼必屯兵坚守，足使废其农时；彼既聚兵，我便解甲。再三如此，贼以为常。后更集兵，彼必不信。犹豫之顷，吾乃济师登陆而战，兵气益倍。又江南土薄，舍多竹茅，所有储积，皆非地窖，密遣行人，因风纵火，待其修立，复更烧之。不出数年，自可财力俱尽。”上行其策，陈人益弊。

【译文】

晋惠帝平庸软弱，社会动荡，最终使天子蒙尘，被迫迁都江南。这时天下又出现了分裂局面，前后共经历了五个朝代（东晋、宋、齐、梁、陈），历时三百余年。后来杨坚建立了隋朝，世称隋文帝，开始谋划讨伐陈朝的事宜。隋文帝曾经向高颎询问夺取陈朝的策略，高颎回答说：“江北地区，天冷地寒，农田收割较晚。江南地区，土地温热，水田成熟较早。在南方收获之际，我们稍微征调些兵马，扬言要偷袭他们，陈贼必定会聚兵固守，这样足可耽误他们的农时；等到他们兵马聚结以后，我们便解甲罢兵。如此反复几次，陈贼便习以为常，不再严加戒备。以后我们再聚结兵力、扬言讨伐时，他们必定不再相信。我们便乘他们犹豫未决之时，迅速渡江登陆作战，我军士气必然高涨。另外，江南土质湿软，房舍多是用竹子、茅草所建，因此粮食积储都不用地窖。我们可偷偷派人顺风纵火，等他们修好以后，我们再派人去纵火。不出几年，陈国的财力自然俱尽。”隋文帝听取了高颎的计策，陈朝日渐衰弱。

后发兵，以薛道衡为淮南道行台尚书，兼掌文翰。及王师临江，高颎召道衡，夜坐幕下，因问曰："今师之举，克定江东与否，君试言之。"道衡答曰："凡论大事成败，先须以至理断之。《禹贡》所载九州本是王者封域。后汉之季，群雄竞起，孙权兄弟，遂有吴楚之地。晋武受命，寻即吞并。永嘉南迁，重此分割。自尔已来，战争不息。否终斯泰，天道之恒。郭璞有云：'江东偏王三百年，还与中国合。'今数满矣。以运数而言，其必克一也。有德者昌，无德者亡。自古兴灭，皆由此道。主上躬履恭俭，忧劳庶政。叔宝峻宇雕墙，酣酒荒色，上下离心，人神同愤，其必克二也。为国之体，在于任寄。彼之公卿，备员而已。拔小人施文庆，委以政事。尚书令江总，惟事诗酒，本非经略之才。萧摩诃、任蛮奴，是其大将，一夫之勇耳，其必克三也。我有道而大，彼无德而小。量其甲士，不过十万。西自巫峡，东至沧海，分之则援悬而力弱，聚之则守此而失彼，其必克四也。席卷之兆，其在不疑。"颎忻然曰："君言成败理甚分明，吾今豁然也。本以才学相期，不意筹略乃至此也。"遂进兵，虏叔宝。此灭吴形也。自隋开皇十年庚戌岁灭陈，至今开元四年丙辰岁，凡一百二十六年，天下一统。

【译文】

后来隋朝发兵攻打陈朝，任命薛道衡为淮南道行台尚书，并兼管文书起草的工作。隋军兵临长江，高颎召见薛道衡，在军帐中夜坐，高颎问道："这次军事行动，是否能攻克江东呢？请谈谈您的看法。"薛道衡答道："大凡论述大事的成败，必须先用经典原理来作判断。根据《尚书·禹贡》所载，九州本来是天子分封给诸侯王的疆土。后汉末季，汉室衰微，群雄竞起，孙权兄弟于是占有了吴楚之地。晋武帝顺应天命，代魏自立后不久，即发兵吞并了东吴。晋永嘉年间，皇室被迫南迁，分裂重新又来。自那时以来，战争不断。然而，否极泰来，这是永恒不变的自然规律。郭璞曾经说过：'江东偏王三百年，还与中国合。'现在三百年的时限已经满了。从命运天数而言，攻克陈朝是必然的，此其一。施行德政的国家就昌盛，不施行德政的国家就会败亡。自古以来，王朝的兴亡，都是由这一规律决定的。我大隋皇帝恭敬爱民、提倡节俭，整天忧于政事，为百姓操劳。而陈叔宝却大兴土木、雕镂宫墙、贪恋酒色，朝廷上下离心，人神共愤。这是我朝必定攻克陈朝的第二个根据。治理国家的关键在于知人善任。而陈朝的公卿大臣都是不务实际、仅是滥竽充数的备员而已。提拔小人，重用舞文弄墨之士。尚书令江总，只会饮酒赋诗，并没有经营治理天下的才能。萧摩诃、任蛮奴是陈朝的大将，但仅是一介勇夫罢了，胸无韬略可言。这是我朝定能攻克陈朝的第三个根据。我隋朝因有道而强大，陈朝因无德而弱小。他的军队不过十万。西自巫峡东至沧海,分兵把守则兵力薄弱,聚兵防守则顾此失彼。这是我朝定能攻克陈朝的第四个根据。由此可见,我隋朝席卷陈朝的预兆是毋庸置疑的。”高颎高兴地说道:“您所讲的双方成败之理,条理甚为分明,使我心胸豁然开朗。本以为您只是才学甚高,没想到您筹谋计略也是如此高明呀。”于是进兵,擒获了陈叔宝。以上所讲的是灭吴的情形。自从隋开皇十年庚戌岁灭陈,至今开元四年丙辰岁,共计一百二十六年,天下一统。

论曰:传称:“都城过百雉,国之害也。”又曰:“大都偶国,乱之本。”古者诸侯不过百里,山海不以封,毋亲夷狄,良有以也。何者?贾生有言:“臣窃迹前事,夫诸侯大抵强者先反。淮阴王楚最强,则最先反;韩信倚胡则又反;贯高因赵资则又反;陈豨兵精则又反;彭越因梁则又反;黥布用淮南则又反;卢绾最弱最后反;长沙乃在二万五千户耳,功小而最完,势疏而最忠。非独性异人也,亦形势然也。曩令樊、郦、绛、灌据数十城而王,今虽以残亡可也。令信、越之伦,列为彻侯而居,虽至今存可也。然则天下之大计亦可知已。欲诸王之皆忠附,则莫若令如长沙王;欲臣子之勿俎醢,则莫若令如樊、郦等;欲天下之治安,则莫若众建诸侯而少其力。”以此观之,今专城者,皆提封千里,有人民焉,非特百里之资也;官以才居,属非肺腑,非特毋亲之疏也;吴据江湖,蜀阻天险,非特山海之利也;跨州连郡,形束壤制,非别偶国之害也。若遭万世之变,有七子之祸,则不可讳,有国者不可不察。

【译文】

作者赵蕤总结议论说:《左传》上说:“都城过百雉,国之害也。”又说:“大都偶国,乱之本。”从前诸侯封地的面积不超过方圆百里,山海一类的地方,不在分封之列,不准诸侯与周边夷狄相亲近,这确实是有原因的。为什么这么说呢?贾谊曾经说过:“我考察过前代的历史,发现诸侯中大凡是强大的最先反叛。淮阴侯韩信做楚王时,国势最为强大,所以最先谋反;韩王信依仗胡人的势力,也反叛了朝廷;贯高依靠赵国的力量而谋反;陈豨因兵马精强而谋反;彭越借助梁国的帮助而谋反;黥布利用淮南的军队而反叛;燕王卢绾势力最弱,所以最后反叛;长沙王吴芮封国仅有二万五千户人口,功小而最完整,势弱而最忠诚。由此可见,并非仅仅因为人的天性有差别,形势的强弱也是一个重要因素。假设让当年的樊哙、郦商、绛侯周勃、灌婴都封为据有数十城的王,今天也可能招致惨败灭亡的下场。假设让韩信、彭越之流都封为彻侯，时至今日，仍能保存其爵位。所以，安定天下的大计便很清楚了。假如要想诸侯王都忠诚地归附朝廷，就应该让他们都像长沙王一样弱小；要想让臣子不遭诛戮的命运，那么就应该让他们都像樊哙、郦商等人一样；要想让天下长治久安，就应该多分封诸侯，并削弱他们的势力。”由此而观，当今专城而居的藩镇首领，都是辖地方圆数千里，又拥有很多人口，因此不仅仅是以“都城过百里”为谋反之资了；提拔任命官员则根据才能的大小，他们并非是皇室肺腑之人，这种用人制度造成的结果也不仅仅是各级官员并非皇室亲族而已了；吴国占据江湖，蜀国据有险阻，它们所据有的也不仅仅是山川大海之利了；跨州连郡，划地而治，这不只是一次两次危及国家社稷了。一旦稍有变化，就会发生如汉朝吴楚七国之乱那样的祸端。这一点不可避讳，拥有天下的人必须对这一问题注意研究。

卷七 权议

时 宜

夫事有趋同而势异者。非事诡也，时之变耳。何以明其然耶？昔秦末，陈涉起蕲，兵至陈，陈豪杰说涉曰："将军被坚执锐，帅士卒以诛暴秦，复立楚社稷，功德宜为王。"陈涉问陈余、张耳两人，两人对曰："将军瞋目张胆，出万死不顾一生之计，为天下除残贼，今始至陈而王之，示天下以私。愿将军无王，急引兵而西，遣人立六国后，自为树党。如此，野无交兵，诛暴秦，据咸阳以令诸侯，则帝业成矣。今独王陈，恐天下解也。"

【译文】

许多事情的发展趋向看起来差不多，但实际发展的结果却迥然不同。这并不是因为事情本身有什么诡异，而是由于时势不同所造成的。用什么来说明这个道理呢？秦朝末年，陈涉在蕲发动了起义，率军进攻到陈时，当地的豪杰向陈涉进言说："将军身披坚执锐，统领士兵诛伐暴秦，恢复楚国的江山，以您的功德，应该称王。"陈涉征求张耳、陈余两人的意见，两人回答说："将军您怒目张胆，挺身而出，不顾个人安危，替天下清除残暴的君主。如今刚攻占陈地，就要称王，这是在向天下民众昭示您的私心。希望将军先不要称王，迅速率兵向西进发，派人拥立六国诸侯的后代，为自己树集党羽。这样一来，就可以野无交兵，诛灭暴秦了，占领咸阳后再号令诸侯，那么您的帝王之业就能成功。如今在陈地称王，恐怕天下义军会自此涣散呀。"

及楚汉时，郦食其为汉谋挠楚权，曰："昔汤伐桀，封其后于杞。武王伐纣，封其后于宋。今秦失德弃义，侵伐诸侯社稷，灭六国之后，使无立锥之地。陛下诚能复立六国后，此其君臣百姓必皆戴陛下德，莫不向风慕义，愿为臣妾。德义以行，陛下南面称霸，楚必敛衽而朝。"汉王曰："善。"

张良曰："诚用客之谋，陛下事去矣。"汉王曰："何哉？"良因发八难，其略曰："昔者汤伐桀，封其后于杞者，度能制桀之死命也。今陛下能制项籍之死命乎？其不可一也；武王入殷，表商容之闾，释箕子之囚，封比干之墓，今陛下能封圣人之墓,褒贤者之间乎？其不可二也；发巨桥之粟,散鹿台之财,以赈贫民,今陛下能散府库以赐贫穷乎？其不可三也；殷事已毕,偃革为轩,倒载干戈,示天下不复用武,今陛下能偃武修文,不复用兵乎？其不可四也；放马华山之阳,示无所为,今陛下能放马不复用乎？其不可五也；休牛桃林之野,示天下不复输积,今陛下能乎？其不可六也；且夫天下游士,离亲戚,弃坟墓,去故旧,从陛下者,日夜望咫尺之地。今复六国,立韩、魏、燕、赵、齐、楚之后,余无复立者,天下游士各归事其主,从亲戚,反故旧,陛下与谁取天下乎？其不可七也；且楚惟无强,六国去者复挠而从之,陛下安得而臣之哉？其不可八也。诚用客之谋,则大事去矣。”时王方食,吐哺,骂郦生曰:“竖儒几败我事。”趣令销印。此异形者也。

【译文】

楚汉争霸时,郦食其为汉王谋划如何削弱楚王的权力时说:“从前,商汤灭了夏朝后,将夏桀的后人封在了杞地。周武王灭了商朝后,将纣王的后代封到了宋国。如今秦朝丧失仁德、抛弃信义,侵略讨伐各诸侯国,残害六国诸侯的后代,使他们没有立锥之地。陛下若真能复立六国诸侯的后代,那么,六国的君臣百姓必定会对陛下感恩戴德,无不向风慕义,甘心做陛下的臣子。仁德广施于天下,陛下就能够南面称霸,那时楚国必定会恭恭敬敬地来朝拜。”汉王说:“太好了。”

张良却对汉王说:“如果真的采用了此人的计谋,那么陛下的大事也就很难成功了。”汉王问:“为什么呢？”张良一口气说出了八大反驳意见,大意是:“从前商汤灭了夏朝后,将夏桀的后代封在杞地的原因在于商汤预料到能置夏桀于死地。如今陛下有把握将项籍置于死地吗？这是不可复立六国诸侯后代的第一个理由。周武王灭商后,树立旌表于谏臣商容的居所,将箕子从狱中释放出来,祭扫王子比干的墓地。如今陛下能够祭扫圣人之墓,褒旌贤者之闾吗？这是不可复立六国诸侯后代的第二条理由。武王能够将巨桥的粮食和鹿台的财货都分发出去,以赈济贫民。如今陛下能够将府库的财货散发出去,赈济贫穷吗？这是不能复立六国诸侯后代的第三条理由。武王灭商以后,将甲胄干戈全都载入车中,昭示天下从此不再用武。如今陛下能够偃武修文,保证不再用兵发动战争吗？这是不可复立六国诸侯后代的第四条理由。将战马放养在华山之南,昭示从此后不再乘马打仗了。如今陛下能够把战马放归山野,不再使用吗？这是不可复立六国诸侯后代的第五条理由。将牛放在桃山之野休息,昭示天下人从此不再运输军粮了。如今陛下能做到吗？这是不可复立六国诸侯后代的第六条理由。况且这些跟随陛下的谋臣武将,离开亲人、丢弃祖坟、辞别故友,跟从您南北转战,渴盼有朝一日能够封得尺寸之地。如今您却要复立六国诸侯的后代,其他人则不能立为诸侯了。这些谋臣武将就会各自重新侍奉旧主,返回家乡,到那时候,陛下还将依靠谁去夺取天下呢?这是不能复立六国诸侯后代的第七条理由。况且现在楚国是最强大的,您所立的六国后代最终会重新屈膝侍奉楚国的,谁还会来做陛下的臣子呢?这是不可复立六国诸侯后代的第八条理由。因此说,如果真的采用了此人的计谋,,那么陛下的大事也就很难成功了。"此时,汉王正在吃饭,听张良一说,吓得吐出了口中的食物,大骂郦食其道:"这个蠢儒差点坏了我的大事!"急忙下令销毁复立六国的印信。这是"事同形异"的事例。

七国时,秦王谓陈轸曰:"韩、魏相攻,期年不解。或曰救之便,或曰勿救便。寡人不能决,请为寡人决之。"轸曰:"昔卞庄子方刺虎,馆竖子止之曰:'两虎方食牛,牛甘必争,争必斗,斗则大者伤,小者死。从伤而刺之,一举必有两虎之名。'今韩、魏相攻,期年不解,必是大国伤,小国亡。从伤而伐之,一举必有两实,此卞庄刺虎之类也。"惠王曰:"善。"果如其言。

初,诸侯之叛秦也,秦将章邯围赵王于钜鹿。楚怀王使项羽、宋义等北救赵,至安阳,留不进。羽谓义曰:"今秦军围钜鹿,疾引兵渡河,楚击其外,赵应其内,破秦军必矣。"宋义曰:"不然。夫搏牛之虻,不可以破虱。今秦攻赵,战胜则兵罢,我承其弊;不胜,则我引兵鼓行而西,必举秦矣。故不如斗秦、赵。夫击轻锐,我不如公;坐运筹策,公不如我。"羽曰:"将军戮力而攻秦,久留不行。今岁饥民贫,士卒食半菽,军无见粮,乃饮酒高会,不引兵渡河,因赵食,与并力击秦,乃曰承其弊。夫以秦之强,攻新造之赵,其势必举赵;赵举而秦强,何弊之承!且国兵新破,王不安席,扫境内而属将军。国家安危,在此一举。今不恤士卒而徇私,非社稷臣也。"即夜入义帐中斩义。悉兵渡河,沉舟破釜,示士卒必死,无还心,大破秦军。此异势者也。

【译文】

战国七雄时,秦王对陈轸说:"韩、魏两国交战已经一年了,还是难分胜负。有人说去救援他们对我有利,有人说不管他们对我有利。我现在也决定不了,请您为我拿个主意。"陈轸说:"从前,卞庄子正想去刺杀老虎,馆竖子阻止他说:'两只老虎正在吃牛,牛肉很好吃,两只老虎必定争夺,争夺必会相斗,相斗必定是大虎伤,小虎死。等大虎受伤后再刺,这样必能一举而得两虎了。’如今韩、魏两国交战已经一年了，还难分胜负，其结果必是大国伤，小国亡。趁大国受伤时出兵讨伐，这样一举必有两得，这和卞庄刺虎是一个道理。”秦王说：“这个主意好。”结果果然如陈轸所言。

最初，诸侯反叛秦朝时，秦将章邯将赵王包围在巨鹿。楚怀王派项羽、宋义等率军北上，前去救援，行至安阳，宋义命令军队滞留不进。项羽对宋义说：“如今秦军围困着巨鹿，我们应立即率军渡河，楚军从外面围攻，赵军从内部呼应，内外夹攻，必败秦军。”宋义说：“不见得吧。扑杀牛身上的蚊虻，没必要将力量用在拍打虱子上面。如今秦军攻打赵，秦军若胜，则其兵已疲惫不堪，我军乘其疲惫而攻之；秦军若败，我军可鼓行西进，必定一举破秦。所以不妨让秦赵先斗个你死我活。若论披坚执锐，奋战沙场，我不如您；若论运筹帷幄，出谋划策，您就不如我了。”项羽说：“将军本应该带领将士全力攻秦，如今却久留不进。今年天降灾荒，人民饥困，士兵只能吃半饱，军中已无存粮，你却依旧饮酒会客，不率兵渡河，去到赵地寻找粮食，和赵军合力攻秦，却说什么承秦军之弊。让强大的秦军去进攻刚建立的赵国，结果必定是大败赵军；赵军失败后，秦军将更加强大，哪有什么疲弊可乘呢！况且我军刚刚打了败仗，楚王寝食难安，将举国的兵力都交给将军，国家的安危，就在此一举。如今你却不体恤士卒而一心徇私，不能算是安定社稷的大臣。”当夜，项羽直入宋义帐中，斩杀了宋义。然后统率全军渡河，破釜沉舟，昭示死战，绝无归还之心。最终大破秦军。这是“事同势异”的事例。

韩信伐赵，军井陉。选轻骑二千人，人持一赤帜，从间道升山而望赵军，诫曰：“赵见我走，必空壁逐我，若疾入赵壁，拔赵帜，立汉赤帜。”信乃使万人先行，出背水阵。平旦，信建大将之旗，鼓行出井陉口，赵开壁击之。大战良久，于是信弃旗鼓，走水上军，水上军开入之。复疾战，赵空壁争汉旗鼓，逐韩信，韩信等已入水上军，军皆殊死战，不可败。信所出奇兵二千骑，其候赵空壁逐利，则驰入赵壁，皆拔赵旗，立汉赤帜二千。赵军已不能得信等，欲还归壁，皆汉赤帜，而大惊，以为皆已得赵王将矣。遂乱，遁走，赵将虽斩之，不能禁也。于是汉兵乘击大破之，虏赵军。诸将效首虏，皆贺信。因问曰：“兵法右背山陵，前左水泽。今者反背水阵，然竟以胜，此何术也？”信曰：“兵法不曰‘陷之死地而后生，置之亡地而后存’？且信非得素拊循士大夫也，此所谓驱市人而战之，其势非置之死地，使人人自为战。今与之生地，皆走，宁尚可得而用之？”

又，高祖劫五诸侯兵，入彭城。项羽闻之，乃引兵去齐，与汉大战睢水上，大破汉军，多杀士卒，睢水为之不流。此异情者也。

【译文】

韩信领兵攻打赵国，在井陉关（在今河北井陉西北井陉山上）安营扎寨。选两千轻骑，让他们每人都手持一面红旗，从小道登上山岭，眺望赵军营地。出发前，韩信告诫说："赵军见我军败走，必定倾巢出动予以追击，这时你们迅速冲入赵营，将赵军旗帜拔掉，将我军旗帜竖起。"韩信于是派遣一万士兵为先锋，背水列阵。黎明时分，韩信打着大将的旗号，擂响战鼓，走出井陉口。赵军遂出营攻打韩信，两军鏖战良久，韩信便将旗帜战鼓丢弃，急忙向已列阵水边的汉军阵营奔去，汉营遂将阵营打开，迎韩信入阵。稍后，又与赵军激战起来，赵军此次倾巢而出，争抢汉军旗帜，追逐韩信，此时韩信又入汉军阵营，汉军战士都殊死搏斗，赵军无法击败。这时，韩信先前派出的两千奇兵看到赵军倾巢而出时，迅速驰入赵营，拔掉全部赵军旗帜，将两千面汉军旗帜高高竖起。赵军难以抓到韩信，便想撤回军营，但却看到自己的军营皆是红色的汉军旗帜，不由得大惊失色，都认为汉军已经擒获了自己的将帅，顿时大乱，四处逃遁。赵将即使立斩多名逃兵，仍不能禁止。于是，汉军趁乱之机，大破赵军，俘虏赵军不计其数。汉军首领献出自己斩获的敌军首级和俘虏，全都向韩信祝贺，并问道："依照兵法，布阵时应该右背靠山陵，前左面水泽。而您却背水列阵，竟然打了胜仗，这是什么战术呢？"韩信回答说："兵法不也说'陷之死地而后生，置之亡地而后存'吗？况且，我今天指挥的军队并没有得到我平时的抚慰和训练，这就如同驱使集市上的乌合之众去打仗，在此种情况下，势必要将他们置之死地，让他们每个人都为了保全自己的生命而战。今天若给他们留条生路，他们早就全部逃跑了，还怎么利用他们来打仗呢？"

再举一例，汉高祖曾劫取五诸侯之兵攻占彭城，项羽听后，便率军离齐，大战汉军于睢水，并大破汉军，杀了许多士卒，尸体将睢水堵塞而不能流淌。这是"事同情异"的事例。

汉王在汉中，韩信说曰："今士卒皆山东人，跂而望归，及其锋东向可以争天下。"

后汉光武北至蓟，闻邯郸兵到，世祖欲南归，召官属计议，耿弇忼曰："今兵从南来，不可南行。渔阳太守彭宠，公之邑人，上郡太守即弇父也。发此两郡，控弦万骑，邯郸不足虑也。"世祖官属不从，遂南驰，官属各分散。

【译文】

汉王刘邦在汉中时，韩信对汉王进言说："如今大王的士兵都是山东人，他们常踮起脚尖仰望江东，盼望着回家。那么，利用他们东归心切、锋锐难挡的有利时机，您率领士兵向东进发，就可以夺取天下了。”

后汉光武帝率军行进至蓟时，听说邯郸兵也到了蓟，就想南归。于是召下属来商讨，耿弇情绪激昂地说：“我军战士都是从南方来，就不应该向南走。渔阳太守彭宠是您的老乡，上郡太守是我的父亲。征调这两郡的兵马，就可得万余人骑兵，即使邯郸兵来，也不值得担心。”光武帝的官属们不听从耿弇的意见，于是汉光武帝率军南归，结果官属们也各自解散而去。

后汉李傕等追困天子于曹阳。沮授说袁绍曰：“将军累世台辅，世济忠义。今朝廷播越，宗庙残毁。观诸州郡，虽外托义兵，内实相图，未有忧在社稷、恤人之意。且今州城粗定，兵强士附，西迎大驾，即定邺都，挟天子而令诸侯，畜士马以讨不庭，谁能御之！若不早定，必有先之者。夫权不失机，功不厌速，愿其图之。”绍不从。魏武果迎汉帝，绍遂败。

【译文】

后汉末年，李傕等人将天子逼困在曹阳（在今河南陕县西）。沮授对袁绍说：“将军世代为台辅大臣，世代忠义。如今天子逃亡，宗庙尽毁。观察各州郡诸侯，表面上打的是义兵的旗帜，实则内心都想吞并对方，壮大自己，并非真心为国家社稷担忧、体恤人民疾苦。况且如今您所统辖的州城已大致安定，兵强马壮，士人归附，向西迎接天子大驾，定都于邺（在今河南北临漳县），挟天子而令诸侯，招集人马征讨那些不来朝拜的人，谁能抗衡得了呢！如果不早做定夺，必定会有人抢先这样做。掌握大权应不失时机，建立功勋要不厌其速，希望您赶快行动。”袁绍未听从沮授的建议。魏武帝曹操果然迎接了汉帝，袁绍遂以失败而告终。

梁武帝萧衍初起义，杜思冲劝帝迎南康王都襄阳，正尊号，帝不从。张弘策曰：“今以南康置人手中，彼挟天子以令诸侯，节下前去，为人所使，此岂岁寒之计耶？”帝曰：“若前途大事不捷，故自兰艾同焚；若功业克建，谁敢不从？岂是碌碌受人处分于江南，立新野郡，以集新附哉？”不从。遂进兵克建邺而有江左。此情与形势之异者也。随时变通，不可执一矣。

【译文】

梁武帝萧衍举兵起义之初，杜思冲曾劝萧衍迎驾南康王，并建都襄阳，尊梁康王为帝，萧衍没有同意。张弘策向萧衍进言说：“南康王若落在他人手中,他们就可以挟天子而令诸侯,您以后就要受他人驱使了,这岂是长久之计吗?”萧衍说:“如果前途大事失败,我甘愿如兰艾般被焚毁;如果大功告成,谁还敢不听我的号令?我岂能在江南碌碌无为,任人宰割,重立新野郡,以召集亲附自己之人呢?”萧衍没有听从张弘策的建议,于是率兵攻破建邺(今南京),并占领了江左。这是“势同而情、势皆异”的例子。因此,做事情应该随着当时具体情况的变化而变化,而不可固守一种方法。

卷八　杂说

忠　疑

夫毁誉是非不可定矣。以汉高之略，而陈平之谋，毁之则疏，誉之则亲。以文帝之明，而魏尚之忠，绳之以法则为罪，施之以德则为功。知世之听者，多有所尤，多有尤即听必悖矣。何以知其然耶？

《吕氏春秋》云："人有亡斧者，意其邻之子。视其行步颜色言语动作态度，无为而不窃斧者也。窃掘其谷而得其斧，他日复见其邻之子，动作态度，无似窃斧者也。"其邻子非变也，己则变之。变之者无他，有所尤矣。

【译文】

毁誉和是非，评定的标准并非固定不变。以汉高祖那样的雄才大略，对陈平这样的智谋之士，有人诋毁陈平，汉高祖就会疏远他；有人赞誉陈平，汉高祖又会亲近他。以汉文帝那样的英明神武，对魏尚这样的忠诚之臣，如果绳之以法，他就成了罪人；如果施之以德，他就成了功臣。由此可知，听别人汇报情况的人，经常会发生判断失误；判断一失误，那么听到的情况就可能与实际情况差距很大。如何证明这个道理呢？

《吕氏春秋》中记载："有个丢了斧头的人，怀疑偷斧头的是邻人的儿子。于是他觉得那个孩子无论走路姿势、面部神色还是说话特征、举止态度，都很像偷斧头的人。后来他挖掘山谷时，发现了自己的斧头。此时，他再看邻人的儿子，觉得他的动作态度，没有一点像偷斧头的人。"邻人的儿子并没有变化，而他的看法却改变了。改变他看法的不是别的原因，而是他当初的判断有偏差。

郲之故，为甲裳以帛。公息忌谓郲之君曰："不若以组。"郲君曰："善。"下令令官为甲必以组。公息忌因令其家皆为组。有伤之者曰："公息忌所以欲用组者，其家为甲裳多为组也。"郲君不悦，于是乎止，无以组。郲君有所尤也，郲之故为甲，以组而便也，公息忌虽多为组，何伤？以组不便，公息忌虽无以为组，亦何益？为组与不为组，不足以累公息忌之说也。凡听言不可不察。

【译文】

郗国的旧俗是用帛缝制战袍铠甲。公息忌向郗国国君进言说："不如用组（丝带）代替帛缝制战袍铠甲。"郗君说："好的。"于是下令必须用组缝制铠甲。公息忌因此就让他家里的人都去织组。有人向郗国君进言中伤公息忌说："公息忌之所以向您建议用组缝制铠甲，是由于他家里人做甲裳多用组的缘故。"郗君听说后很不高兴，随即下令不再用组缝制铠甲。显然，郗国国君的判断有错误。郗国原本是用帛缝制战袍铠甲的，假如用组缝制铠甲战袍更方便的话，即使公息忌家因此而多织组，对国家又有什么害处呢？如果用组缝制铠甲战袍不方便的话，即使公息忌因此不再织组，对国家又有什么好处呢？缝制战袍是否用组的标准，不能因公息忌家是否多织组为转移，也不能因此肯定或否定公息忌的建议。凡听别人的话，不可不认真思考就贸然相信。

楼缓曰："公父文伯仕于鲁，病而死。女子为自杀于房中者二人。其母闻之弗哭。其相室曰：'焉有子死而弗哭乎？'其母曰：'孔子，贤人也，逐于鲁而是人弗随之。今死，妇人为自杀，若是者，必其于长者薄，而于妇人厚。'故从母言之，是为贤母；从妻言之，是不免于妒妻也。"故其言一也，言者异，则人心变矣。

【译文】

楼缓说："公父文伯在鲁国当官，因病而死。有两位女子在房中为他自杀。他的母亲听说他死了，却一声不哭。管理家务的人便说：'哪有儿子死了，当母亲的却一声不哭的道理？'他的母亲说：'孔子是位贤人，被鲁国驱逐，而我的儿子却不跟随孔子。如今他病死了，却有两个妇人为他自杀。这必定是因为他对长者刻薄而对妇人厚道的缘故。'这件事，从母亲的立场来看，她是一位贤良的母亲；从妻子的角度来看，她们就是爱嫉妒的妻子了。"所以说，所说的话相同，但说话人的身份不同，其用意也就有所差别了。

乐羊为魏将而攻中山，其子在中山，中山之君烹其子而遗之羹，乐羊尽啜之。文侯曰："乐羊以我故，食其子之肉。"堵师赞曰："其子且食之，其谁不食？"乐羊罢中山，文侯赏其功而疑其心。

【译文】

乐羊是魏国的将领，率兵进攻中山国。乐羊的儿子恰好也在中山国，中山国的国君便将乐羊的儿子煮成肉羹，并送给乐羊吃，乐羊将肉羹都吃尽了。魏文侯说："乐羊为效忠于我，将自己儿子的肉都吃了。"堵师赞却说："连自己亲生儿子的肉都吃得下去，还有谁的肉他吃不下去呢？"乐羊攻破中山国，魏文侯因战功对乐羊给予封赏，同时也对其心有所猜疑。

《淮南子》曰："亲母为其子扢秃，出血至耳，见者以为爱子之至也。使在于继母，则过者以为悷也。事之情一也，所从观者异耳。从城上视牛如羊，视羊如豚，所居高也。窥面于盘水则圆，于抔则隋。面形不变其故，有所圆有所隋者，所自窥之异也。"今吾虽欲正身而待物，庸讵知世之所自窥我者乎？是知天下是非，无所定也。世各是其所是，非其所非。今吾欲择是而居之，择非而去之，不知世之所是非者。孰是孰非哉？故有忠而见疑者，不可不察。

【译文】

《淮南子》说："亲生母亲以揭秃疮痂的方式治疗儿子头上的脓疮，揭得血流至耳，看见的人都认为她疼爱儿子到极点了。如果是继母这样做，人们就会觉得她狠心到极点了。同样一件事，观察的角度不同，看法就会不一样。从城楼上看城下的牛，牛就像羊那么大，看羊，羊则像小猪那么大，这是站得太高往下看的缘故。从大盆的水中观照自己的面部，呈现的面影是圆的，且很完整，从一杯水中观照自己的面部，呈现的面影就可能小而不完整。面形并未发生变化，但面影却有圆而完整和小而不完整的区别，是因为观照时，自己所用的器皿不一样。"如今我虽想以端正己身去接人待物，又怎么知道世人会怎样对待我呢？由此可知，天下的是非标准并非固定不变的。每个人都用自己的是非标准去判断是非。如今我很想选择正确的予以保留，将错误的抛弃掉，但却不知世人所谓的是非又是什么。究竟谁是谁非呢？因此才会发生竭尽忠心而又受到怀疑的事情，一定要认真加以考察。

用无用

古人有言曰："得鸟者，罗之一目。然张一目之罗，终不能得鸟矣。鸟所以能远飞者，六翮之力也。然无众毛之助，则飞不能远矣。"以是推之，无用之为用也大矣。故惠子谓庄子曰："子言无用矣。"庄子曰："知无用而始可与言用矣。夫天地非不广且大也，人之所用容足耳。然则削足而垫之至黄泉，人尚有用乎？”惠子曰：“无用。”庄子曰：“然则无用之为用也亦明矣。”昔陈平智有余而见疑，周勃质朴忠而见信。夫仁义不足相怀，则智者以有余见疑，而朴者以不足取信矣。汉征处士樊英、杨厚，朝廷若待神明，至，竟无他异。李固、朱穆以为处士纯盗虚名，无益于用。然而后进希之以成器，世主礼之以得众。原其无用，亦所以为用也。而惑者忽不践之地，赊无用之功，至乃诮讪远术，贱斥国华，不亦过乎？

【译文】

古人曾经说：“捉住鸟的，仅是罗网的一个小孔。但若布下只有一个小孔的罗网，最终是捉不住鸟的。鸟类之所以飞得远，凭借的是翅膀上的六根粗壮羽毛。但若没有众多小羽毛的相助，也是飞不远的。”以这个道理类推，看上去无用的东西，实则发挥着很大的作用。惠子曾对庄子说：“你的言论没有任何用处。”庄子说：“通晓了无用的道理，才能与他谈有用的道理。天地并非不广大，但人所用的只不过是一片容足之地罢了。然而只将人的立足之地留下，将其他地方都挖至黄泉，那么人的这块立足之地还有用吗？”惠子回答说：“当然没用了。”庄子说：“由此可知，无用即是有用，这个道理也就显而易见了。”从前，陈平足智多谋反而被怀疑，周勃质朴忠诚而备受信任。当仁义不足以让人们彼此信任时，那么聪明人就会因其足智多谋而被猜疑，质朴的人反而因智慧不足而深受信任。汉朝征召了处士樊英、杨厚，并待他们如待神明，却始终也没见他们有什么特别的作为。因此李固、朱穆认为处士不过是欺世盗名之徒罢了，并无实际用处。然而后进的人仰慕他们的高风亮节，在向他们学习的过程中成就了大器，当世的君主也因礼遇处士而赢得了众心。所以推究起来，“无用”亦可以有用。而那些不明此理的人却忽视了这个不曾深入研究的领域，忽视了“无用”的功用，以至于嘲讽长远之计，贱斥国家栋梁，这岂不太过分了吗？

恩生怨

《传》称谚曰：“非所怨，勿怨。寡人怨矣。”是知凡怨者，不怨于所疏，必怨于亲密。何以明之？高子曰：“《小弁》，小人之诗也。”孟子曰：“何以言之？”高子曰：“怨乎。”孟子曰：“固哉，夫高叟之为诗也！有越人于此，开弓而射我，我则谈笑而道之，无他，疏之也；兄弟开弓而射我，我则泣涕而道之，无他，戚之也。然而《小弁》之怨，亲亲也。亲亲，仁也。”

晋使韩简子视秦师，云："师少于我，斗士倍我。"公曰："何故？"对曰："出因其资，入用其宠，饥食其粟，三施而不报，所以来也。"

杜邺说王音曰："邺闻人情，恩深者，其养谨；爱至者，其求谨。夫戚而不见异，亲而不见殊，孰能无怨？此《棠棣》《角弓》之所作也。"由此观之，故知怨也者，亲之也；恩也者，怨之所生也。不可不察。

【译文】

《左传》上曾引谚语说："不该怨恨的就不要怨恨，寡人却忍不住怨恨了。"由此可知，凡怨恨者，不是怨恨他所疏远的人，必定是怨恨他所亲近的人。如何证明呢？高子说："《诗经》中的《小弁》必定是小人之作。"孟子说："凭什么这么说呢？"高子说："因为此诗流露着浓郁的怨恨之情。"孟子说："高老先生讲诗，真是太死板了！假设有位越人，引弓射向我，我会有说有笑地讲述这件事，没有别的原因，因为我和越人并不亲近。如果我的兄弟引弓射向我，我会又哭又怨地讲述这件事，没有别的原因，因为兄弟是我的亲近之人。《小弁》诗中呈现的怨恨之情，是由于热爱亲人的缘故。而热爱亲人，正是仁的表现。"

晋国派韩简子去侦察秦军的情况，韩简子回来后说："秦国军队的数量比我们少，但他们的战斗力却强我们数倍。"晋公问道："什么原因呢？"韩简子答道："君王逃离晋国得到的是秦国的帮助，回到晋国依靠的是秦国的宠信，发生了饥荒，我们吃的是秦国的粮食。秦国三次向我们施恩惠，而我们却从未报答过，所以秦兵胸怀怨恨，一听说和我们打仗，战斗力必定比我们强。"

杜邺游说王音说："我听说人之常情是：对恩情深厚的人，敬养时就要特别谨慎；最亲爱的人，其要求也特别细腻周到。关系亲密却得不到特殊对待，谁能没有怨恨呢？这就是《诗经》中《棠棣》《角弓》创作的缘由。"由此而观，所谓的怨恨情绪，实际上是亲人间的一种情感；所谓的恩情，实则是产生怨恨情绪的根源。人生在世，不能不仔细探究这其中的道理呀。

大私

《管子》曰："知与之为取，政之宝也。"《周书》曰："将欲取之，必故与之。"何以征其然耶？黄石公曰："得而勿有，立而勿取，为者则已，有者则士，焉知利之所在？彼为诸侯，已为天子，使城自保，令士自取，王者之道也。"尸子曰："尧养无告，禹爱辜人，此先王之所以安危而怀远也。圣人于大私之中也为无私。”汤曰:“朕身有罪,无及万方;万方有罪,朕身受之。”汤不私其身而私万方。文王曰:“苟有仁人,何必周亲。”文王不私其亲而私万国。先王非无私也,所私者与人不同,此知大私者也。由是言之,夫惟不私,故能成其私;不利而利之,乃利之大者矣。

【译文】

《管子》中说:“明白给予就是获取的道理,是为政当官的法宝。”《周书》上说:“要想在某方面有所获取,就必须先在某方面有所给予。”如何验证这个道理呢?黄石公说:“得到它,而不是去占有它;拥立别国国人为君,而不是自取其位;决策出于自己,而将功劳归于将士,何必要计较利益的归属呢?他人为诸侯,自己当天子,使他们各保城邑,让他们自取所需。这才是君王应该采取的统治法则。”尸子说:“唐尧收养无依无靠的老人,大禹关爱犯了罪的人,这就是先王之所以能够转危为安、感召边疆人民的原因。圣人能够在国家的大私之中表现出个人的无私。”商汤说:“我自己有了罪过,不要将惩罚累及到百姓身上;如果百姓犯了罪,我就应该替他们接受惩罚。”商汤不为自己谋私利,而替百姓谋私利。周文王说:“如果有仁人出现,又何必是周王室的亲族呢。”文王不谋其亲族的私利而为万国谋私利。先王并非没有私心,只不过他所为人谋私的对象与一般人不同,他们就是所谓的“大私”者。由此而言,只有不谋私利,才能实现自己的私利;不为自己谋取利益,反而会更有利,而且更能谋取最大的利益。

功 败

《文子》曰:“有功,离仁义者必见疑;有罪,不失仁心者必见信。故仁义者,天下之尊爵也。”何以言之?昔者楚恭王有疾,召其大夫曰:“不穀不德,少主社稷,失先君之绪,覆楚国之师,不穀之罪也。若以宗庙之灵,得保首领以没,请为‘灵’若‘厉’。”大夫许诸。及其卒也,子襄曰:“不然。夫事君者从其善,不从其过。赫赫楚国而君临之,抚征南海,训及诸夏,其宠大矣。有是宠也,而知其过,可不谓恭乎?”大夫从之。此因过以为功者也。

【译文】

《文子》中说:“即便有功劳,但远离了仁义的原则,就会遭到猜疑;即便犯了罪,但心中仍怀有仁义,必定为人们所信任。因此说,仁义是天下最尊贵的东西。”为什么出此言呢?从前,楚恭王得了重病,召集楚国的大夫说:“我没有什么德行，年少时就主持社稷，丢弃了先君的优良传统，导致楚军遭受了巨大损失，这都是我的罪过。如果能得到祖先神灵的保佑，让我能保全脑袋而死，我就很满足了。请将我的谥号定为‘灵’或者‘厉’吧。”大夫们答应了楚王的要求。楚王死后，子襄说：“不能那么做。侍奉君王，应该看他的功绩，而不是他的过错。显赫的楚国在楚王统治下，远征南海，感召华夏，他的功劳已经够大了。有如此大的功劳，又知道自己的过错，这还称不上‘恭’吗？”大夫们接受了子襄的建议。这就是因过为功的事例。

魏将王昶、陈泰兵败，大将军以为己过。习凿齿论曰：“司马大将军引二败以为己过，过销而业昌，可谓智矣。”夫忘其败而下思其报，虽欲勿康，其可得乎？若乃讳败推过，归咎万物，上下离心，贤愚释体，是楚再败而晋再克，谬之甚矣。夫人君苟统斯理，而以御国，行虽失而名扬，兵虽挫而战胜。百败犹可，况再败乎？此因败以成功者也。故知智者之举事也，因祸为福，转败为功，自古然矣。

【译文】

魏将王昶、陈泰先后打了败仗，大将军司马懿却把这两场败仗引为自己的过错。习凿齿评论说：“司马大将军承担了这两场败仗的过错，纠正了错误，使事业更加昌盛，足可称得上是明智之举。”上级不计较下级的失败，下级就会想着报答上级，即便你不想事业昌盛，又怎么能做得到呢？如果上级对失败讳莫如深，将责任推卸给下级，归咎于各种因素，必将导致上下离心，贤愚解体，这就像当年晋楚城濮之战后，楚国再吃败仗、晋国又取胜一样，真是荒谬之极。做君王的若明白这个道理，并以此来治理自己的国家，即便是行动有所失误，但其美名足可传颂，即便军队一时受挫，但最终能赢得战争。即便失败一百次，但又何妨，更何况才是第二次失败呢？这就是由失败而获取成功的事例。由此可知：智慧人做事，能够因祸为福，转败为胜。自古以来就是这样的。

昏　智

夫神者，智之渊也；神清则智明。智者，心之符也；智公则心平。今士有神清智明而暗于成败者，非愚也，以声色势利怒爱昏其智矣。何以言之？

【译文】

神志是智慧的源泉；神志清爽方能智慧明朗。智慧是心灵的体现；智虑秉公方能使心灵平和。如今有的人虽然神清智明，但所做之事却总是难以成功，这并非他愚笨，而是声色、势力、怒爱等因素将他的头脑搅浑不清。为什么这么说呢？

昔孔子摄鲁相，齐景公闻而惧，曰："孔子为政，鲁必霸。霸则吾地近焉，我之为先并矣。"犁且曰："去仲尼犹吹毛耳。君何不延之以重禄，遗哀公以女乐？哀公亲乐之，必怠于政。仲尼必谏，谏不听，必轻绝鲁。"于是选齐国中女子好者八十人，皆衣文绣之衣，而舞康乐，遗鲁君。鲁君受齐女乐，怠于事，三日不听政。孔子曰："彼妇人之口（口，疑为君），可以出走。"遂适卫。此昏于声色者也。

【译文】

从前，孔子当了鲁国的宰相，齐景公听说这个消息后，尤为害怕地说："孔子统领朝政，鲁国必定称霸。鲁国称霸，因我国距离鲁国最近，定会首先将我国吞并。"犁且说："除去仲尼就像吹起一根鸿毛般容易。您为什么不用重金厚禄笼络鲁哀公，并将女乐送给他呢？哀公若耽于女乐，必定会怠于政事。仲尼必定进谏，鲁哀公不听，孔子自然就会辞官而离开鲁国。"于是齐景公就在齐国挑选了八十名美女，让她们都身穿漂亮的刺绣之衣，且学习康乐之舞，然后将她们送给了鲁哀公。哀公接受了齐国的女乐后，便荒废政事，连续三天不理朝政。孔子说："他是妇人的君王，我可以离开了。"于是孔子离开鲁国，到卫国去了。这是被"声色"冲昏了头脑的事例。

太史公曰："平原君，翩翩浊代之佳公子也，然不睹大体。"语曰："利令智昏。"平原君贪冯亭邪说，使赵陷长平四十余万，邯郸几亡。此昏于利者也。

后汉班固传评曰："昔班固伤司马迁云：'迁博物洽闻，不能以智免极刑。'然固身亦自陷大戮，可谓智及之而不能守，古人所以致论于目睫邪？"此昏于势者也。

【译文】

太史公说："平原君风度潇洒，是混乱之世的一位好公子，然而却不识大体。"俗语说："利令智昏。"平原君过分相信冯亭的邪说，使赵国在长平一战中损失大军四十多万，都城邯郸几乎沦陷。这是被“利益”冲昏了头脑的事例。

《后汉书·班固传》评语中说：“从前班固曾对司马迁的遭际颇为感伤，他说：‘司马迁博学多闻，却不能以自己的智慧避免极刑。’然而班固自己也身陷极刑，可谓智慧能够明白别人的问题，但行动上却不能恪守自己所明白的道理。这大概就是古人所说的：人的眼睛能够极目远望，但却看不到近处的睫毛。”这是被“形势”冲昏了头脑的事例。

尸子曰：“夫吴、越之国，以臣妾为殉。中国闻而非之。及怒，则以亲戚殉一言。夫智在公则爱吴、越之臣妾，智在私则忘其亲戚。非智损也，怒弇之也。”此昏于怒者也。好亦然矣。语曰：“莫知其子之恶。”非智损也，爱弇之也。是故论贵贱，辨是非者，必且自公心言之，自公心听之，而后可知也。故范晔曰：“夫利不在身，以之谋事，则智；虑不私己，以之断义，则厉。诚能回观物之智，而为反身之察，则能恕而自鉴。”

【译文】

尸子说：“吴、越两国的风俗是人死后要用臣妾殉葬。中原人听说后都对这种陋俗持以非议。中原人在盛怒时，就会因一言之失而使自己的亲戚丧命。当智慧公正时，就会惋惜那些殉葬而死的吴、越臣妾；当智慧偏私时，就会将自己的亲戚忘记。这并非因为智慧受到了损伤，而是怒气将智慧遮蔽所致。”这是被“怒气”冲昏了头脑的事例。好恶的道理也是这样。俗语说：“人们往往看不到自己孩子的短处。”这并非因为智慧有所损伤，而是溺爱的情感将智慧遮蔽了。因此评论贵贱、明辨是非的人，必须以公正的态度来说，必须以公正的心态来听，然后所做的判断才会是正确的。所以范晔说：“抛弃自己的切身利益，用这样的心态去做事就是明智；考虑问题抛弃私利，用这样的心态去判断事物的得失，就能严肃真诚。如果真能够用秉公而断的智慧来反观自身、检查自身，就能够于人宽恕、严于律己了。”

卑　政

《淮南子》曰：“济溺人以金玉，不如寻常之缰。”韩子曰：“百日不食，以待粱肉，饿者不肯。”此言政贵卑以济事者也。何以言之？

韩非曰：“所谓知者微妙之言，上知之所难也。今为众人法，而以为上知之所难也，则人无从识之矣。故糟糠不厌者，不待粱肉而饱；短褐不完者，不须文绣而好。以是言之,夫治世之事,急者不得,则缓者非务也。今所治之政,人间之事,夫妇之所明知者不用,而慕上知之所难论,则其于人过远矣。是知微妙之言,非人务也。”

【译文】

《淮南子》中说:“搭救落水的人,给他金玉财宝,不如给他一条普通的绳子。”韩子说:“让饥饿的人一百天不吃饭,然后许诺给他吃酒肉好饭,他肯定不会答应的。”这些话是说:为政的举措无论高低贵贱,只要有助于事情的成功就行。为什么这么说呢?

韩非子说:“所谓智者的微妙高深言论,即便是具有上等智慧的人也很难理解,如今却为普通百姓立法。用上等智慧的人都很难理解的文字做法令,普通百姓就更无法明白了。所以,连糟糠还不够吃的人是不会奢望有了酒肉好饭再去吃饱的;连破衣短裤都穿不上的人是不会奢求穿刺绣的华丽衣服的。由此而言,治理世事,太着急了不行,太缓慢了也不行。如今所要治理的政事,都是民间杂事,如果不用妇孺皆知的道理,反而用上等智慧的人都很难理解的理论,那就太脱离普通百姓了。由此可知,微妙高深的言论,并非治理世事所必需的。”

故《尹文子》曰:“凡有理而无益于治者,君子不言;有能而无益于事者,君子不为。”故君子所言者不出于名法权术,所为者不出于农稼军阵,同务而已。今世之人,行欲独贤,事欲独能,辩欲出群,勇欲绝众。夫独行之贤,不足以成化;独能之事,不足以周务;出群之辩,不可为户说;绝众之勇,不可与正阵。凡此四者,乱之所由生也。故圣人任道以通其险,立法以理其差,使贤愚不相弃,能鄙不相遗,此至理之术。故叔孙通欲起礼,汉高帝曰:“得无难乎?”对曰:“夫礼者,因时世人情而为之节文者也。”张释之言便宜事,文帝曰:“卑之,无甚高论,令今可施行。”由是言之,夫理者,不因时俗之务而贵奇异,是饿者百日以待粱肉、假人金玉以救溺子之说矣。

【译文】

所以《尹文子》上说:“凡是虽有道理却无益于治理国家的话,君子是不会讲的;凡是有能力去做却无益于成就事业的行为,君子是不会做的。”因此,君子所讲的话,不外乎名法权术等内容,君子所做的事也超不出农稼军阵的范围,结合世务而已。现在的人们,品行总想显示出自己特别贤惠;做事总想显示出自己能力独特;论辩总想显示出自己才能超群;勇敢总想显示出自己无人能比。品行特别贤惠,不足以让大众得到教化;做事能力独特,不足以将每件事都完成得很好;论辩超群,不可能挨家挨户去劝说;勇敢无人能比,不可能上阵应战众敌。以上这四种情况,是动乱产生的根源。所以圣人用道来贯通险阻;制定法律使各种差异整齐划一。使贤人和愚人不彼此遗弃,能人和庸人不互相舍弃,这才是最佳的治理天下的方法。所有叔孙通想要制定朝班礼仪,汉高祖问道:"礼仪不会很难吗?"叔孙通答道:"礼仪,要根据时势、世情而定,是用来对人的言行加以节制和修饰的。"张释之向汉文帝讲述利国便民的事情,文帝说:"讲得通俗浅近些,别讲什么高谈阔论,讲现在就能够推行的。"由此而言,治理国家的人,抛开时俗最亟须解决的事务不做,反而追求高贵奇异的理论,那就像饥饿的人不吃粗茶淡饭而等待百日以后的酒肉好饭,又如同借给别人金玉以使他去救助落水的人。

善亡

《易》曰:"积善之家,必有余庆。"又曰:"善不积,不足以成名。"何以征其然耶?孟子曰:"仁之胜不仁也,犹水之胜火也。今为仁者,犹以一杯水救一车薪之火,火不息,则谓水不胜火,此又与于不仁之甚者也。"又:"五谷种之美者,苟为不熟,不如稊、稗。夫仁亦在熟之而已矣。"《尸子》曰:"食所以为肥也,一饭而问人曰:'奚若?'则皆笑之。夫治天下大事也,譬今人皆以一饭而问人'奚若'者也。"由是观之,故知善也者,在积而已。今人见徐偃亡国,谓仁义不足仗也;见承桑失统,谓文德不足恃也。是犹杯水救火、一饭问肥之说,惑亦甚矣。

【译文】

《易经》上说:"积德行善的家庭,必定能造福子孙。"又说:"不积累善行,不足以成就名声。"用什么证明这个道理呢?孟子说:"仁能战胜不仁,就像水能灭火一样。如今推行仁政的人,就像用一杯水去扑一车干柴的烈火,火不能扑灭,就说水不能灭火。这与不推行仁政相比,更是有过之而无不及了。"又说:"五谷固然是粮食中好吃的种类,但若它们不成熟,反而还不如稊子和稗子。仁也与五谷一样,只有成熟了才能得到应有的效果。"《尸子》说:"进食能够使人长胖,如果刚吃了一顿饭就问:'我长胖了没有?'则会招致人们的嘲笑。"治理国家大事,倘若急功近利,也如同吃了一顿饭就问人自己长胖了没有,同样会被人们笑话。由此而观,所谓的善行,贵在一点一滴的积累。今人看到徐偃广施仁义而亡国,便认为仁义不值得倚仗;看到承桑国修文废武而亡国，就认为文德不值得倚恃。这就如同杯水车薪、一饭问肥的故事，是非常糊涂荒唐的。

诡 俗

夫事有顺之而失义，有爱之而为害，有恶于己而为美，有利于身而损于国者。何以言之？刘梁曰："昔楚灵王骄淫，暴虐无度。芈尹申亥从王之欲，以殡于乾溪，殉之以二女。"此顺之而失义者也。鄢陵之役，晋楚对战，穀阳献酒，子反以毙。此爱之而害者也。臧武仲曰："孟孙之恶我，药石也；季孙之爱我，美疢也。疢毒滋厚，药石犹生我。"此恶之而为美者也。韩子曰："为故人行私，谓之不弃；以公财分施，谓之仁人；轻禄重身，谓之君子；枉法曲亲，谓之有行；弃官宠交，谓之有侠；离俗遁世，谓之高悫；交争逆令，谓之刚材；行惠取众，谓之得人。不弃者，吏有奸也；仁人者，公财损也；君子者，人难使也；有行者，法制毁也；有侠者，官职旷也；高悫者，人不事也；刚材者，令不行也；得人者，君上孤也。此八者，匹夫之私誉，而人主之大败也。"由是观之，夫俗之好恶，与事相诡。惟明者能察之。

【译文】

经常有这种矛盾现象：顺从他人反而违背了道义，爱护他人反而害了他人，厌恶自己的反而能够成就自己的美事，有利于自身反而损害了国家。为什么这样说呢？刘梁说："从前，楚灵王骄奢淫逸，暴虐无度，芈尹、申亥顺从了他的遗愿，将他葬在乾溪，并用两位女子为他陪葬。"这是顺从他人反而违背了道义的事例。在晋楚鄢陵之战中，穀阳百姓敬重子反并为他献酒，结果子反喝酒误事，以至自杀而亡。这是爱护他人反而害了他人的事例。臧武仲说："孟孙氏厌恶我，如同治病的药石；季孙氏喜欢我，就像是难以察觉的热病。热病的毒害更为深厚，而药石却能治好我的病。"这是厌恶自己的反而能够成就自己美事的事例。韩子说："为故交徇私舞弊，叫作不弃故旧；将公家的财物施舍于人，叫作仁人之举；轻视爵禄，重视个人节操，叫作君子；枉屈国法，包庇亲戚，叫作有品行；为朋友尽力而不惜丢官，被称为有侠义精神；脱离尘俗，隐逸遁世，被称为清高诚谨；勇于抗争、违令而行，被称为刚勇之才；广施小惠，争取人心，被称为能得人。实际上，所谓不弃故旧就是官吏施奸，所谓仁人之举就是损害公家财物，所谓君子就是难为人所用，所谓有品行就是破坏法纪，所谓有侠义精神就是旷官渎职，所谓清高诚谨就是不做事情，所谓刚勇之才就是不执行国家号令，所谓能得人就是孤立君王。以上八项，能使凡夫俗子赢得私誉，却使君主遭致最大失败。”由此看来，世俗中的好恶标准正好与人主成就事功的方向相反。只有聪明的人，才能看透这一点。

势运

夫天下有君子焉，有小人焉，有礼让焉。此数事者，未必其性也，未必其行也，皆势运之耳。何以言之？《文子》曰：“夫人有余则让，不足则争。让则礼义生，争则暴乱起。物多则欲省，求赡则争止。”

《淮南子》曰：“游者不能拯溺，手足有所争急也；灼者不能救火，身体有所痛也。林中不卖薪，湖上不鬻鱼者，有所余也。故世治则小人守正，而利不能诱也；世乱则君子为奸，而刑不能禁也。”故《庄子》曰：“当尧舜而天下无穷人，非智得也；当桀纣而天下无通人，非智失也。时势适然。”《新语》曰：“近河之地湿，近山之木长者，以类相及也；四渎东流，则百川无西行者，小象大而少从多也。”

是知世之君子，未必君子；世之小人，未必小人；世之礼让，未必礼让。夫势运者，不可不察。

【译文】

天下有正人君子，有奸邪小人，也有礼让之风。这些情况未必发自人的本性，也未必是人的本来品行，而都是由大势推动所造成的。为什么这样说呢？《文子》说：“人的衣食充裕才可能谦让，衣食不足就会你争我夺。谦让就会产生礼义，争夺则会引发暴乱。人们物质富裕了，欲望也就减少了；人的欲求满足了，争夺也就休止了。”

《淮南子》中说：“游泳的人不能去救助溺水的人，因为他的手足正在忙着划水；烧伤的人不能去救火，因为他正忍受着烧伤的疼痛。在林中不要卖柴，在湖边切勿卖鱼，因为这些东西都很富裕。所以天下大治时，即便是小人也能奉公守法，利益也不能诱惑他；天下大乱时，即便是君子也会去做奸邪之事，刑罚也不能将他禁止。”所以《庄子》说：“尧舜之世，天下没有不得志的人，并非因为他们都很智慧；桀纣之世，天下没有很通达的人，也并非因为他们都很愚笨。这都是由时势造成的结果。”《新语》中说：“靠近河流的土地湿润，靠近大山的树木高大，这是同类事物相互影响的缘故；四条大河都东流入海，百川则没有向西流的，这是小仿大、少从多的缘故。”

由此可知，世上所谓的君子，未必真是君子；世上所谓的小人，也未必真是小人；世上所谓的礼让，未必是真正的礼让。大势对人塑造的道理，不可不深入研究。

傲礼

《左传》曰："无傲礼。"《曲礼》曰："无不敬。"然古人以傲为礼，其故何也？欲彰于人德者耳。何以言之？昔侯嬴为大梁夷门监，魏公子闻之，乃置酒大会宾客，坐定，公子从车骑，虚左，自迎夷门侯生。侯生引公子过市，及至家，以为上客。侯生谓公子曰："今日嬴之为公子亦足矣，嬴乃夷门抱关者也，而公子亲枉车骑。稠人广众之中，不宜有所过，今公子故过之。然嬴欲就公子之名，故久立公子车骑市中，以观公子。公子愈恭，市人皆以嬴为小人，而以公子为长者，能下士也。"

【译文】

《左传》上说："不要傲视礼仪。"《曲礼》中讲："不可不敬。"然而，古人中却有以傲慢为礼的，这是什么缘故呢？无非是为了彰显他的高尚品德罢了。为什么这么说呢？从前，侯嬴是魏国大梁夷门的守门人，魏公子信陵君听到他的贤名后，便设宴大会宾客。待宾客都坐好后，魏公子便率领车马，并空出马车左边的位置，亲自前往夷门迎请侯嬴。侯生引导魏公子的车马经过繁华的街市，最后驶进了魏公子府。魏公子将侯嬴待为上客。侯生对魏公子说："今天我的行为已经够难为公子的了。我侯嬴只不过是个守门人，公子您却枉驾亲往迎接，且街市人多乱杂，本不宜通过，公子您却故意从那里过去。而我侯嬴也想成就公子爱士的美名，故意让您的车骑在市中多停一会儿，以观察公子的神色。而公子您更加恭敬，市人都将我侯嬴当作小人，而认为公子您深具长者之风，能够礼贤下士。"

张释之居廷中，三公九卿尽会立。王生老人曰："吾袜解。"顾谓张廷尉："为我结袜。"人或谓王生曰："独奈何廷辱张廷尉？"王生曰："吾老且贱，自度终无益于张廷尉。张廷尉，方今天下名臣，吾故聊辱廷尉，使跪结袜，欲以重之。"诸公闻之，贤王生而重张廷尉。

由是观之，以傲为礼，可以重人矣。

【译文】

张释之上朝，三公九卿全都在朝中站立。王生老人说："我的袜带子开了。”回头对张廷尉说：“你把我的袜带子系好。”有人事后对王生说：“你为什么在朝廷上侮辱张廷尉？”王生回答说：“我年纪大了，且地位卑微，自料最终也帮不了张廷尉什么忙。张廷尉如今是天下名臣，我故意小小地羞辱他一下，让他跪着为我系袜带，想以此种方式，让人们对张廷尉更加敬重。”公卿听说后，都认为王生贤明，且对张廷尉更加敬重。

由此看来，以傲为礼可以提升人的威望。

定名

夫理得于心，非言不畅；物定于彼，非名不辨。言不畅志，则无以相接；名不辨物，则识鉴不显。原其所以，本其所由，非物有自然之名，理有必定之称也。欲辨其实则殊其名，欲宣其志则立其称。故称之曰，道、德、仁、义、礼、智、信。

【译文】

某种思想在心里酝酿成熟，若不运用语言，就无法将思想畅快地表达出来；某种事物的性质已确定，若不给它命名，就无法将它与别的事物分辨开来。语言若不能将自己的思想情志畅顺地表达出来，就无法与他人相交流；名称若不能使事物彼此区别开来，人们就无法对事物进行认识和鉴别。推究事物的本源，探究事物的由来，事物并非生来就有名称，思想也不是原本就有固定的称谓。要想辨别事物的本质，就必须为事物规定不同的名称；要想表达自己的思想情志，就必须为这些思想情志设立一定的称谓。所以将这些思想分别称为道、德、仁、义、礼、智、信。

夫道者，人之所蹈也。居知所为，行知所之，事知所乘，动知所止，谓之道。德者，人之所得也。各得其所欲，谓之德。仁者，爱也。致利除害，兼爱无私，谓之仁。义者，宜也。明是非，立可否，谓之义。礼者，履也。进退有度，尊卑有分，谓之礼。智者，人之所知也。以定乎得失是非之情，谓之智。信者，人之所承也。发号施令，以一人心，谓之信。见本而知末，执一而应万，谓之术。

【译文】

“道”，就是人们所要遵循的原则和方法。居坐知道该干什么，出行知道该到哪里去，做事知道该怎么做，行动知道该何时停止，这就是所谓的“道”。

"德",就是人们所该得到的东西。人们都得到各自想要且应该得到的东西,这就是所谓的"德"。"仁",就是博爱。为人们谋取利益,除去灾害,博爱众人,公正无私,这就是所谓的"仁"。"义",就是适宜。明辨是非,判断可否,这就是所谓的"义"。"礼",就是所要履行的规则。进退应适度,尊卑须有序,这就是所谓的"礼"。"智",就是人们的知识和经验。以此来判断得失、是非之情,这就是所谓的"智"。"信",就是人们所承仰的东西。据此发号施令,使人心统一,这就是所谓的"信"。观察事物的现在,即可推究出事物的未来;抓住事物的一端就可以应付万方,左右逢源,这就是所谓的"术"。

《说苑》曰:"从命利君,谓之顺;从命病君,谓之谀;逆命利君,谓之忠;逆命病君,谓之乱。君有过失,将危国家,有能尽言于君,用则留,不用则去,谓之谏;用则可,不用则死,谓之诤;能率群下以谏于君,解国之大患,除国之大害,谓之辅;抗君之命,反君之事,安国之危,除主之辱,谓之弼。"

【译文】

《说苑》上说:"遵从君王的命令,并做出对君王有利的事情,称之为顺;遵从君王的命令,但做出对君王有害的事情,称之为谀;违抗君主的命令,但做出对君王有利的事情,称之为忠;违抗君主的命令,且做出对君王有害的事情,称之为乱。君王有过失并将会使国家遭受危亡,有人能够向君王进忠言,劝他纠正过失,若君王采纳其建议,就留下来辅佐他,若君王拒不采纳其建议,就挂冠而去,这就叫作谏;向君王进忠言,君王若采用则已,若不采用,就牺牲自我去上谏,这就叫作诤;能够带领群臣共同劝谏君王,解除国家的患难,消除国家的灾害,这就叫作辅;违抗君王的命令,君王交办的事情置之不理,反而能够使国家转危为安,使君主避免受辱,这就叫作弼。"

《庄子》曰:"莫之顾而进,谓之佞;俙意导言,谓之谄;不择是非而言,谓之谀;好言人恶,谓之谗;称誉诈伪以败恶人,谓之慝;不择善否,两容颊适,偷拔其所欲,谓之险。"

古语曰:"以可济否,谓之和;好恶不殊,谓之同;以贤代贤,谓之夺;以不肖代贤,谓之伐;缓令急诛,谓之暴;取善自与,谓之盗;罪不知愆,谓之虐;敬不中礼,谓之野;禁而不止,谓之逆;禁非立是,谓之法;知善不行,谓之狂;知恶不改,谓之惑。"

【译文】

庄子说："没人理睬他，仍屡屡进言的，叫作佞；迎合别人的心意说话的，叫作谄；不辨是非而进言的，叫作谀；喜欢说别人坏话的，叫作谗；称誉奸诈虚伪以诋毁人的，叫作慝；不分善恶，两边讨好，但暗中却拔高他想要说的东西，叫作险。"

古语说："用可行的救助不可行的，叫作和；好坏不分，叫作同；用贤者替代贤者，叫作夺；以不肖替代贤者，叫作伐；法令本来宽和，诛杀却苛急，叫作暴；把好的东西都据为己有，叫作盗；有罪却不知悔改，叫作虐；尊敬别人，却不合乎礼的要求，叫作野；虽有禁令，却仍不停止，叫作逆；禁止错误的，树立正确的，叫作法；明知是好的，却不去执行，叫作狂；明知是错误的，却不知悔改，叫作惑。"

太公曰："收天下珠玉美女、金银彩帛，谓之残；收暴虐之吏，杀无罪之人，非以法度，谓之贼；贤人不至，谓之蔽；忠臣不至，谓之塞；色取仁而实违之，谓之虚；不以诚待其臣，而望其臣以诚事己，谓之愚；分于道，谓之性；形于一，谓之命；凡人函五常之性，而刚柔缓急，音声不同，系水土之气，谓之风；好恶取舍，动静无常，随君上之情欲，谓之俗。"

【译文】

太公说："敛聚天下珠玉美女、金银彩帛，叫作残；网罗暴虐的官吏，滥杀无罪的臣民，不按法度做事，叫作贼；贤人不能为君主所用，叫作蔽；忠臣不能报效朝廷，叫作塞；表面仁义，实则阳奉阴违的，叫作虚；对臣下不以诚相待，却指望臣下诚心辅佐自己的，叫作愚；从混沌状态分离出来的成为了人，叫作性；受外界因素影响且逐渐定型的，叫作命；凡是人都包涵有五常（仁义礼智信）综合的性格，但所的表现刚柔、缓急、声音却各不相同，这和水土有关系，叫作风；好恶、取舍、动静、无常，随君主情欲变化而变化的，叫作俗。"

或曰：乐与音同乎？对曰：昔魏文侯问子夏曰："吾端冕而听古乐，惟恐卧。听郑卫之音，则不知倦。敢问古乐之如彼，新乐之如此，何也？"子夏曰："今君之所问者乐也，所好者音也。夫乐者，与音相近而不同。"文侯曰："敢问何如？"子夏曰："夫古乐者，天地顺而四时当，民有德而五谷昌，疾疢不作而无妖祥，此之谓大当。然后圣人为父子、君臣，以为之纪纲；纪纲既正，天下大定；天下大定，然后正六律，和五声，弦歌诗颂，此之谓德音。德音之谓乐。《诗》云：'貊其德音，其德克明，克明克类，克长克君，王此大邦，克顺克比，比于文王，其德靡悔，既受帝祉，施于孙子。'此之谓也。今君之所好者，溺于音乎？郑音好滥，淫志也；宋音燕安，溺志也；卫音趋数，烦志也；齐音傲僻，骄志也。四者皆淫于色而害于德，是以祭祀弗用。"此音乐之异也。

【译文】

有人问：乐与音是一回事吗？回答说：从前，魏文侯问子夏说："我穿着朝服听古乐，唯恐身歪打瞌睡；可是听郑卫之音则不知疲倦。请问：古乐和新乐之间的差别为什么如此之大呢？"子夏回答说："您问的问题是关于乐的，而您所喜爱的却是音。乐与音相近，但却并不相同。"魏文侯说："请问二者有何不同呢？"子夏回答说："古代所谓的乐，其产生背景是这样的：天地和顺，四时顺当，百姓有德，五谷丰登，没有疾疫流行，没有妖祥发生，这叫作大当；然后圣人制定关于父子、君臣的纲纪，纲纪公正后，天下也就大定了；天下大定后，再对六律加以校正，对五声加以调和，然后在乐器的伴奏下吟唱《诗·颂》，这就是德音，德音就叫作乐。《诗经》上说：'清静淡泊，德行就能够明辨是非，因此也就能够分辨善恶，进而也就能够教化百姓，还能够赏善罚恶，做事公正。所以他就可以称王，统治这个国家，使百姓和顺，使君臣上下相互亲近。到了文王的时候，因其崇高的德行，故没人怨恨他。他自己享受着上帝赏给他的福禄，还要荫及他的子孙！'说的就是德音。今天大王您所喜欢，乃至沉溺于其中的，大概是音吧？郑音动听但是太放荡，会使人的情志淫乱；宋音宴安，能将人的情志消磨殆尽；卫音繁复，能使你的情志烦乱；齐音傲僻，能使你产生骄纵情志。这四种音全都令人沉湎色情，有损于德，因此，祭祀时都不采用这四种音。"这就是音与乐的不同。

或曰：音与乐既闻命矣，敢问仪与礼同乎？对曰：昔赵简子问揖让周旋之礼于太叔，太叔曰："是仪也，非礼也。吉也闻诸先大夫子产曰：'夫礼，天之经也，地之义也，民之行也。天地之经，民实则之。则天之明，因地之性，生其六气，用其五行，气为五味，发为五色，章为五声。淫则昏乱，民失其性，是故为礼以奉之。人有好恶喜怒哀乐，生于六气，是故审则宜类，以制六志。哀有哭泣，乐有歌舞，喜有施舍，怒有战斗，哀乐不失，乃能协于天地之性，是以长久。'故人能曲直以从礼者，谓之成人。"

【译文】

有人问：音与乐的不同我已经领教了，请问，仪与礼是相同的吗？回答说：

从前，赵简子曾就揖让周旋的礼节问题向太叔求教，太叔说："您所问的是仪，而不是礼。吉曾听我国的先大夫子产说过：'礼是天经地义、人民必须遵从的准则。天地大经，人民在实际生活中时刻都在遵循着。依照天的光明，根据大地高下刚柔的特性，生成六气（阴、阳、风、雨、晦、明），运用五行（金、木、水、火、土），散发为五味（酸、咸、辛、甘、苦），生发为五色（青、黄、赤、白、黑），彰显为五声（宫、商、角、徵、羽）。这些东西若过分了，就会产生昏乱，人民就会因此而丧失正常的性情，所以制定出礼来，作为人民遵循的准则。人有好、恶、喜、怒、哀、乐六种情感，它们是由六气所产生，所以要详细分析六种情感应遵行的原则和方式并归于一定的种类，以便适当约束这六种情感。悲哀之情可以通过哭泣的方式来表达；欢乐之情可以通过歌舞的方式来表达；喜悦时表现为施舍；愤怒时表现为战斗。哀、乐适度，才能与天地的本性协调，这样才能长久。'所以，人的行动，无论曲直都能符合礼的规定，就能称之为成人。"

或曰：然则何谓为仪？对曰：养国子，教之六仪：祭祀之容，穆穆皇皇；宾客之容，俨恪矜庄；朝廷之容，济济跄跄；丧纪之容，累累颠颠；军旅之容，暨暨谘谘；车马之容，骓骓翼翼。此礼仪之异也。夫定名之弊，在于钩錍析辞。苟无其弊，则定名之妙也。

论曰：班固九流，其九曰杂家。兼儒、墨，合名、法。《傅子》九品，其九曰杂才，以长讽议。由是观之，杂说之益，有自来矣。故著此篇，盖立理叙事，以示将来君子矣。

【译文】

有人问：那么，仪又是什么呢？回答说：培养太学生，教授他们六仪：祭祀时的仪容应该庄严肃穆；接待宾客的仪容应该庄重、谦恭；上朝时的仪容应该威严有序，步趋有礼；丧纪的仪容应该忧思忡忡；军旅的阵容应该果断刚毅；车马行进的容貌，应该平稳、整齐。这就是礼与仪的不同。为事物定名的弊端在于，有些事物过于怪僻，词汇很难将其本质和特性明确地表达出来，造成名实不符。若没有这一弊端，那么定名就十分完美了。

作者评论说：班固将各学派分为九流，其中第九家叫杂家。杂家兼容儒家和墨家，又融合名家和法家。《傅子》中提出了九品之说，其中第九品叫作杂才。杂才善长讽谏议论。由此看来，杂说的优点，是早有根据的。所以著作此篇，立论叙事，以便将来的君子能够有所借鉴。

卷九 兵权

出 军

夫兵者，凶器也；战者，危事也。兵战之场，立尸之所，帝王不得已而用之矣。故曰：救乱诛暴，谓之义兵，兵义者王。敌加于己，不得已而用之，谓之应兵，应兵者胜。争恨小故，不胜愤怒者，谓之忿兵，兵忿者败。利人土地宝货者，谓之贪兵，兵贪者破。恃国之大，矜人之众，欲见威于敌，谓之骄兵，兵骄者灭。是知圣人之用兵也，非好乐之，将以诛暴讨乱。夫以义而诛不义，若决江河而溉萤火，临不测之渊而欲堕之，其克之必也。所以必优游恬泊者何？重伤人物。故曰：远人不服，则修文德以来之。不以德来，然后命将出师矣。

【译文】

刀剑枪戟，是杀人的凶器；战争，是危险的事情。兵家交锋的战场，是尸体横陈的场所，所以帝王在万不得已的情况下才使用武力，发动战争。所以说：拯救乱世、诛杀残暴的军队，叫作“义兵”，为正义而战，足可以称王。由于敌人的侵犯而被迫起兵反抗自卫的军队，叫作“应兵”，应兵必定取得战争的胜利。因一点小事情而结怨，以至于不胜愤怒而发动战争的军队，叫作“忿兵”，忿兵必吃败仗。因贪图别国土地和财物而起的军队，叫作“贪兵”，贪兵必被人歼灭。自恃国家强大，人口众多，想耀武扬威的军队，叫作“骄兵”，骄兵必定会失败。由此可知，圣人兴兵打仗，并非是因为他们真心喜欢这样做，而是通过战争诛除残暴、平定逆乱。用正义的军队诛杀不义的军队，这就像掘开汹涌的江河之水去浇灭像萤火虫般的小火焰，又像将敌人推到深不可测的深渊旁边，用举手之劳就能将敌人推下去，战胜敌人是必然的。为什么要求掌管军队武力的人的心态应悠闲恬淡呢？这是因为滥用武力，就会给人民的生命和财产带来巨大伤害。因此说，边远地方的人若不臣服，就要通过提升自己的文德教化去感召他们。如果文德教化仍不能使他们归顺，然后只好命令将帅挥师讨伐了。

夫将者，国之辅也，人之司命也。故曰：将不知兵，以其主与敌也；君不择将，以其国与敌也。将既知兵，主既择将，天子居正殿而召之，曰："社稷安危，一在将军，今某国不臣，愿烦将军应之。"乃使太史卜斋择日，授以釜钺。君入太庙，西面而立，将军北面而立。君亲操釜，持其首，授其柄，曰："从是以上至天者，将军制之。"乃复操柄，授与刃，曰："从是以下至渊者，将军制之。"将既受命，拜而报曰："臣闻国不可从外理，军不可从中御，二心不可以事君，疑志不可以应敌。臣既受命，专釜钺之威，臣不敢还诸。"乃辞而行，凿凶门而出。

【译文】

将帅是国家的辅佐，是掌握人们命运的人。所以说，做将帅的若不知道如何用兵打仗，无异于将自己的君主送给敌人；做君王的若不懂得如何选派深谙兵法的将帅，无异于将自己的国家送给敌人。将帅谙熟兵法，君王通晓选择将帅的方法，那么，天子就可以端坐在大殿之上，召将帅入朝说："国家的安危，都系于将军身上了，如今某国不臣服于我们，劳烦将军前往讨伐。"于是让太史占卜，择取吉日，斋戒，举行授釜钺军权仪式。君王进入太庙，面朝西站立，将军面朝北站立。君王亲自拿着釜，手握釜首，将釜柄授予将军说："从釜首以上到天的地方，都交予将军制裁。"于是又手握钺柄，授予将军说："从钺柄以下到黄泉的地方，都交予将军制裁。"将帅接受命令后，拜谢说："我听说，国家不能从宫外治理，军队不可在宫中指挥，臣怀三心二意不能侍奉君王，君臣相互猜疑不可应敌作战。我既然接受了命令，掌握了象征军权的釜钺的威严，若不战胜敌人，我不敢班师回京。"于是，辞别君主，穿过凶门而出。

故《司马法》曰："进退唯时，无曰寡人。"《孙子》曰："将在军，君命有所不受。"古语曰："阃以内，寡人制之；阃以外，将军制之。"《汉书》曰："唯闻将军之命，不闻天子之诏。"故知合军聚众，在于阃外，受推毂之寄，当秉旄之重，无天于上，无地于下，无敌于前，无君于后，乃可成大业矣。故曰："将能而君不御者胜。"此之谓也。

【译文】

所以《司马法》上说："带兵打仗，进攻还是后退要根据时势而定，不能听从君王的命令。"《孙子》上说："将帅统兵在外打仗，君王的命令也可以不接受。"古语说："宫门以内的事，由君王处理，宫门以外的事，由将军决定。"《汉书》说:“在军中,士兵只听从将军的命令,而不听从天子的诏命。”由此可知,在宫城之外,聚众整军,接受的是天子推毂的寄托(古代军队出征,天子亲自推一下车轮相送,表示勉励),承担的是统率三军的重任,应具有上没有天、下没有地、前没有敌、后没有君的气魄、果断和无畏,才可以成就功勋。所以说:“将帅有才能,君王又不横加干预,这样的军队才能打胜仗。”说的就是这个道理。

练 士

夫王者帅师,必简练英雄,知士高下,因能授职,各取所长。为其股肱羽翼,以成威神,然后万事毕矣。腹心一人,谋士五人,天文三人,地形三人,兵法九人,通粮四人,奋威四人,鼓旗三人,股肱四人,通材三人,权士三人,耳目七人,爪牙五人,羽翼四人,游士八人,术士二人,法算二人,方士二人。

军中有大勇敢死乐伤者,聚为一卒;有勃气壮勇暴强者,聚为一卒;有学于奇正长剑雕弧接武齐列者,聚为一卒;有破格舒钩、强梁多力,能溃破金鼓、绝灭旌旗者,聚为一卒;有能逾高超远、轻足善走者,聚为一卒;有故王臣失势,欲复见其功者,聚为一卒;有死罪之人,昆弟为其将报仇者,聚为一卒;有贫穷忿怒,将快其志者,聚为一卒;有故赘婿人虏,欲昭迹扬名者,聚为一卒;有辩言巧辞,善毁誉者,聚为一卒;有故胥靡免罪之人,欲逃其耻者,聚为一卒;有材伎过人,能负重行数百里者,聚为一卒。

夫卒强将弱曰“弛”,吏强卒弱曰“陷”,兵无选锋曰“北”,必然之数矣。故曰,兵众孰强,士卒孰练,知之者胜,不知之者不胜,不可忽也。

【译文】

君王统率军队,必须要对英雄加以挑选和训练,要对将士的才能了如指掌,并根据他们各自的才能授予他们相应的职位,进而将他们各自的长处发挥出来。让他们成为自己得力的股肱羽翼,使他们成为一支威武神气的军队。至此,组建军队的大事就算完备了。军队内部要分工明确:腹心一人,主管参谋军事诸要务;谋士五人,负责预测分析形势的变化,提出相应的对策,明赏罚,授官位,决嫌疑等;天文三人,掌管占星历气候、风雨灾异、天心去就等;地形三人,管理军队的行止、形势利害、远近险易、水涸山阻等;兵法九人,负责讲论兵法、简练兵器、察举非法等;通粮四人,主管军辎军粮的积储运输;奋威四人,负责军容仪仗等;鼓旗三人,负责护卫鼓旗、符节号令等;股肱四人,主管任重赴难、军事工程等;通才三人,权士三人,负责奇谋权变;耳目七人,负责情报搜集;爪牙五人,负责激励士气、攻坚赴难;羽翼四人,主管瓦解策反敌军;游士八人,负责侦察敌情;术士二人,负责借助鬼神迷惑敌人;法算二人,总管财务;方士二人,负责创伤医治。

把军中英勇无畏、不怕死伤的人编为一队;把生气勃勃、强壮勇猛的人编为一队;把通晓奇正战术训练、擅长剑弓、阵列有素的人编为一队;把擅长突破封锁、强悍有力,能打破敌军金鼓、捣毁敌军旌旗的人编为一队;把攀高跳远、善于奔走的编为一队;把王公大臣中已经失势衰落,想以此再建功业的人编为一队;把那些兄弟被敌人杀害、想为亲人报仇雪恨的人编为一队;把那些家庭贫困、走投无路、满腔愤怒,想建功立业、杀敌以快心志的人编为一队;把那些曾被招婿入赘,或曾当过俘虏,想借此建功而掩盖耻辱的人编为一队;把巧言善辩、善于毁誉的人编为一队;把曾获罪免刑、欲雪前耻的人编为一队;把身怀绝技、能背负重物行走数百里的人编为一队。

士卒强健、将帅懦弱,叫作"弛"。军官强健、士卒懦弱,叫作"陷"。向敌军进攻,却没有精锐部队做骨干,叫作"北"。军队中若出现以上的情况,必然会吃败仗。所以说,哪一方的武器装备精良、实力强大,哪一方的战士训练有素,将帅若对这些问题了如指掌,必定能够赢得战争;将帅若对以上诸因素不甚了解,则必败无疑。这些问题千万不要忽视。

道　德

夫兵不可出者三:不和于国,不可以出军;不和于军,不可以出阵;不和于阵,不可以出战。故孙子曰:"一曰道。道者,令人与上同意者也。故可与之死,可与之生,而人不畏危。"黄石公曰:"军井未达,将不言渴;军幕未办,将不言倦;冬不服裘,夏不操扇,是谓礼。将与之安,与之危,故其众可合而不可离,可用而不可疲。接之以礼,励之以辞,则士死之。"是以含蓼问疾,越王霸于诸侯;吮疽恤士,吴起凌于敌国。阳门恸哭,胜三晋之兵;单醪投河,感一军之士。勇者为之斗,智者为之忧,视死若归,计不旋踵者,以其恩养素畜,策谋和同也。故曰,畜恩不倦,以一取万。语曰:"积恩不已,天下可使。"此道德之略也。

【译文】

在三种情况下不可对外出兵:国内不和,不可以派军出征;军内不和,不可以排兵列阵;军阵不和,不可以出战迎敌。所以孙子说:"决定战争成败的第一要素是道。所谓道，就是使民众与君王的意愿相一致，民众愿意与君王同生死，且毫无畏惧感。”黄石公说：“在军井尚未挖好前，做将帅的不能说口渴；在军帐尚未搭成前，做将帅的不能说疲倦。冬日不穿裘皮，夏天不用扇子。这样的将领可称作礼将。将帅与战士同安共危，所以他的部众就团结一致，难以分离，可以随便调动使用而不知疲倦。对士兵以礼相待，用言辞加以激励，这样，战士就能以死相报。”因此，当年越王口含苦药向战士询问疾病，越国因此称霸于诸侯；吴起用口为受伤的士兵吮吸脓疮，他的军队才能所向披靡；宋国司空为一普通的城门看守的死而恸哭，三晋的军队因此望而却步；楚王把人进献给他的一樽酒洒入河中与民共饮，把全军将士感动。勇士为报答君主和将帅之恩而冲锋陷阵，智者为报答君主和将帅之恩而绞尽脑汁，出谋划策，视死如归，战无不胜，计无不成，其原因在于：君王和将帅常常对百姓和战士施以恩德，双方团结一致，同心同德。所以说，只有在平时不知疲倦地施恩于百姓和战士，那么，战争来临时，才能够以一胜万。俗语说：“不断地积恩施德，天下的百姓就能听我使唤。”这就是道德的战略意义。

禁　令

孙子曰：“卒未专亲而罚之，则不服，不服则难用。卒已专亲而罚不行，则不可用矣。”故曰：“视卒如婴儿，故可与之赴深溪；视卒如爱子，故可与之居死地。厚而不能使，爱而不能令，乱而不知理，譬若骄子，不可用也。”经曰：“兵以赏为表，以罚为里。”又曰：“令之以文，齐之以武，是谓必取。”故武侯之军禁有七：一曰轻，二曰慢，三曰盗，四曰欺，五曰背，六曰乱，七曰误。此治军之禁也。

【译文】

孙子说：“在士卒尚未亲附你之前，就处罚他们，他们就不会对你心服，心不服你，你就很难使用他们。士卒已亲附你，而你却不执行赏罚，这支部队也是不能用来打仗的。”所以说：“对士卒的关心就像对待婴儿一样，士卒就可以与他共赴患难；对士卒的疼爱就像对待爱子一样，士卒就可以与他同生共死。倘若厚待士卒，却不能使用他们，宠幸士卒，却不能号令指挥他们，违法乱纪却不能有效地整治他们，这样的军队就好像骄惯坏了的孩子，是不能用来作战的。”《武经》上说：“对士卒要以奖赏为表，以惩罚为里。”又说：“用文德来教化他们，用法纪来统一他们，这样就必定能够打胜仗。”所以诸葛武侯的军禁有七条，即轻、慢、盗、欺、背、乱、误。这就是治理军队时的禁令。

若期会不到，闻鼓不行，乘宽自留，回避务止，初近而后远，唤名而不应，军甲不具，兵器不备，此谓轻军。受令不传，传之不审，以惑吏士，金鼓不闻，旌旗不睹，此谓慢军。食不廪粮，军不部兵，赋赐不均，阿私所亲，取非其物，借贷不还，夺人头首，以获功名，此谓盗军。若变易姓名，衣服不鲜，金鼓不具，兵刃不磨，器仗不坚，矢不著羽，弓弩无弦，主者（疑有误）吏士，法令不从，此谓欺军。闻鼓不行，叩金不止，按旗不伏，举旗不起，指麾不随，避前在后，纵发乱行，折兵弩之势，却退不斗，或左或右，扶伤舆死，因托归还，此谓背军。出军行将，士卒争先，纷纷扰扰，军骑相连，咽塞道路，后不得前，呼唤喧哗，无所听闻，失行乱次，兵刃中伤，长将不理，上下纵横，此谓乱军。屯营所止，问其乡里，亲近相随，共食相保，呼召不得，越入他位，干误次第，不可呵止，度营出入，不由门户，不自启白，奸邪所起，知者不告，罪同一等，合人饮食，阿私所受，大言惊语，疑惑吏士，此谓误军。斩断之后，万事乃理。所以乡人盗笠，吕蒙先涕而后斩；马逸犯麦，曹公割发而自刑。故太公曰："刑上极，赏下通。"孙子曰："法令孰行，赏罚孰明，吾以此知胜。"此之谓也。

【译文】

如果到了约定的期限却还没到，听到鼓声却不前进，遇到宽松就滞留不前，该做的和不该做的都回避不做，起初在近处，随着战事的紧张却躲到远处，叫名不答应，不戴盔甲，不拿军器，这样的军队就叫作"轻军"。接受了军令却不传达，或传达军令时却不搞清楚，致使下层军官迷惑不解，不听金鼓命令，不听旌旗指挥，这样的军队叫作"慢军"。要吃饭却不储备军粮，要宿营却不按兵法部署兵力，赏赐分配不均，私其所亲，掠取别人的财物，借钱不还，夺取他人斩敌的首级以邀取功名，这样的军队叫作"盗军"。若改名换姓，衣衫不整，军中不配备金鼓，不打磨兵器，器仗不结实，箭上没有羽毛，弓弩上没有弦，主管吏士不遵守法令，这样的军队叫作"欺军"。听到进军的鼓声却不前进，听到收兵的鸣金仍不停止，看到旗帜按下却不卧倒隐蔽，看到旗帜举起仍卧而不起，帅旗所指却不跟随，逃避锋锐，躲于阵后，随意乱行，胡乱射箭，挫伤了兵弩的气势，心欲撤退，不敢战斗，左右乱跑，假装扶伤救死的样子，借机逃离战场，这样的军队叫作"背军"。大军即将出征，士卒争先恐后，纷纷扰扰，步兵骑兵混在一块儿，阻塞道路，后面的人跟不上来，呼唤喧哗，杂声一片，什么也听不清楚，行列不整，次序杂乱，兵刃相撞，造成伤亡，长官不能治理，上下乱作一团，这样的军队就叫作“乱军”。大军已经安营扎寨，士卒却相互询问所在乡里，关系亲近的结帮在一起，吃喝相互担保；传呼不到，侵犯他人防区，破坏军中上下次第，不能被喝止；出入营寨不经过正门，也不给军官打招呼；奸邪的事情时有发生，知情的人也不报告，同犯罪者一样治罪；聚众饮食，徇私受贿，大言惊语，迷惑官兵，这样的军队叫作“误军”。只有将违反禁令的人果断斩处，军队才能治理得井井有条。所以，三国时的将军吕蒙因自己的乡人偷了百姓一顶草笠，就挥泪将他斩杀；曹操的坐骑受惊践踏了庄稼，曹操便割发受刑。所以太公说：“刑罚应从最上层开始执行，赏赐应下达到最下层。”孙子说：“谁的法令能够得到实行，谁的赏罚严明，我据此即可判断出谁能够取得胜利。”说的也是这个道理。

天时

孙子曰：“二曰天时。天时者，阴阳寒暑时制也。”《司马法》曰：“冬夏不兴师，所以兼爱吾人。”太公曰：“天文三人，主占风气，知天心去就。”故经曰：“能知三生，临刃勿惊，从孤击虚，一女当五丈夫。”故行军必背太阴，向太阳，察五纬之光芒，观二曜之薄蚀，必当以太白为主，辰星为候。合宿有必斗之期，格出明不战之势。避以日耗，背以月刑。以旺击困，以生击死。是知用天之道，顺天行诛，非一日也。

【译文】

孙子说：“决定战争成败的第二个要素是天时。所谓天时，指的是昼夜、晴雨、寒暑等气候季节的变化。”《司马法》上说：“冬季和夏季不适合用兵打仗，是为了使我们的战士免遭严寒和酷暑之痛。”姜太公说：“军中应设天文三人，负责占卜天象、气候，进而预料天时是否适宜。”所以经书上说：“能熟知战争的过去、现在，并能预知战争的将来，这样的人即便身处于危险之中，仍能毫不惊慌，泰然自若。跟着君王出征打仗，一位女子能击败五位大丈夫。”所以行军必须背对着太岁凶星，面朝向太阳，详察五纬的光芒和日月相蚀的情况。一定要以太白金星为主，以辰星为客，综合考量。若太白星和辰星在相同的位置出现，则必定发生战争；若二星出现在不同的方向，则表明不会有战事。要将日耗和月刑避开。用旺盛士气的军队进攻困乏的敌人，以生（太阳）攻击死（太阴）。由此可知，充分利用天时的条件，顺应天时去诛伐，已是由来已久了。

若细雨沐军，临机必有捷。回风相触，道还而无功。云类群羊，必走之道；气如惊鹿，必败之势。黑云出垒，赤气临军，六穷起风，三刑生雾，此皆见师之出，而不见其入者也。若烟非烟，此庆云也；若星非星，此归邪也；若雾非雾，此泣军也；若雷非雷，此天鼓也。庆云开有德，归邪有降人，泣军多杀将，天鼓多败军。是知风云之占，岁月之候，其来久矣。

【译文】

如果出征时细雨蒙蒙，临战必定能取胜。如果出征时有回旋之风相触，必定是无功而返。如果天空中云的形状如同群羊，这是败走的预兆；云气如同受到惊吓的鹿，这是必败的预兆。如果军营上空有乌云出现，军队上空显现赤色之气，狂风怒卷，大雾弥漫，这些都是能够看到军队出征却很难见到军队凯旋的预兆。如果空中的云像烟又不是烟，这是庆祝胜利的祥云；如果天空中的星星像星星又不是星星，这是归服邪恶的预兆；如果天空中出现似雾非雾的景象，这是令军队哭泣的预兆；如果空中发出似雷又不是雷的声音，这声音叫作天鼓。天空中出现庆云，这是预示着军队有德；归邪，预示着军中有降敌之人；泣军，预示着将领要被杀；天鼓，预示着要吃败仗。由此可见，对风云吉凶的占卜，对时令气候的利用，由来已久了。

故古者初立将，始出门，首建牙之时，必观风气之气。若风不旁勃，旌旗晕晕，顺风而扬举，或向敌终日，军行有功，胜候也。若逆风来应，气旁勃，牙杠折，阴不见日，旌幡激扬，败候也。若下轻其将，妖怪并作，众口相惑，当修德审令，缮砺锋甲，勤诫誓士，以避天怒。然后复择吉日祭牙旗，具太牢之馔，震鼓铎之音，诚心启请，以备天问，观其祥应，以占吉凶。若人马喜跃，旌旗皆前指高陵，金铎之声扬以清，鞞鼓之音宛以鸣，此得神明之助。持以安于众心，乃可用矣。虽云任贤使能，则不占而事利；令明法审，则不筮而计成；封功赏劳，则不祷而福从；共苦同甘，则犯逆而功就。然而临机制用，有五助焉：一曰助谋，二曰助势，三曰助怯，四曰助疑，五曰助地。此五者，助胜之术。故曰，知地知天，胜乃可全。不可不审察也。

【译文】

所以古代刚任命了大将，军队刚出门，必竖立起帅旗以观望风云之气。如果清风徐徐，旌旗鲜亮，顺风飘扬，或旌旗飘动的方向整天指向敌军，则出军必定成功，这是胜利的征候。如果逆风骤起，云气勃兴，风将旗杆吹断，天地阴沉，不见太阳，旌幡激扬，这是失败的征候。如果官兵不尊敬大将，怪异之事层出不穷，战士彼此议论，妖言惑众，此时就应该加强道德修养，完善军法军令，打磨武器，加强战备，勤勉军务，诚待士卒，虔诚宣誓，以避免惹怒上天。然后再重新选择吉日，并祭拜牙旗，且备太牢祭品，敲响鼓铎之音，虔诚地向上天启请，准备回答天问，观察上天的祥瑞反应，占卜出征的吉凶。如果人欢马跃，旌旗都指向高陵，金铎之声清脆响亮，在空中传播回荡，鞞鼓之声婉转和鸣，这证明出军得到了神明的助佑。把这些吉兆向全军宣传，以安抚军心，这样的军队就能用来打仗了。虽然说能够选拔任用贤能之人，不占问天意也能够取得战争的胜利；虽然说军令明确，军法严明，不占卜也能够获得成功；虽然说慷慨封赏有功劳的人，无须祷告，幸福也将会随之而来；虽然说全军上下同甘共苦，即便是逆境，也能够成就功业。然而，依照战场的态势，制定具体的作战方针时，仍须考虑并对这五个有助于胜利的因素加以利用。这五个因素是：有助于成功的作战计谋，有利的战场态势，旺盛的士气，制造疑阵、迷惑敌人，有利的地形条件。这五个方面，是推动胜利的五个条件。所以说：上知天文、下知地理，才能战无不胜，一定要对此认真研究。

地形

孙子曰："三曰地利。地利者，远近、险易、广狭、死生也。"故不知山林、险阻、沮泽之形者，不能行军；不用乡导，不能得地利。故用兵有散地，有轻地，有争地，有交地，有衢地，有重地，有圮地，有围地，有死地。诸侯自战其地，为散地；入人之地而不深者，为轻地；我得则利，彼得亦利者，为争地；我可以往，彼可以来，为交地；诸侯之地三属，先至而得天下之众者，为衢地；入人难反之地深，倍城邑多者，为重地；行山林、险阻、沮泽，凡难行之道者，为圮地；所由入者隘，所从归者迂，彼寡可以击吾众者，为围地；疾战则存，不疾则亡者，为死地。是故散地则无战；轻地则无止；争地则无攻；交地则无绝；衢地则合交；重地则掠；圮地则行；围地则谋；死地则战。

【译文】

孙子说："决定战争成败的第三个要素是地利。所谓地利，指的是路途的远近、地势的险易、地域的宽窄、地形是否有利于攻守进退。"又说：对山林、险阻、沼泽等地形情况不熟悉，就不能行军；不用向导，就不能获得地利的优势。根据用兵的原则，战地的地形可分为散地、轻地、交地、衢地、重地、圮地、围地和死地。诸侯在自己的领地上与敌人作战的区域，叫作散地。已进入敌入境地、但尚未到达纵深的区域,叫作轻地。我军占领则对我军有利,敌军占领则对敌军有利的地方,叫作争地。敌我双方都能够自由来往的地方,叫作交地。敌我双方与别的诸侯国接壤的三角地带、先到达者能够得到别的诸侯国援助的地方,叫作衢地。深入敌国境内,背后有很多城邑,且道险难返的地方,叫作重地。山林、险阻、沼泽等道路中难以通行的地方,叫作圮地。进入的道路狭隘,退出的道路曲折,敌人以少击众的地方,叫作围地。急速奋战就能生存,不急速奋战就死路一条的地方,叫作死地。因此,散地不宜交战;轻地不宜停留;对争地宜抢先占领,若敌军已经占据,就不要轻易进攻;在交地千万不要使部队前后相脱节,无法策应;在衢地要结交别的诸侯国;在重地要掠夺敌人的物资;遇到圮地,就应迅速通过;陷入围地,就要巧设计谋,出奇制胜;进入死地,就必须殊死奋战,死中求生。

又有六地:有通,有挂,有支,有隘,有险,有远。我可以往,彼可以来,曰通。居通地,先处其高阳,利粮道,以战则利。可以往,难以反,曰"挂",挂形曰:"敌无备,出而胜之;敌有备,出而不胜,难以反,不利。"我出而不利,彼出而不利,曰"支"。支形曰:"敌虽利我,我无出,引而去也,令敌半出而击之,利。"隘形曰:"我先居之,必盈之而待敌;若敌先居之,盈而勿从也,不盈而从之。"险形曰:"我先居之,必居高阳以待敌;若敌先居之,则引而去之,勿从也。"夫"远形势均,难以挑,战而不利"。凡此六者,地之道也,皆将之至任,不可不察。

【译文】

又可以根据战术的意义,将地形划分为六种,即通形、挂形、支形、隘形、险形和远形。凡是敌我双方可自由往来的地区,叫作通形。在通形地区作战,先要抢占向阳的高地,保证粮道畅通无阻,这样与敌人作战就会有利。凡是容易去,却不易返回的地区,叫作挂形。在挂形地区作战的原则是:"敌人若无戒备,就可突袭敌人,将其战胜;敌人若已有戒备,袭击难以取胜,又难以返回,那就对我军不利。"凡是敌我双方出击皆不利的地区,叫作支形。在支形地区的作战原则是:"敌人即便是以利引诱我军,也不要出战,最好是带着部队假装撤退,诱敌追出一半时,再予以回击,这样就对我军有利。"在隘形地区的作战原则是:"要先抢占险隘之处,并在隘口部署重兵把守,等待敌人的到来;若敌人先占据了隘口,并部署重兵把守,就不要主动攻击;若敌人没有部署重兵把守隘口,就可以主动攻击。"在险形地区的作战原则是:"若我军先占领该地,就要占领向阳的高地,等待敌人的到来;若敌军已经占据了制高点，我军就应该引兵而退，不要主动攻击。”在远形地区的作战原则是：“在远形地区，因敌我双方相距较远，地势条件相同，就难以出兵挑战，勉强与敌人交战，对我军不利。”以上六条是利用地形作战的原则，都是将帅的重大责任，是要认真考虑的。

故曰：深草蓊秽者，所以遁逃也；深谷阴险者，所以止御车骑也；隘塞山林者，所以少击众也；沛泽杳冥者，所以匿其形也。丈五之沟，渐车之水，山林石径，泾川丘阜，草木所在，步兵之地，车骑二不当一。丘陵漫衍相属，平原广野，此车骑之地，步兵十不当一。平原相远，仰高临下，此弓弩之地，短兵十不当一。两阵相近，平地浅草，可前可后，此长戟之地，剑盾三不当一。萑苇竹萧，草木蒙笼，枝叶茂接，此矛铤之地，长戟二不当一。曲道相伏，险扼相薄，此剑盾之地，弓弩三不当一。故曰“地形者，兵之助”。又曰“用兵之道，地利为宝”。赵奢趋山，秦师所以覆败；韩信背水，汉兵由是克胜。此用地利之略也。

【译文】

所以说：占据草木茂盛的地区，为的是易于隐蔽和逃遁；占据山谷险恶的地形，为的是便于抵御敌人的战车和骑兵；占据险阻的隘口、关塞及山林，为的是以少部兵力击败众多的敌人；占据低湿幽暗、迂阔幽远的地形，为的是便于隐蔽部队。五丈宽的河沟，淹没车马的河水，山林石径，丘陵溪川及草木遍地的地形有利于步兵作战，在这种地形作战，两辆战车或两个骑兵也抵不过一个步兵。丘陵连绵且坡缓漫长，平原旷野，有利于战车和骑兵作战，在这种地形作战，十个步兵也抵不上一辆战车或一个骑兵。离平原很远，居高临下，有利于弓弩作战，在这种地形作战，十个持短兵器的士兵也抵不过一个弓箭手。若敌我两军相距较近，地平草浅，进退自如，有利于长戟作战，在这种地形作战，三个持剑盾的士兵也抵不过一个持长戟的士兵。芦苇竹蒿遍地，草木葱茏，枝叶茂密，有利于矛铤作战，在这种地形作战，两个持长戟的士兵也抵不过一个持矛铤的士兵。道路曲折，起伏不定，险而狭窄，有利于剑盾作战，在这种地形作战，三个弓箭手也抵不上一个持剑盾的士兵。因此说：“熟知地形有助于用兵作战。”又说：“用兵的原则在于能够运用有利的地形条件，这是取得胜利的法宝。”所以，秦赵之战中，赵奢率先抢占了山头，秦军因此而覆败；韩信背水列阵，汉兵因此而获胜。这些都是善于运用地形作战而取胜的事例。

料 敌

夫两国治戎，交和而合，不以冥冥决事，必先探于敌情。故孙子曰："胜兵先胜而后战。"又曰："策之而知得失之计，作之而知动静之理。"因形而作胜于众，用兵之要也。若欲先知敌将，当令贱而勇者，将轻锐以当之，观敌之来。一起一坐，其政以理，其追北佯为不及，其见利佯为不知，如此者，将必有智，勿与轻战。若其众讙旗乱，其卒自止自行，其兵或纵或横，其追北恐不及，见利恐不得，如此者，将必无谋，虽众可获。

【译文】

两国或治军作战，或讲和融洽，都不能在敌情不明的情况下作出决断，必须要首先探明敌情。所以孙子说："能够取胜的军队，首先是有了必胜的把握，然后再出兵作战。"又说："通过认真分析和谋划，才能知道敌人作战计划的得失利弊；诱使敌人行动，才能够摸清敌人的活动规律。"将根据敌情的变化而制定作战方针摆在众人面前，这是用兵打仗的关键所在。如果想要知道敌将的具体情况，应当先派遣一位勇敢的下层军官率领一支轻便而精锐的部队与敌人交锋，借此观察敌人的反应。如果敌人动静起坐，都有章法，有条不紊；敌人追击败退的军队故意装作追不上，见到可图的利益却故意装作没看到。这样的军队，其将领一定智慧丰富，切忌与他们轻易交战。如果敌军战士欢声雀跃，旌旗混乱；士卒动静起坐，毫无约束，兵器纵横无序；追击败退的军队唯恐追赶不上，见到利益唯恐得不到。这样的军队，其将领必定没有谋略，即便是士兵再多，也能够将他们擒获。

故曰：敌近而静者，恃其险也；敌远而挑人者，欲人之进也；众树动者，来也；众草多障者，疑也；鸟起者，伏也；兽骇者，覆也；尘卑而广者，徒来也；散而条达者，薪来也；少而往来者，营军也；辞卑而益备者，进也；辞强而进驱者，退也；无约而请和者，谋也；半进半退者，诱也。杖而立者，饥也；汲而先饮者，渴也；见利不进者，劳也；鸟集者，虚也；夜呼者，恐也；军扰者，将不重也；旗动者，乱也；吏怒者，倦也；粟马食肉，军无悬甀，不及其舍者，穷寇也；谆谆翕翕，徐言入入者，失其众也；数赏者，窘也；数罚者，困也；数顾者，失其群也；来委谢者，欲休息也。兵怒而相近，久而不合，又不相去，必谨察之。

【译文】

所以说：敌军距我很近却能保持镇静，是依靠它占领着险要的地形；敌人距我很远却前来挑战，是企图引诱我军前进；许多树木摇曳摆动，说明敌人隐蔽而来；草丛里遮碍物甚多，是敌人布下的疑阵；群鸟惊起而飞，说明敌人布有伏兵；野兽受惊猛跑，说明敌人要大举突袭；尘土飞扬，土很低且面积宽广，说明敌人的步兵来袭；尘土飞扬，四处分散，呈条状上升的，是运输粮草的队伍在行进。尘土少而时起时落的，是敌人正在扎营；敌人的使者言辞谦逊却又在加强备战，说明敌人准备向我进攻；敌人使者言辞强硬且又做出前进姿态的，说明敌人准备后退；敌人没有约定就来求和，说明敌军必有阴谋；敌人半进半退，是想诱使我军上当。敌军战士靠着武器站立，是饥饿的表现；打水的人把水汲上来就抢先饮用，是军中缺水的表现；敌人看到财物，却不想前进，是疲劳的表现；鸟雀聚集在敌人营垒上，说明营垒空虚；敌营夜间惊叫，说明内心恐惧；敌人纷乱不堪，说明将帅失去威望；敌人乱挥军旗，说明队伍混乱；敌人将吏容易动怒，说明敌军疲惫不堪；用粮食喂马，杀牲口吃肉，收拾起炊具，不再返回营地，说明敌人已是孤注一掷的穷寇；敌人将领低声下气、慢条斯理地同部下讲话，说明将领已失去了军心；接二连三地犒赏士卒，说明处境窘迫；接二连三地惩罚部属，说明已陷入了困境；行路再三地环顾四周，说明他们与大部队失去了联系；敌人派使者委婉致歉，是缓兵之计；敌人来势汹汹，离我军很近，但既不交战，也不撤退，必须要谨慎观察他的真实意图。

敌来新到，行阵未定，可击也；阵虽定，人马未食，可击也；涉长道，后行未息，可击也；行坂涉险，半隐半出，可击也；涉水半渡，可击也；险道狭路，可击也；旌旗乱动，可击也；阵数动移，可击也；人马数顾，可击也。凡见此者，击之而勿疑。然兵者诡道也，能而示之不能，用而示之不用。故匈奴示弱，汉祖有平城之围；石勒藏锋，王濬有幽州之陷。即其效也，可不慎哉？

【译文】

敌人刚到战场，阵营尚未布列，可以攻击他们；敌人的阵营虽已布列，但人马尚未进食，可以攻击他们；敌人长途跋涉而来，后来的尚未得到休息，可以攻击他们；敌人在山坡或险要的地形上行军，半隐半出，可以攻击他们；敌人渡河刚渡过一半时，可以攻击他们；敌人通过险要狭窄的道路时，可以攻击他们；敌人旌旗混乱不定时，可以攻击他们；敌人营盘未定，屡次迁移，可以攻击他们；敌人瞻前顾后，左顾右盼，可以攻击他们。凡遇到以上情况，可以向敌人发动攻击，切勿迟疑。然而，用兵打仗，毕竟是一种诡诈行为，本来能打却故意装作不能打，本来要打却故意装作不打。所以匈奴向汉朝故意示弱，汉高祖遂上当，被围困在平城；石勒故意隐蔽锋锐，晋将王濬不知实情，故丢掉了幽州。这都是诡诈用兵的效果。所以用兵打仗不谨慎小心能行吗？

势　略

孙子曰："勇怯，势也。强弱，形也。"又曰："水之弱至于漂石者，势也。"何以明之？昔曹公征张鲁，定汉中，刘晔说曰："明公以步卒五千，讨诛董卓，北破袁绍，南征刘表，九州百郡，十并其八，威震天下，势慑海外。今举汉中，蜀人望风，破胆失守，推此而前，蜀可传檄而定也。刘备，人杰也。有智而迟，得蜀日浅，蜀人未附。今破汉中，蜀人震恐，其势自倾。以公之神明，因其倾而压之，无不克也。若小缓之，诸葛亮明于理而为相，关羽、张飞勇冠三军而为将，蜀人既定，据险守要，则不可犯也。今不取，必为后忧。"曹公不从。居七日，蜀降者说蜀中一日数十惊，备斩之而不能禁也。曹公延问晔曰："今尚可击否？"晔曰："今已小定，未可击也。"

【译文】

孙子说："战士勇敢还是怯懦，取决于军事态势的优劣；军队强大还是弱小，取决于军事实力的对比。"又说："水本身是柔弱的，却能将巨石冲走，这是积聚起来的水势大的缘故。"怎样证明这个道理呢？从前，曹操征伐张鲁，平定了汉中。刘晔向曹操进言说："您依靠五千兵卒，诛灭了董卓，向北击败了袁绍，向南征服了刘表，天下共九州一百多个郡，您已占有十分之八了，威震天下，扬名海外。如今又攻占了汉中，蜀人闻风丧胆，纷纷弃城而逃，乘此良机，继续前进，蜀地只需一纸檄文即可平定。刘备虽是人中英杰，且富于智慧，但决策迟缓。况且他占据蜀地的时间不长，蜀人并未真心依附于他。如今我军已攻克汉中，蜀人闻讯后，非常震恐，其势正在自我倾覆。以明公您的神明，趁着蜀人自我倾覆之机，率大军压境，定能所向披靡，攻克蜀地。如果稍有迟缓，凭借着明察事理的诸葛亮做宰相，勇冠三军的关羽、张飞为大将，蜀地一旦稳定，把守险关要塞，就难以攻打了。如今不去夺取蜀地，日后必成忧患。"曹操不听从刘晔的建议。七天后，蜀地投诚的人说曹军攻陷汉中后，蜀中一日之内，发生惊乱数十次，刘备将惊乱的人斩杀后，仍不能禁止。曹操又请教刘晔说："现在还能够攻击蜀地吗？"刘晔答道："如今蜀中已稍微稳定，不可再出击了。”

又太祖征吕布，至下邳，布败，固守城，攻不拔，太祖欲还，荀攸曰：“吕布勇而无谋，今三军皆北，其锐气衰。三军以将为主，主衰则军无奋意。夫陈宫有智而迟，今及布气之未复，宫谋之未定，进急攻之，布可收也。”乃引沂泗灌城，城溃，生擒布。以此观之，当是时，虽诸葛之智，陈宫之谋，吕布之勇，关、张之劲，无所用矣。此谓“勇怯，势也。强弱，形也”。

故兵有三势，善战者恒求之于势。势之来也，食其缓颊，下齐七十余城；谢石渡淝，摧秦百万之众。势之去也，项羽有拔山之力，空泣虞姬；田横有负海之强，终然刎颈。故曰，战胜之威，人百其倍；败兵之卒，没世不复。故水之弱至于漂石，此势略之要也。

【译文】

魏太祖曹操征伐吕布，进军至下邳，吕布战败，坚守下邳。曹军久攻不下，便打算退兵，荀攸谏言说：“吕布有勇无谋，如今他的三军都被打败，锐气衰竭。三军以将帅为主心骨，将帅锐气衰竭，全军斗志必定也将衰竭。吕布的谋士陈宫虽富有智谋，但决策迟缓。今天，趁着吕布锐气尚未恢复，陈宫谋划尚未确定之机，迅速发起猛攻，定能活捉吕布。”曹操听从了荀攸的建议，于是引沂、泗之水淹灌下邳城，致使城墙溃毁，最终生擒吕布。由此看来，在当时的形势下，就算有诸葛亮的智慧、陈宫的谋划、吕布的勇猛、关羽和张飞的强劲，也都是无济于事的。这就是兵法所说的“战士勇敢还是怯懦，取决于军事态势的优劣；军队强大还是弱小，取决于军事实力的对比”。

所以说用兵打仗有“三势”（气势、地势和因势）。善于带兵打仗的人总是能捕捉到有利于自己的军事态势。有利的军事态势到来后，郦食其动一下嘴巴就攻陷齐地七十余城；东晋的谢石在淝水击败了前秦苻坚的百万雄师。有利的军事态势失去后，项羽即便有力拔山岳的力气，最终也是垓下被围，泣别虞姬；田横即便有背山靠海的强盛，最终也只得刎颈自杀。所以说，战胜的威风，可以使战士以一敌百；战败的士卒，一辈子都很难再鼓起勇气。所以水虽然很柔弱，但积聚起来的大水势却能将巨石冲走，这就是所谓势的要旨。

攻心

孙子曰：“攻心为上，攻城为下。”何以明之？战国时有说齐王曰：“凡伐国之道,攻心为上,攻城为下;心胜为上,兵胜为下。是故圣人之伐国攻敌也,务在先服其心。何谓攻其心?绝其所恃,是谓攻其心也。今秦之所恃为心者,燕、赵也。当收燕、赵之权,今说燕、赵之君,勿虚言空辞,必将以实利,以回其心,所谓攻其心者也。"

沛公西入武关,欲以二万人击秦峣关下军。张良曰:"秦兵尚强,未可轻也。臣闻其将屠子贾竖,易动以利。愿沛公且留壁,使人先行,为五万人具食,益张旗帜诸山之上,为疑兵;令郦食其持重宝啖秦将。"秦将果欲连和,俱西袭咸阳,沛公欲听之。良曰:"此独其将欲叛,士卒恐不从,不从必危。不如因其懈击之。"沛公乃引兵击秦军,大破之。此攻心者也。

【译文】

孙子说:"攻心为上,攻城为下。"用什么来证明这个道理呢?战国时期,有人向齐王进言说:"大凡攻伐敌国的原则,以攻心为上策,攻城为下策;以战胜敌人的心理为上策,以战胜敌人的军队为下策。因此,圣人讨伐敌国,攻打敌军,关键在于使敌人心服。什么是攻心呢?除掉敌人心理上的依靠,就是攻心。现在秦国心理上所依靠的是燕国和赵国,所以我们应该将燕国和赵国争取过来。如今前去游说燕国和赵国的人,切忌光说虚伪的空话,一定要用实际的利益说服两国回心转意,这就是所谓的攻心。"

刘邦向西攻陷了武关,想要用两万兵力攻击驻扎在秦峣关的守军。张良说:"秦军还很强大,不可轻敌。我听说峣关的守将是屠户之子、商贾之辈,容易被财利所引诱。希望沛公您暂且留在军营,派人带着够五万人用的炊具先去,并到诸山头插满旗帜,作为疑兵;然后派郦食其携带重宝去贿赂秦将。"秦军诸将果然想要联合刘邦,一同向西袭击秦都咸阳。刘邦正要答应秦将的要求时,张良又说:"现在只是秦军将领想要背叛秦朝,军中士卒恐怕未必听从他们,部下若是不从,必定危险。不如趁着秦军戒备松懈之机,突袭他们。"刘邦于是率军攻击秦军,大获全胜。这就是攻心的成功战例。

伐 交

孙子曰:"善用兵者,使交不得合。"何以明之?昔楚莫敖将盟贰、轸,郧人军于蒲骚,将以随、绞、州、蓼伐楚师,莫敖患之。斗廉曰:"郧人军于其郊,必不诫,且日虞四邑之至。君次于郊郢以御四邑,我以锐师宵加于郧。郧有虞心而恃其城,莫有斗志,若败郧师,四邑必离。"莫敖从之,遂败郧师于蒲骚。

【译文】

孙子说:“善于用兵打仗的人,能够破坏敌国的同盟外交,使敌国失去联盟。”用什么来证明呢?从前,楚国的莫敖想要与贰、轸两国结盟,郧国却在蒲骚驻扎军队,准备联合随、绞、州、蓼四国的军队一同攻伐楚军,莫敖对此特别忧虑。斗廉说:“郧国人将其军队部署在其都城的郊外,必定缺乏戒备,而且时刻盼望着四国联军的到来,您率军在郢城郊外,抵抗四国的军队,我率精锐之师乘夜偷袭郧军。郧人心里盼望着援军到来,又倚仗城池坚固,必定无死战的斗志,如果打败了郧军,其他四国的军队必定离散。”莫敖听从了斗廉的主张,最终在蒲骚大败郧军。

汉宣帝时,先零与罕、开羌解仇,合党为寇。帝命赵充国先诛罕、开,充国守便宜,不从。上书曰:“先零羌虏欲为背叛,故与罕、开解仇。然其私心不能忘,恐汉兵至而罕、开背之也。臣愚以为其计,常欲赴罕、开之急,以坚其约。先击罕、羌,先零必助之。今虏马肥,粮方饶,击之恐不能伤害,适使先零得施德于罕、羌也。坚其约,合其党。虏交坚党合,诛之用力数倍,臣恐国家忧累,由此十数年,不一二岁而已。先诛先零,则罕、开之属,不烦兵服矣。”帝从之,果如策。

【译文】

汉宣帝时,先零羌与罕、开羌消除了怨仇,联合为寇,背叛汉朝。汉宣帝命赵充国先将罕、开羌诛灭,赵充国根据具体形势,未服从宣帝的诏令,而是上书说:“先零羌意图背叛汉朝,所以才与罕、开羌消除仇怨。然而其内心并未对仇怨真正释怀,仍唯恐汉军来到后,罕、开羌再次背叛它。我认为先零正在极力寻找机会,通过解救罕、开的危难来巩固他们之间的盟约。我若先攻伐罕、开,先零必定出兵援助。如今羌虏兵强马壮,粮草充足,出兵恐怕不能给他造成多大伤害,反而给了先零向罕、开施恩德的机会。这将会使他们盟约更加巩固,合作更为加强。二羌若巩固了盟约,加强了合作,我们再出兵诛伐他们,就要花费数倍的军力和财力,我们国家恐怕要受二羌十数年的牵累,而并非一二年的事了。如果先将先零羌诛灭,那么罕、开羌之流,无须出兵,就会向我们臣服。”宣帝听从了赵充国的建议。事实果然像赵充国所说的那样。

魏太祖初伐关中,贼每一部到,太祖辄喜。贼破之后,诸将问其故,太祖曰:“关中道远,若各依险阻,征之不一二年,不可定也。今皆来集,众虽多,莫能相服,军无适主,一举可灭。为攻差易,吾是以喜。"语曰:"连鸡不俱栖,可离而解。"曹公得之矣。此伐交者也。

【译文】

魏太祖曹操最初征伐关中时,每当一部贼众出来迎战,曹操就甚为高兴。歼灭敌人后,诸将询问其高兴的缘由,曹操回答说:"关中路途遥远,贼众各部若凭险据守,没有一二年的时间,恐怕是很难将他们全部平定的。如今他们都自动集结,数量虽多,但各部彼此之间并不服气,军队也没有合适的统帅,一举就可歼灭他们。反而比逐一征讨他们更容易,所以我很高兴呀。"俗话说:"栓在一起的鸡不愿栖居一处,可以将它们离间瓦解。"曹操深知并充分运用了这个道理。以上都是伐交的典型战例。

格 形

孙子曰:"安能动之。"又曰:"攻其所必趋。"何以明之?昔楚子围宋,宋公使如晋告急。晋狐偃曰:"楚始得曹而新婚于卫,若伐曹、卫,楚必救之,则齐、宋免矣。"果如是计。魏伐赵,赵急请救于齐。齐威王以田忌为将,以孙膑为师,居辎车中为计谋。田忌欲引兵之赵,孙子曰:"夫解杂乱纷纠者不控拳,救斗者不搏戟。批亢捣虚,形格势禁,则自为解耳。今梁、赵相攻,轻兵锐卒必竭于外,老弱疲于内,君不若引兵疾走大梁,据其街路,冲其方虚,彼必释赵而自救。是我一举解赵之围,而收弊于魏也。"田忌从之,魏果去邯郸。

【译文】

孙子说:"敌人驻扎安稳,就要设法去调动它。"又说:"若想调动敌人,就要攻打敌人必定要去的地方。"用什么来证明呢?从前,楚王率兵包围了宋国,宋国的国君派使者到晋国求救。狐偃向晋君进言说:"楚国刚降服了曹国,最近又和卫国联姻,如果出兵攻打曹、卫两国,楚国必定前去救援,这样齐国、宋国的危险就解除了。"后来的事实果然如同狐偃所说的那样。魏国出兵征伐赵国,赵国立即向齐国求援。齐威王任命田忌为大将,以孙膑为军师,孙膑坐于辎车里为田忌出谋划策。田忌想要率兵直奔赵国,孙膑说:"要想解开交织在一起的乱麻,就不能把拳头握起来;要想将搏斗的双方劝解开,就不能亲自持戟上阵。只要遏制住他们的要害,攻击他们的空虚之处,双方因受形势的约束,自会停止搏斗。今魏国进攻赵国,其精锐之师必定都前往赵国,留守国内的必定是老弱残兵。您不如率兵疾奔魏都大梁,占领魏国的交通要道,袭击它守备空虚的地方，那么围困邯郸的魏军必定丢弃邯郸，返回魏国自救。这样我们既一举解了赵国之围，又使魏国遭受了损失。”田忌听从了孙膑的建议，魏军果然离开了邯郸，返回去救大梁。

又曹操为东郡太守，治东武阳，军顿丘。黑山贼于毒等攻东武阳，太祖欲引兵西入山，攻毒本屯，诸将皆以为当还自救。曹操曰：“昔孙膑救赵而攻魏，耿弇欲走西安，攻临菑。使贼闻我西而还，则武阳自解；不还，我能破虏家，虏不能拔武阳必矣。”乃行，毒闻之，果弃武阳还。曹操要击，大破之。

初，关羽围樊襄阳，曹操以汉帝在许近贼，欲徙都。司马宣王及蒋济说曹操曰：“刘备孙权，外亲内疏，关羽得志，权必不愿也。可遣人劝蹑其后，许割江南以封权，则樊围自解。”曹操从之，羽遂见擒。此言攻其所爱则动矣。是以善战者无知名，无勇功，不争白刃之前，不备已失之后，此之谓矣。

【译文】

曹操做东郡太守时，治所在东武阳，军队却驻扎在顿丘。黑山贼寇于毒等人进犯东武阳，曹操想要带兵西进入山，攻打于毒的老巢，而诸将全都认为应当回兵自救。曹操说：“从前，孙膑围魏救赵，耿弇想要让西安县（今山东临淄西北）的守军逃跑，采取的是进攻临淄的战略。我此次向西进军是为了让贼寇听说我要西进，他们便还兵自救，东武阳之围自动解除；如果贼寇不还兵自救，我必定能够攻破贼寇的老巢，而贼寇却不能攻陷武阳，这是必然的了。”于是曹操率兵向西进攻。于毒听说后，果然舍弃武阳而还。曹操则在途中掩袭于毒，大破贼寇。

当初，关羽率兵包围了樊城和襄阳，曹操认为汉帝所在的许都离关羽太近，于是想要迁都。司马宣王和蒋济向曹操进言说：“刘备和孙权，表面上看着很亲善，其实内心是有隔阂的。如今关羽得志，必定是孙权不愿看到的。您可派人劝孙权断了关羽的后路，并许诺封赏他江南之地。这样樊襄之围便自然解除。”曹操听从了这一建议。果然关羽失了荆州，并被吴军擒获。这说的是进攻敌人所爱，就能调动他们。因此，善于用兵打仗的人，既没有聪智的声誉，也没有英勇的战功，既不在刀光剑影的沙场冒险拼杀，也不在失误之后才做准备，讲的就是这个道理。

蛇　势

语曰：“投兵散地，则六亲不能相保；同舟而济，胡、越何患乎异心？”孙子曰："善用兵者，譬如率然。"何以明之？汉宣帝时，先零为寇，帝命赵充国征之。引兵至先零所在，虏久屯聚，解弛，望见大军，弃车重，欲渡湟水，道厄狭，充国徐行驱之。或曰："逐利行速。"充国曰："此穷寇不可追也。缓之则走不顾，急之则还致死。"诸将校皆曰："善。"虏果赴水，溺死者数百，于是破之。

【译文】

古语说："如果把士兵投放在散地（已进入别国领土但还未到达纵深的地区）作战，即便是六亲族人也难以彼此保护；如果是同舟共济，即便是胡、越两国的仇人，又何必担心他们想法不同呢？"孙子说："善于用兵打仗的人，总体的兵力部署呈现出率然（常山的一种蛇）之势。"用什么来证明这个道理呢？汉宣帝时，先零羌寇进犯汉朝，宣帝派赵充国率兵征讨，汉军抵达先零地区时，先零羌寇已经在这里屯聚好久了，戒备松弛，开始瓦解，望见汉朝大军，纷纷丢弃辎重，想要渡过湟水逃跑，然而道路险峻狭窄。赵充国却命令军队切勿急躁，缓缓追赶。有人便对赵充国说："追逐敌人的辎重财物，行军速度越快越好。"赵充国却说："这些都是穷寇，不能追得太急，我们缓缓尾随，他们便只顾逃命，无暇回头；若追得太急，他们就会回过头来和你拼命。"诸将校全都说："您讲的很有道理。"果然，羌虏在渡水的过程中，数百人溺亡，赵充国乘势大败先零羌。

袁尚既败，遂奔辽东，众有数千。初，辽东太守公孙康恃远不服。曹公既破乌丸，或说公遂征之，尚兄弟可擒也。公曰："吾方使康斩送尚、熙首，不烦兵矣。"公引兵还，康果斩送尚、熙，传其首。诸将或问曰："公还而康斩尚、熙，何也？"公曰："彼素畏尚、熙，其急之则并力，缓之则自相图，其势然也。"

曹公征张绣，荀攸曰："绣与刘表相恃为强，然绣以游军仰食于表，表不能供也，其势必离。不如缓军以待之，可诱而致也；若急之则必相救。"曹操不从，进至穰，与绣战，表果救之，军不得矣。

故孙子曰："善用兵者，譬如率然。率然者，常山之蛇。击其头则尾至，击其尾则首至，击其中则首尾俱至。"或曰："敢问兵可使如率然乎？"孙子曰："可矣。夫吴人之与越人相恶，当其同舟而济则相救如左右手。是故方马埋轮，不足恃也；齐勇若一，政之道也。"此之谓矣。

【译文】

袁尚被曹操打败后，就逃奔到辽东，仍有数千部众。当初，辽东太守公孙康依仗地处偏远，对袁氏统治不服。曹操攻陷乌丸部后，有人劝曹操乘胜征伐辽东，袁尚兄弟必定能够擒获。曹操却说：“我正等着公孙康斩袁尚、袁熙兄弟，并把他们的首级送来呢，不须劳烦我们出兵征伐的。”曹操引兵还师，公孙康果然斩了袁尚、袁熙，并将他们的首级献给曹操。诸将中有人问曹操：“您引兵还师后，公孙康果然斩了袁尚和袁熙，这是什么缘故呢？”曹操回答说：“公孙康向来畏惧袁氏兄弟，我如果将他们逼急了，他们就会联合起来对抗我；形势一旦舒缓了，他们就会自相图谋。这是形势必然如此。”

曹操征伐张绣，荀攸向曹操进言说：“张绣和刘表相互依赖，所以他们的力量都因此而加强。然而张绣的军队是一群散兵游勇，没有根据地，只能仰仗刘表供给食物，早晚有一天刘表将没有能力供给的。那时，二人必定分离。我们不如暂时停止征讨，以等待他们彼此猜忌，再乘机引诱张绣归降；如果用武力逼迫太急，二人必定相互救援。”曹操不听从许攸建议，进军至穰县（治所在今河南邓州），与张绣交战，刘表果然率兵前来救援，曹军失利。

所以孙子说：“善于用兵的人，能使部队像率然一样，彼此相顾。率然是生活在常山的一种蛇。打它的头部，尾巴就来救应；打它的尾部，头部就来救应；打它的中部，则头尾皆来救应。”有人问道：“用兵能够造成率然那样的形势吗？”孙子答道：“当然可以。吴国人和越国人虽有深仇大恨，但如果将他们放在同一条船上渡河，遇到疾风暴雨时，就会彼此相救，如同左右手般亲密。因此，绑住马腿，埋掉车轮，以示死战的决心，也是靠不住的；使士卒齐心协力，如同一人，才是指挥军队所应遵循的原则。”说的就是这样的道理。

变 通

孙子曰：“善动敌者，形之，敌必从之。”何以明之？魏与赵攻韩，齐田忌为将而救之，直走大梁，魏将庞涓去韩而归，齐军已过而西矣。孙膑谓田忌曰：“彼三晋之兵，素悍勇而轻齐，齐号为怯。善用兵者，因其势而利导之。兵法曰：‘百里而趋利者，蹶上将军。’使齐军入魏地为十万灶，明日为五万灶，明日为二万灶。”涓喜曰：“吾固知齐卒怯也，入吾地三日，士卒亡已过半。”乃弃其步兵，与轻锐倍日并行逐之。膑度其暮至马陵，道狭而多险，可伏兵，乃斫大树白书之曰：“庞涓死此树下。”令善射者万弩，夹道而伏，期曰：见火举而发。涓夜至斫木下，见白书，乃钻火烛之，读书。齐军万弩俱发，魏军大乱。涓乃自刭，曰："果成竖子之名也。"

【译文】

孙子说："善于调动敌人的将领，用伪作形态去欺骗敌人，敌人必定听从调动。"用什么来证明呢？魏国与赵国联合攻打韩国，齐王派田忌为将军前去救援韩国，田忌却率领齐军奔向魏国的都城大梁。魏军将领庞涓闻讯，只得离开韩国，返回救魏，此时齐军已经过了边境，向西面的魏国挺进了。田忌的军师孙膑对田忌说："他们三晋（晋国后来分割为韩赵魏三国，故称三晋）的战士向来凶悍勇猛且瞧不起齐军，一向嘲讽齐军怯懦。善于用兵的将领就应该因势利导。兵法上说：'行军百里去争利的军队，先头部队及其将领就会遭受重创。'命令我们齐军进入魏国的第一天做十万人吃饭的灶，第二天做五万人吃饭的灶，第三天做二万人吃饭的灶。"庞涓看到齐军减灶的情况后，高兴地说："我早就知道齐军怯懦，进入我国土仅仅三天，士卒就已逃亡大半了。"于是，庞涓便舍弃步兵和辎重，亲自率领轻便而精锐的骑兵昼夜兼行，追击齐军。孙膑估计魏军傍晚时到达马陵。而马陵道路狭窄艰险，可以埋下伏兵。于是孙膑命令士兵将一棵大树的树皮刮掉，并在空白处写道："庞涓死此树下！"又让一万多善射的弓箭手在道路两边埋伏，并约定：看见火光即发射。魏军果然傍晚时达到马陵，庞涓看到刮了皮的大树，见空白处有字，便命钻火照明，借助火光读树上的字。这时，齐军万箭齐发，魏军仓皇大乱。庞涓知无路可走，便自刎而死，临死前叹息说："果真成就了孙膑这小子的名声！"

虞诩为武都郡，羌率众遮诩于陈仓崤谷。诩令吏士各作两灶，日增倍之。羌不敢逼。或问曰："孙子减灶而君增之，兵法日行三十里以戒不虞，今且行二百里，何也？"诩曰："虏众既多，吾徐行则易为所及，疾行则彼不测之。且虏见吾灶多，谓群兵来。至孙子见弱吾示强，势不同也。"故曰料敌在心，察机在目，因形而作胜于众，善之善者矣。此变通之理也。

【译文】

虞诩担任武都太守时，羌族人在陈仓的崤谷一带拦截了虞诩率领的部队。虞诩命令军中吏士每人每天做两个灶具，每隔一天，灶具增加一倍。羌人见汉军灶具与日俱增，便不敢贸然出击。有人问："孙子行军用减灶法，而您却用增灶法，兵法上说每日行军以三十里为宜，以防不测，而我们现在却日行将近二百里，这是为什么呢？"虞诩回答说："敌人人数众多，我们如果行军速度过慢,敌人就很容易赶上。若快速行军的话,敌人就很难知道我军的虚实了。况且敌人见我军灶具与日俱增,就会认为我们援军到来了。至于孙子减灶向敌人示弱,而我增灶向敌人示强,是因为彼此形势不同的缘故。”所以说,用心去料算分析敌情,用眼睛去侦察决定军事形势的关键和枢纽,随着战场具体形势的变化而变化,才可谓是上上之策。变通即是这样的道理。

利　害

孙子曰:“陷之死地而后生,投之亡地而后存。”又曰:“杂于利而务可伸,杂于害而患可解。”何以明之?汉将韩信攻赵,赵盛兵井陉口,信乃引兵未至井陉口三十里止舍。夜半传发,选轻骑二千人,持一赤帜从间道萆山而望见赵军,诫之曰:“赵见我走,必空壁逐我,若疾入赵壁,拔赵帜。立汉赤帜。”令其裨将传飧,曰:“今日破赵会食。”诸将皆莫信,佯应曰:“诺。”信谓军吏曰:“赵已先据便地为壁,且彼未见我大将旗鼓,未肯击前行,恐吾至阻险而还。”信乃使万人行,出倍水阵。赵军望见,大笑之。平旦,信建大将之旗鼓,鼓行出井陉口,赵开壁击之,大战良久。于是信与张耳弃旗鼓,走水上,水上军开壁入之。复疾战,赵空壁争汉鼓旗,逐韩信、张耳。韩信、张耳已入水上军,军皆殊死战,不可败。信所出奇兵二千骑,共候赵空壁逐利,则驰入赵壁,皆拔赵帜,立汉赤帜二千。赵军不得信等,欲还归壁,壁皆汉赤帜而大惊,以为汉皆已得赵主将矣。遂乱遁走,赵将虽击斩之,不能禁也。于是汉兵夹击,大破之。斩成安君泜水上,擒赵王歇。诸将效首虏,毕贺,因问信曰:“兵法右背山陵,前左水泽。今者将军令臣等反背水阵,曰‘破赵会食’。时臣等不服,然竟以胜。此何术也?”信曰:“此在兵法中,顾诸君不察耳。兵法不曰‘陷之死地而后生,置之亡地而后存’?且信非得素抚循士大夫也,所谓驱市人而战,其势非置之死地,使人人自为战。今与之生地,皆走,宁尚可得而用之乎?”诸将曰:“善。非所及也。”

【译文】

孙子说:“把军队置于死亡危险的境地,反而能够生存下来,把军队置于险情四伏的困境,反而能够挣脱出来,求得生机。”又说:“在作战不利情况下考虑到作战的有利条件,才能够顺利完成作战任务;在作战有利的情况下考虑到作战的不利因素,就能有所准备地消除祸患。”用什么来证明这个道理呢?汉将韩信率兵攻打赵国,赵军驻扎在井陉口,准备迎战。韩信于是命令军队在距井陉口三十里处的地方停下来，并安营扎寨。夜半时分，发号施令，精选轻骑二千，每人手执一面红旗，从小道登上山岭，眺望赵军营地。出发前，韩信告诫说："赵军见我军败走，必定倾巢出动予以追击，这时你们迅速冲入赵营，将赵军旗帜拔掉，将我军旗帜竖起。"又命令他的副将们传令便饭，并说："今天打败赵军再举行会餐。"诸将都不相信，但却假意应允说："遵命。"韩信对他的部将们说："赵军已经抢先占据了有利的地形结营，他们未见到我军大将的旗鼓之前，是不肯出营交战的，因为他们认为我军若遇阻，就会退回来。"韩信于是派遣一万士兵为先锋，背水列阵。赵军看见韩信背水列阵，都嘲笑韩信不懂兵法。黎明时分，韩信打着大将的旗号，擂响战鼓，直奔井陉口。赵军遂出营攻打韩信，两军鏖战良久，韩信、张耳便将旗帜战鼓丢弃，急忙向已列阵水边的汉军阵营奔去，汉营遂将阵营打开，迎韩信入阵。稍后，韩信又与赵军激战起来，赵军此次倾巢而出，争抢汉军战鼓旗帜，追逐韩信和张耳，此时韩信和张耳又入汉军阵营，汉军战士都殊死搏斗，赵军无法击败。这时，韩信先前派出的两千奇兵看到赵军倾巢而出去抢夺战利品时，迅速驰入赵营，拔掉全部赵军旗帜，将两千面汉军旗帜高高竖起。赵军难以抓到韩信和张耳，便想撤回军营，但却看到自己的军营皆是红色的汉军旗帜，不由得大惊失色，都认为汉军已经擒获了自己的将帅，顿时大乱，四处逃遁。赵将即使立斩多名逃兵，仍不能禁止。于是，汉军趁乱之机，大破赵军，并将成安君斩杀在泜水岸边，将赵王歇生擒。汉军首领献出自己斩获的敌军首级和俘虏，全都向韩信祝贺，并借机问韩信说："依照兵法，布阵时应该右背靠山陵，前左面水泽。而您却背水列阵，并说'破了赵军再举行会餐'。当时我们都表示不信，但竟然打了胜仗，这是什么战术呢？"。韩信回答说："我用兵的方法都是从兵法中学来的，只是诸位没有注意罢了。兵法不也说'陷之死地而后生，置之亡地而后存'吗？况且，我今天指挥的军队并没有得到我平时的抚慰和训练，这就如同驱使集市上的乌合之众去打仗，在此种情况下，势必要将他们置之死地，让他们每个人都为了保全自己的生命而战。今天若给他们留条生路，他们早就全部逃跑了，还怎么利用他们来打仗呢？"诸将听后，非常佩服地说："您讲得太好了。我们都比不上您呀。"

魏太祖征张绣，一朝引军退。绣自追之，贾诩曰："不可追也。"绣不从，果败而还。诩谓绣曰："促更追之，战必胜。"绣收散卒，赴追太祖，战果胜。还，问诩曰："绣以精兵追退军，而公曰必败退；以败卒击胜兵，而公曰必克，皆如公之言。何其反而皆验也？"诩曰："此易知耳。军势百途，事不一也。将军虽善用兵，非曹公敌也。魏军新退，曹必自断其后。追兵虽精，将既不敌，彼士亦锐，故知必败。曹公攻将军无失策，力未尽而还，必国内有故也。既破将军，必轻军速进，留诸将断后。诸将虽勇，亦非将军敌也，故虽用败兵而胜也。”绣乃服其能。此利害之变。故曰：“陷之死地而后生。”“杂于害而患可解。”此之谓也。

【译文】

魏太祖曹操讨伐张绣。一天，曹操率军撤退，张绣便想率兵追击，贾诩进言说：“不可以追击。”张绣不听，果然败兵而返。贾诩对张绣说：“赶紧整顿兵马，再去追击，必定能够胜利。”张绣于是收拾散卒，再次追击曹操，果然取得了胜利。凯旋后，张绣问贾诩说：“我率领精兵追击撤退的曹军，您却说必败而返；我率刚刚吃了败仗的军队追击刚刚获胜的军队，您却说必胜无疑，结果都应验了您的预言。精兵而败，败兵却胜，不合常理，为什么却都能应验呢？”贾诩答道：“这个道理很简单。军事形势复杂多变，因而处理起来也就没有固定不变的战术和方法。将军您虽然善于用兵，但并非曹操的对手。魏军刚刚撤退，曹操必定亲率精兵殿后。您的追兵虽然是精锐的，但将领肯定敌不过曹操，况且曹操殿后的军队同样也是精锐的，由此便可断定您率兵追击必然失败。曹操这次进攻将军，并没有重大的失误，战斗力尚未充分发挥，就匆匆撤兵，必定是国内出现了问题。曹操击败将军的追兵后，必然会轻军速进，留下他的部将断后。他的部将虽然勇猛，但却非将军您的对手。所以，即便您率败兵追击，同样也可取胜。”张绣听后，真心佩服贾诩的才能。以上所讲的是利害关系变化的道理。“把军队置于死亡危险的境地，反而能够生存下来。”“在作战有利的情况下考虑到作战的不利因素，就能有所准备地消除祸患。”讲的就是利害关系的道理。

奇正

太公曰：“不能分移，不可语奇。”孙子曰：“兵以正合，事以奇胜。”何以明之？魏王豹反汉，汉王以韩信为左丞相击魏。魏王盛兵蒲坂，塞临晋。信乃益为疑兵，陈船欲渡临晋，而伏兵从夏阳以木罂渡军袭安邑。魏王豹惊，引兵迎信，信遂虏豹，定魏为河东郡。是知奇正者，兵之要也。经曰：“战胜不过奇正，奇正之变，不可胜穷，如环之无端，孰能穷之？”此之谓矣。

【译文】

姜太公说：“用兵作战，不会机动地对部队实行分散、转移、调动，就谈不上出奇制胜。”孙子说：“凡是战争，一般是用正面的部队与敌人对抗，同时，根据具体情况，也要适时运用奇兵取胜。”用什么证明这个道理呢？魏王豹背叛汉王，汉王任命韩信为左丞相，率兵讨伐魏王。魏王将大军部署在蒲坂，并堵塞了临晋关。于是韩信故意布置很多疑兵，且将大批船只陈列在临晋关的黄河上，造成要从临晋关渡河的假象，暗中却让士兵用木桶等简易渡河工具从夏阳（在今陕西韩城南）渡过黄河，偷袭安邑（今山西夏县西北禹王城），魏王豹大吃一惊，立即率兵迎战韩信，最终被韩信生擒，汉军平定了魏地，并将其改为河东郡。由此可知，奇正，是用兵打仗的要旨。兵法说：“取得胜利的基本战术不过是奇、正两种方法，奇正的变化，却没有穷尽。奇正的相互转化，就像圆环一样无始无终，谁又能够穷尽它呢？”说的就是奇正变化的精妙。

掩　发

孙子曰：“善战者，其势险，其节短。以利动之，以卒待之。”又曰：“善动敌者，形之，敌必从。”何以明其然耶？燕平齐，围即墨城。即墨城中推田单为将以拒燕。田单欲激怒其卒，乃宣言曰：“吾惟恐燕将劓所得齐卒，及掘城外坟墓，伤先人，可为寒心。”燕将如其言，即墨人皆涕泣，共欲出战，怒皆十倍。单乃收人金得千镒，令即墨富豪遗燕将书曰：“即墨即降，愿不虏吾家族。”燕将大喜，益懈。乃收牛得千头，束苇于尾，烧其端，凿城数十穴，夜纵牛出，以壮士五千人随其后，牛尾热而奔燕，燕军大惊。所随五千因衔枚击之，燕军大败，杀其将骑劫，复齐七十余城。

【译文】

孙子说：“善于用兵打仗的人，所造成的军事态势是险峻的，发起冲击的节奏是迅猛急迫的。用局部的利益诱使敌人调动，以严整的军队等待敌人到来。”又说：“善于调动敌人的将领，用伪作形态去欺骗敌人，敌人必定听从调动。”用什么来证明呢？燕国出兵攻打齐国，占领了齐国大部领土，包围了即墨城。即墨人推举田单为将军，用来抵抗燕国。田单想要激怒即墨的战士，坚定他们死战的决心，便派人到城外扬言说：“我们即墨人最害怕的就是燕军将齐军俘虏的鼻子割掉，将城外即墨人祖先的坟墓掘开，如果这样做，就伤害我们的先人，真令人心寒。”燕将听说后，果然上当，把齐军俘虏的鼻子割掉了，还将即墨人的坟墓掘开。即墨人见状，皆痛哭流涕，纷纷要求出战，怒气比以前增长了十倍。田单又在城中收敛黄金千镒，派即墨的富豪把黄金赠送给燕将，并致书燕将说："即墨马上就要投降了，希望燕军入城后不要将即墨百姓掳做奴隶。"燕将看到后甚为高兴，更加放松了戒备。田单又收得千余头牛，并将芦苇绑在牛尾上，且在城墙上凿了数十个洞穴，夜间点燃了牛尾上的芦苇，驱赶火牛出城，五千壮士随火牛而出。牛因尾巴被烧，发疯似地奔向燕军，燕军大惊失色。随牛出城的五千壮士，衔枚攻击燕军，燕军大败，燕将骑劫被杀，燕军所占领的七十余座城池也得以收复。

吕蒙西屯陆口，关羽讨樊，留兵备公安、南郡。蒙上疏曰："关羽讨樊而多留备兵，必恐蒙图其后故也。蒙常有病，乞分众还建邺，以治病为名。羽闻之，必撤备兵，尽赴襄阳。大军浮江，昼夜驰上，袭其空虚，则南郡可取，而羽可擒之。"遂称病笃，权乃露檄召蒙。羽果信之，稍撤兵赴樊。权闻之遂行，先遣蒙在前，伏其精兵于舸艦中，使白衣摇橹，作商贾服，昼夜兼行，至羽所置江边屯候，尽收缚之，是故羽不闻知。遂至南郡，士仁、糜芳皆降。蒙入据城，尽得羽将士家属，皆抚慰，约令军中不得干历人家，道不拾遗。羽还在道路，数使人与蒙相闻。蒙厚遇其使，使周旋城中，家家致问，或手书示信。羽使人还，私相参讯，咸知家门无恙，相待过于平时，故羽士卒无斗心。权至，获羽，遂定荆州。此掩发之变，故曰："始如处女，敌人开户；后如脱兔，敌不及距。"此之谓矣。

【译文】

东吴将领吕蒙在陆口屯兵，关羽讨伐樊城，在公安、南郡留兵备守。吕蒙上疏孙权说："关羽讨伐樊城，但在公安、南郡却留下许多兵力守备，这是因为他担心我趁他出兵之机断他的后路。我吕蒙经常患病，现在请让我率一部分军队，以治病为名，回到建邺（今南京，东吴国都）。关羽闻讯后，必定将守备的兵力撤走，全部奔赴襄阳前线。我们就趁关羽撤去备兵之机，陈兵江上，日夜兼程，乘虚偷袭，如此我们就可夺取南郡，并擒获关羽了。"于是，吕蒙假装病重，并且孙权下了让吕蒙回建邺的召令。关羽果然被吕蒙所蒙蔽，将公安、南郡的守军稍稍撤离，奔赴樊城。孙权闻讯，遂按原计划行动，先派吕蒙做先锋，且将精兵隐藏在船中，让战士穿上白色的服装摇橹，并让战士扮成商人的样子，日夜兼行，到达关羽设在江边的哨所，将驻守在那里的战士全部缚住，此时，关羽却全然不知。吴军到达南郡，士仁、糜芳全都投降了吴军。吕蒙攻入城中，俘获了关羽的部将和他们的家属，且对他们安抚和慰问，并传令军中，不得侵犯城中百姓，可谓是道不拾遗。关羽在返回的途中，屡次派人联系吕蒙。吕蒙厚待关羽所派的使者，并让他们到城中查看，挨家挨户询问，有的还让使者捎带书信。使者返回蜀军中，将士纷纷向使者打探家中情况，知道家人安然无恙，且比此前所受的待遇还要好，因而关羽的士卒就没有了斗志。孙权到了南郡，将关羽擒获，最终平定了荆州。这就叫作“掩发”之变。所以兵法上说：“开始时如同处女般沉静，诱使敌人放松警惕；然后要像逃命的兔子一样迅即进攻，使敌人无抵抗之机。”说的就是用假象作掩护、突袭敌人的道理。